本书为教育部 2023 年度高校思想政治工作质量提升综合改革与精品建设项目

"大中小各学段有机衔接的'思创融合'智慧教育体系建设"

阶段性成果

大学生
劳动教育
与职业发展

LABOR EDUCATION AND

CAREER DEVELOPMENT FOR

COLLEGE STUDENTS

郭 砾 主编

社会科学文献出版社
SOCIAL SCIENCES ACADEMIC PRESS (CHINA)

编委会成员

Preface | 前　言

　　劳动在人类起源、社会进步和人的全面发展过程中起到决定性作用。勤劳是中华民族的优秀传统美德，但在当前社会环境下被逐渐淡化，在青少年人群中出现了不会劳动、逃避劳动、不珍惜劳动成果、不尊重劳动者等多种问题。小学生不会剥鸡蛋，大学生家长定期到学校洗衣服，年轻人懒就业、啃老、"躺平"等现象不时见诸报端和网络。推进落实劳动教育不仅关乎青少年个体的成长成才，更关乎中华民族伟大复兴中国梦的实现。

　　在 2018 年全国教育大会上，习近平总书记指出要"培养德智体美劳全面发展的社会主义建设者和接班人"，这是党的教育方针中第一次提出要"德智体美劳"五育并举，强调了劳动教育的重要性。此后，党和国家先后出台《中共中央 国务院关于全面加强新时代大中小学劳动教育的意见》（以下简称《意见》）、《大中小学劳动教育指导纲要（试行）》（以下简称《纲要》）等一系列政策文件，致力于从学校到社会再到家庭形成合力聚焦劳动教育。党的二十大首次将"培养德智体美劳全面发展的社会主义建设者和接班人"写入党代会报告中，凸显了新时代劳动教育在育人体系中的独特价值和劳动素养在人的全面发展中的重要作用。

　　高等教育学段的劳动教育具有理论性、专业性、职业性、实践性等典型特点，不仅要从理论上讲清楚劳动价值意蕴，也要将职业启蒙、职涯指导纳入劳动教育范畴，契合数字经济、人工智能发展等新形势，紧密结合专业特点培养学生的创造性劳动能力、涵养公共服务和社会责任意识。本书以《意见》和《纲要》中确定的劳动教育的总体目标以及高等学校劳动教育的内容要求为逻辑主线，聚焦劳动教育总体目标与大学生未来职业发展的关联性，从劳动教育与职业发展的理论基础、融合劳动教育的职业发展路径两个维度对本书章节进行架构设计，其中第一章至第三章为理论篇，第四章至第九章从观念与精神、能力、习惯与品质、心理、法律常识、创新创造六个方面重点阐述融合劳动教育的职业发展路径，既关注大学生劳动素养提升，也着眼劳动新形态下的大学生职业发展。

本书主要具有以下特点。一是坚持正确方向，着眼立德树人。坚持以马克思主义劳动观尤其是新时代中国特色社会主义劳动观为指导，严格遵循《意见》和《纲要》要求编写，以劳动教育总体目标为本书结构框架。二是坚持问题导向，理论结合实践。每章既有理论知识解读，也有实践环节设计，其中实践环节包括实践主题、实践目标、实践时间、实践流程、劳动实践记录表等，解决当前劳动教育课程实践环节零散、偶发问题。三是坚持创新驱动，链接职业发展。创新性地将劳动教育与职业发展进行链接，在学习和理解劳动基本理论和精神的基础上，使其在职业中更加具象。四是坚持以质为先，丰富形式载体。本书内容充实，每章包括名人名言、内容概述、学习目标、案例导入、思维导图、思考题和实践探索，使学生能够更好地理解和实践本书内容。本书既可作为普通高等学校学生劳动教育课程教材，也可作为大学生劳动教育读本。

本书是编委们集体智慧的结晶。全书由郭砾策划和统稿，并担任主编，编写的具体分工如下：第一章、第三章、第四章由李新野、龚泳霖、陈玺莹、刘佳鑫、牛丽、李佳轩编写；第二章、第六章由王军胜编写；第五章由卢范一妮、刘思言编写；第七章由马鸣、杨紫薇编写；第八章、第九章由李雪映编写。

本书在编写过程中，学习、参考和借鉴了大量已有研究成果，在此谨向各位专家、学者致以诚挚的谢意。社会科学文献出版社的胡涛老师在本书选题、结构、编写、出版等方面给予了悉心指导和大力支持，在此深表感谢！同时感谢哈尔滨师范大学教育科学学院姜君教授、李娜老师在本书结构设计方面给予的建设性意见。由于编者水平有限，在编写过程中可能存在不足和疏漏，敬请广大专家学者和师生批评指正。

郭　砾

2023 年 10 月

Contents | 目 录

第一章

劳　动

📖 名人名言

任何一个民族，如果停止劳动，不用说一年，就是几个星期，也要灭亡，这是每一个小孩都知道的。[1]

——马克思

📘 内容概述

劳动具有综合育人的价值。苏霍姆林斯基曾提出这样的观点：人类如果脱离了劳动，那么，教育也将失去其本真的意义。[2] 在现阶段独具中国特色的社会主义教育制度大环境中，我们依然承认，劳动教育乃人才培养体系内极为核心的内容，同时是构成党的教育方针不可或缺的组分。所以，当代青少年所具有的劳动精神面貌、价值观念和技能水平都取决于劳动教育。在 2018 年 9 月 10 日召开的全国教育大会上，习近平总书记曾强调党中央对新时代中国特色社会主义劳动教育的新要求，即将劳动教育纳入德智体美劳全面培养的教育体系内。为有效地落实上述要求，加快完善的教育体系的创建，2020 年 3 月，《中共中央 国务院关于全面加强新时代大中小学劳动教育的意见》颁布，该文件明确提出要把劳动教育纳入人才培养的全过程，全方位地组织劳动教育实践，从根本上提高劳动教育的支撑保障水平，有效强化劳动教育的全面落实，全方位创建充分展现新时代特点的健全的劳动教育体系。[3]

本章涵盖的内容包括劳动的定义和意义、马克思主义劳动观、当代中国对马克思主义劳动观的创新发展、习近平总书记关于劳动的重要论述等。通过本章学习，充分认识劳动创造人类、历史、世界的重要意义，深刻领悟世界上的一切幸福都源于劳动创造的道理，充分认识劳动是创造价值的唯一源泉及一切成功的必由之路，以此树立科学、正确的劳动观。另外，积极培育大学生吃苦耐劳、勤奋勇敢、爱岗敬业、诚实守信、埋头苦干的劳动精神，形成在劳动实践中发现问题、研究问题、解决问题的创造性劳动意识，使劳动教育彰显实效、落地生根，为学生的终身发展和人生幸福奠定基础。[4]

📖 学习目标

1. 熟练理解和掌握劳动的含义、特征和分类。
2. 正确认识劳动对个人和国家的意义和价值。
3. 能够形成尊重劳动、热爱劳动的意识和习惯，树立正确的劳动观。

📖 案例导入

快递小哥创造幸福人生

李庆恒是浙江中通快递员，在浙江杭州送了 5 年快递，2019 年 8 月，李庆恒在浙江省第三届快递职业技能竞赛当中荣获佳绩，在比赛中，他不仅熟背全国各地邮政编码，而且在 12 分钟内设计了 19 件快递的派送路线。

最终他获得了快递员项目的第一名。因突出的表现，浙江省人力资源和社会保障厅为其颁发"浙江省技术能手"的荣誉称号，浙江省总工会为其授予"浙江金蓝领"的荣誉称号。2020 年获评浙江省杭州市高层次人才，认定类别为 D 类。

分析：李庆恒正是通过自己不懈的努力和坚持，用辛勤的劳动奋斗出了幸福人生，实现了人生价值。劳动无贵贱之分，只有分工不同，未来无论我们做什么工作，都应踏踏实实、勤奋努力，只有辛勤劳动才能创造幸福人生。

第一节 劳动概述

劳动是最普遍的人类现象。大到关系国计民生，小到关系我们自身的日常家务劳动，劳动时刻发生在我们身边，发生在我们每一个人身上。劳动之所以成为人类社会最普遍的活动，主要原因在于人的生存的需要。其中，既有物质层面的需要，也有精神层面和心理层面的需要。马克思在其著作《1844年经济学哲学手稿》中提出，人正是通过劳动这种有意识的生命活动创造了社会的全部物质财富和精神财富，因此，"整个所谓世界历史不外是人通过人的劳动而诞生的过程"。[5]

一 劳动的内涵

劳动属于人类诸多实践活动当中的一种极为特殊的活动形式，人类借助劳动能够创造丰富的物质财富，同时能够获得精神财富，劳动是人类确保自身稳定生存、实现自我不断发展的唯一手段，是人类社会生存和发展的基础。有关劳动的概念因解释和研究的方向不同，得出的定义也有所差异。

我国研究者所提出的劳动概念多源于马克思的论述，代表性的观点有以下几种。《辞海》中对劳动的定义可归纳如下：人类借助对劳动资料的高效使用有效地重建劳动对象，从而令劳动对象发展为与自身需求完全匹配的目标清晰的活动。劳动的存在促使猿逐步进化成人类，劳动是推动人类社会稳定存在和不断发展的根本前提。[6]《现代汉语词典》认为劳动是指"人类创造物质或精神财富的活动"。[7]李申俊认为："劳动就是人们耗费一定的劳动力进行的创造物质财富和精神财富的活动，是人类生存和发展的最基本的条件。"李申俊对劳动的定义把人类的劳动同动物的本能活动区别开来，同时又把劳动同人类有意识有目的的非劳动活动区别开来。比如看电影、打游戏、游泳、滑雪、旅游这些虽然也是人类有意识的、有目的的实践活动，但并没有进行物质财富和精神财富的创造，而是一种休闲娱乐。[8] 陈俊宏以劳动的物质规定性和社会规定性为依据，将劳动的定义阐述如下："劳动是人们在一定的社会关系下，制造和使用工具来改造自然物，使其适合自己需要的有目的的活动。"[8] 吴远则认为："劳动就是按照预定的目的、运用某种生产工具及劳动资料、在特定的社会历史条件下，以改变自然物的方式来满足某种需要的生产活动。"[8] 李太淼则认为："劳动是人类通过改变外在于劳动主体的客观条件以满足人类生存、发展、享受等多层次消费需要的有目的的体力和脑力活动。"[8]

剖析马克思关于劳动的一系列论述不难发现，劳动乃人类生存的基本手段，同时是人对自身本质的有效实现。在人类对自然进行了解和改造并使其满足自身需求、创造丰富价值的过程中，劳动所扮演的角色极其重要。人类借助劳动促使自身的体力与脑力持续优化和发展，人类在创造丰富的物质财富与精神财富的过程中也促进了个体的全面发展。

综上所述，因人们所处时代、立场、视角不同，得出的定义也不尽相同，本书结合社会发展历史，站在新时代习近平总书记关于劳动的重要论述的视角上，采用以下劳动定义，劳动是人类所特有的创造物质层面财富与精神层面财富必不可少的一种社会实践活动，人类通过劳动能够在很大程度上加快推进社会进步，劳动是个人、民族、国家、人类等一切发展的必要途径。[9] 这个定义强调了人的劳动性不仅停留在生存的需要层面，还体现在每个个体承载着共同建设人类命运共同体的责任与使命，符合新时代劳动教育的新要求。

二　劳动的特征

通过对劳动概念的分析和阐述，发现劳动的本质特征体现在以下四个方面。

（一）劳动是人类独有的特征

劳动是人类生存和发展的最本质活动，也是人类赖以生存与自主发展的一种方式，它是人体独特的创造物质生活资源的活动。从"劳动"这个词的表面意思来看，劳动只是人类对有益于他们生活的自然事物的占有。这样看起来人类与自然界的动物的行为也没有任何差别。但是，诸如蜘蛛利用织网来捕获它的猎物，蜜蜂利用筑蜂房来贮藏蜂蜜等，都只是一些动物的本能活动，并不能称为劳动。唯有使用劳动工具或其他手段征服自然界、改变自然界的有目的的生产活动，方可称为劳动，而这也正是人与动物之间的本质差别。[9] 所以，劳动是人类适应自然界的独特手段，也是人类改变自然界的特殊方法。

（二）劳动是自我意识和自我实现的体现

马克思曾认为："蜘蛛的活动与织工的活动相似，蜜蜂建筑蜂房的本领使人间的许多建筑师感到惭愧。但是，最蹩脚的建筑师从一开始就比最灵巧的蜜蜂高明的地方，是他在用蜂蜡建筑蜂房以前，已经在自己的头脑中把它建成了。"[10] 因为动物们只能够在自然界中获得现存的生活资源，并不能提供社会资源，而人们却可以利用劳动在大自然中获得自身赖以生存或发展的物质资源，并能够按照自己所制定的蓝图对自然界做出巨大的改变。"更立西江石壁，截断巫山云雨，高峡出平湖。神女应无恙，当惊世界殊。"[11] 这是毛泽东 1956 年三次畅游长江之后写下的诗篇，意思是大桥飞跨沟通南北，长江天堑将会畅行无阻。我们还要在长江西边竖起大坝，把巫山的洪水拦腰截住，让三峡出现平坦的水库。神女应该没什么，但她会惊愕世界变了模样。毛泽东同志怀着崇高的政治理想，希望广大劳动人民可以通过自身聪明才智战胜大自然，挥毫描绘出水坝拦腰截断了滚滚黄河的壮美图景。如今，这些画卷通过几代人的勤劳努力已经变为事实。这足以说明人类的劳动并非盲目的，而是有目标的，因此劳动实践是人类所特有的存在方式，正因为有了劳动，人类不仅把自身从动物界分离开来，还表现和确证了自己的本质，进而有了人类的发展和社会的进步。

（三）劳动具有创造性

劳动可以创造物质财富和精神财富，这是人的劳动价值。而只有同时满足了以下两个条件的人类活动才是劳动：一是劳动必须具备脑力或体力上的付出，二是劳动可以带来或增加社会财产。二者缺一不可。因此，那些文娱和休闲活动，尽管带有目的性，却只是一种消费性的社会活动，并不可以创造社会财富。所以，劳动具有的创造性，为中国特色社会主义发展观的贯彻及坚持以人民为中心的发展宗旨，提供了重要思想来源。[12]

（四）劳动是推动人类文明不断进步的重要力量

勤劳成就了中华民族，成就了中华民族的光辉发展史，也必将成就中华民族的光辉未来。人世间的所有美好必须靠辛勤的劳动来成就。在此基础上，习近平总书记更加强调勤劳是通过劳动实现的，提出"人世间的一切幸福都是要靠辛勤的劳动来创造的。我们的责任，就是要团结带领全党全国各族人民，继续解放思想，坚持改革开放，不断解放和发展社会生产力，努力解决群众的生产生活困难，坚定不移走共同富裕的道路"。[13]"幸福不会从天而降"，幸福生活是依靠人们双手劳动获取的。正是由于劳动，我们创造了物化世界，不断地适应和改造自然界，通过加工物质生活资料来满足生活的需要，不断地发展生产力，从而推动社会的进步，提升人们的幸福指数。[12]我国新时期经济社会的发展，百姓美好幸福的生活也必须依靠劳动来实现。此外，青年为肩负中华民族伟大复兴使命的一代新人，应当树立正确科学的社会主义劳动观念，积极接受马克思主义劳动观的教育，以促进自身发展，尊崇勤劳、崇尚奉献，以体现"劳动最光荣、劳动最崇高、劳动最伟大、劳动最美丽"的价值理念。[14]努力提高自身的综合素养，报效祖国、奉献社会。

三 劳动的发展历程

劳动是人类社会发展的基础，人类能够生存生活、创造历史的前提就是劳动。马克思认为，"劳动首先是人和自然之间的过程，是人以自身的活动来引起、调整和控制人和自然之间的物质变换的过程"。[15]在人对自然进行劳动的过程中，形成了生产力，而先进的生产力是社会历史发展的最终决定性力量，[16]影响着人类社会生活面貌，推动着社会发展进程，形成了人类社会发展的历史规律。生产力由劳动者、劳动资料、劳动对象三部分构成，不同历史阶段的生产力构成要素不同，劳动者改进劳动资料，运用于不同的劳动对象，从而改造自然，创造生活，引发人类社会变革，推动人类社会从原始社会到农业社会、工业社会，再到现在的智能信息化社会的不断前进。劳动资料即劳动工具，影响着劳动形态，根据劳动工具可以将劳动形态划分为手工劳动、机器劳动和智能劳动三种。不断发展的劳动形态结合特定的社会发展形态，形成了劳动的四段发展历程：原始社会：劳动源于基本生存需求；农业社会：逐步形成有序劳动形态；工业社会：劳动生产创造社会价值；智能信息化社会：劳动为人的自由发展创设了新平台。

（一）原始社会：劳动源于基本生存需求

原始社会是人类社会发展的初始阶段，人类为了在地球上生存下去，需要填饱肚子、躲避天敌、抵抗天灾，随之进行的一系列活动即最初的劳动形态。猿人在劳动过程中，身体结构不断发展，逐步开始直立行走，转化为"完全的人"，人类在劳动过程中改造了自然界，也改造了自身。

1. 原始社会的劳动形态

原始社会持续了大约 250 万年，于大约 1 万年前结束，这一时期，气候大幅度变化，大陆板块频繁变动，动植物生存受到自然环境的限制。原始人发挥自己的力量，运用臂、腿、手、脚等身体组织抵抗天灾，并从自然界获得满足生存的资料和空间。原始人的身体是他唯一认识的器具，他的身体发挥着如今由于缺乏使用而丧失的功能，手工劳动首先是发挥人类自身的原生能力。[17]在这一过程中，他们完全依赖身体的自然力或简单利用自然界天然形成的工具直接开展劳动，通过劳动解决最基本的衣食问题，如徒手摘果子、捕捉猎物等，为自身提供能量。同时，他们通过劳动，竭尽全力与自然界进行斗争，抵御自然界的各种灾难和其他天敌，获得有限的生产生活资料和生存生活空间，保障种族的延续和发展。这些就是最初的劳动萌芽，劳动是一种人类本能的生存形式。此时，劳动与人类生存生活融为一体。

2. 原始社会劳动的重要意义

（1）劳动使猿人转变为"完全的人"

原始社会中，猿人为了生存发展，在劳动过程中不断促进前后肢进化、骨骼肌肉塑造，形成手脚分工后，逐渐开始直立行走，人和动物从此有所区别。手脚功能的完善也加快感知系统和大脑的发育，人类开始有意识地进行劳动，相互支持和协作完成劳动任务，形成群体部落劳动，且人类开始通过交流促进协作，人体发音器官再次进化，促进了语言的产生，这成为人区别于动物的关键特征。语言的形成伴随着听觉系统的完善，多种感官系统的完善，使得人脑更加成熟，处理信息能力不断增强。在创造发明简单劳动工具过程中，大脑的抽象能力和推理能力不断提升，恩格斯认为，"脑和为它服务的感官，越来越清楚的意识以及抽象能力和推理能力的发展，又反作用于劳动和语言，为这二者的进一步发展不断提供新的推动力"。[18] 由此，人本身在劳动中不断进化发展，人和动物彻底区别开来，从猿类独立出来，人类有了自己生存的独特特征，成为"完全的人"。

（2）劳动推动社会历史前进

劳动创造了人，创造了人类生存发展的基本条件，建立起人类和自然、自身和他人之间的重要联系，以此构成社会基本形态。劳动在人类发展和社会历史进程中起到了推动作用。人的社会性的本质在劳动过程中形成并得以实现。马克思认为劳动是社会发展的根源，是人生存的本性，只有劳动才能把人和物质资料相链接；只有通过劳动，人才能改造世界，自身的发展需要才得到满足。[19] 这构成了人类社会发展的基础，人类在日常生产劳动中完成创造历史、建设社会的实践。历史唯物主义将劳动看作"一切历史的基本条件"和"人类的第一个历史性活动"，劳动是人类历史发展的起点。

（二）农业社会：逐步形成有序劳动形态

随着人类开始借助自然界中的物质创造工具进行劳动，劳动工具逐渐变得复杂，人类开始有意识地改造自然，劳动从自发活动转化为自觉活动，人类开始主动地驯养家禽畜牧、种植农作物，通过务农劳动制造生产生活资料，物质生活逐渐丰富，开始呈现丰衣足食的生存状态。人类进入农业社会，生产规模不断扩大，也积累了更多的劳动知识和技术，劳动形态稳定有序，开启了农耕文明劳动时期。

1. 农业社会的劳动形态

农业社会劳动以食物为主要生产对象，以土地耕作为主要劳动生产形态。人类在劳动过程中，结合水源位置、气候变化、植被土壤，发现了最适合生存的农耕生产方式，并为自己的生存提供了丰富的物质保障。人类一方面充分发挥自然界原始工具的作用，用打制的方法，将石头敲打成刀、锥、锯、凿等工具；另一方面创新劳动工具，丰富生产资料，将金属加热熔化注入模具，制造耕种所需要的犁和锄及其他金属工具。农业社会劳动和原始社会劳动最大的区别就在于金属农具和畜牧力的使用。这一时期，农业劳动由人和工具共同完成，工具需要人手操纵，劳动工具的完善提高了劳动效率及农业生产的效率，进一步推动农业文明的格局不断稳定。从此进入手工劳动的第二个阶段，即使用半机械的劳动工具进行复杂的手工劳动。

2. 农业社会劳动的重要意义

人们通过劳动不断与自然进行磨合，农业社会的劳动逐渐由原始社会的自由劳动转变为精耕细作的专业劳动，不断创造与自然界相结合相作用的产物，开创适宜定居生活的自然环境。在劳动生产生活资料方面，人们从依赖、顺应自然逐渐转变为利用、改造自然，更好地开发自然资源为人类社会发展服务。劳动内容从采集食物转变为生产食物，从而确保粮食生产稳定发展，满足人类发展的衣食之源、生存之本。同时，农业劳动为工业社会提供了丰富的原材料。种植棉花，可以为纺织工业提供原材料；种植木材，可以为制造业提供原材料；种植甘蔗，可以为制糖工业提供原材料。人们在满足自身生存发展需要的同时，通过出售剩余劳动成果获得收入，为社会提供物质财富，以此构成社会经济发展的基础，改善社会建设的整体情况，在此基础上开启了劳动的社会功能，推动了社会经济的快速发展。

（三）工业社会：劳动生产创造社会价值

18 世纪初，英国纺织领域最先使用了机器，机器的发明使用标志着人们改造自然的能力发生了质的变化，产业结构也由以手工农业为主逐渐过渡到以机器工业为主，大幅度提升了生产效率。随着两次工业革命的兴起，劳动力由简单的人力、自然力等一次能源生产力转变为蒸汽、电力等二次能源生产力，劳动形态的变化影响到全社会的分工协作，创造了更多的社会价值，有效推动了人类社会高速发展。

1. 工业社会的劳动形态

1776 年，瓦特制造了第一台有实用价值的蒸汽机，从此开启了以蒸汽机为发明和革新的第一次工业革命。这次革命带来了能源动力，蒸汽机成为驱动机器工作的动力源，劳动工具发生根本性变革，机器劳动逐渐开始代替手工劳动。19 世纪 60 年代，电力技术的发明和应用标志着第二次工业革命开始，从此开启了以电力为主要能源、以生产自动化为特征的电气化时代。电动机成为主要劳动工具，手工劳动在更大程度上被机器劳动取代，劳动技术从"手工—体力"转变成"机器—电力"。电力的使用推动了电子工业的进一步发展，随着互联网技术、能源动力技术的创造与发展，工业又开始了内燃机革命和核能革命，导致工业制造、劳动生产、社会生活等各方面发生重大变革，机器和机器之间进一步联结，形成机器生产体系，劳动工具也更趋向自动化，为工业生产自动化奠定了基础。

劳动工具的变化带来了劳动形态的变化。马克思认为，简单的机器劳动，应由看管工作机的人来完成辅助作业。[20] 也就是说，机器劳动不是机器进行劳动，而是人操作机器完成相关的生产活动，机器是劳动生产活动的中介。机器不仅是人类劳动器官的延伸，还可以替代人力形成劳动成果。在机器生产劳动过程中，生产劳动被分解为不同的工序，复杂劳动被分解为简单劳动，组合工序就能完成劳动产出。同时，机器的机械性能决定了劳动的准确性，减少了劳动生产时间，实现了机器批量生产，大大提高了劳动效率。

2.工业社会劳动的重要意义

（1）工业社会劳动创造了巨大的物质财富

工业社会劳动时期，工厂代替了农业社会的手工劳动，实现了劳动技术的又一次突破。机器体系劳动节约了大量人力，不仅将人类从高难高危的劳动中解放出来，还降低了人类劳动的不确定性，能够有效确保高质量生产劳动进行，极大地提高了生产力，增加了社会财富，满足了人们日益增长的物质需求。工业社会劳动生产的产品被直接或间接地运用于人们的日常生活中，在提高生活质量的同时，还创造了巨大的物质财富，工业逐渐成为国民经济的支柱产业，机器劳动也成为推动社会发展的主要劳动形式。

（2）工业社会劳动推动了科学技术的快速发展

随着机器劳动对手工劳动的逐步替代，在劳动效率获得大幅度提高的同时，科学和技术也取得了长足的进步。在人与自然的关系中，科学是认识自然、探究事物真理、揭露事物发展规律的理论依据，是人类更好改造自然的行动指南；技术是人类用来改造自然的方式、手段。科学技术发展带来了工业革命，人们运用科学技术充分实现机器的劳动功能，改变了以往的劳动形态，生产不再需要人类直接付出劳动力作用于劳动对象，而更需要设计和制造劳动工具的技术人员通过控制机器发力，间接完成劳动。劳动生产又为科学技术发展创造所需的条件基础，从而有效推动科学技术的快速发展，不断为生产自动化开辟道路。

（四）智能信息化社会：劳动为人的自由发展创设了新平台

1946年，美国宾夕法尼亚大学制造了世界上第一台电子计算机，标志着第三次科技革命的兴起，人类开始进入信息化时代，劳动也逐渐智能化。劳动通过信息技术和机器进行融合，逐渐延伸取代人们的脑力劳动，智能劳动逐渐成为新的劳动形态。

1.智能信息化社会的劳动形态

第一台电子计算机问世后，电子技术劳动革新开始，世界进入信息化机器发展的智能劳动时代。智能劳动从劳动目标出发，由人类和智能机器共同组成人机一体化智能系统，以智能信息为基础，运用技术形成产业化的劳动形态。智能机器模拟人的大脑进行劳动，完成"从感觉到记忆再到思维的过程"与"行为和语言的表达过程"，标志着劳动由机械化向智能化转变，实现机器拟人的智能劳动。智能劳动涉及社会生产生活的各个方面，运用互联网、计算机、大数据、移动互联等技术对劳动各环节进行改造和优化，包括生产劳动、生活劳动和服务劳动等方面。

2. 智能信息化社会劳动的重要意义

智能信息化社会的劳动是实现人自身自由全面发展的劳动。智能劳动重新定义了人和劳动之间的关系，对劳动者的综合素质提出了更高的要求。简单的、机械化的重复劳动可以由智能机器通过大数据运行操作完成，服务性的、思维性的、设计性的高端劳动可以通过人机一体化劳动体系完成。因此，劳动方式逐渐自由化，人们不再将工作重点放在直接控制机器，监管生产流水线上，而是将劳动精力投入设计开发智能机器，通过智能计算机控制生产现场，使用智能程序管理生产线劳动，所以人们不在现场也能劳动，超越人体力、脑力的劳动也能完成。这种智能劳动增加了人劳动的自由性，减少人们的必要劳动时间，增加人们的自由时间，让人能够充分发挥、全面发展个人才能，真正通过智能劳动推动自身的自由全面发展，最大可能地实现人的劳动解放。

四 劳动的分类

劳动是人类赖以生存繁衍和文明发展的基础。在不同的历史时期，因为生产力水平的不同，劳动会呈现不同的类型。按照不同的标准，劳动有不同的分类。劳动的各种分类说明了劳动的内在差异，也从不同角度揭示了劳动的多样性。

（一）体力劳动和脑力劳动

立足于呈现形式的层面劳动可归纳为两大类，一是体力劳动，二是脑力劳动。习惯上，人们将脑力活动占优势的活动称为脑力劳动，而将体力活动占优势的活动称为体力劳动。在原始社会，由于共同体内部不能提供剩余产品，而且没有出现专门从事脑力劳动的人，因此有劳动能力的人都要参加体力劳动；随着分工的发展，社会生产力水平不断提升，共同体内部出现了大量的剩余产品，基于此，慢慢演化出专门从事体力劳动的人群、经商人群、负责国事的人群；随着不断发展，又演化出专门从事艺术的人群、专门从事科研的人群。随着资本主义发展，进入工业革命时期，从事科学技术研发、生产管理的人分离出来，实现了脑力劳动与体力劳动的分离。脑力劳动与体力劳动具有相互依存、相互促进、互为补充的辩证统一关系。[21]

长期以来，社会上普遍存在脑力劳动者的地位高于体力劳动者这种固有的观念，把脑力劳动同体力劳动完全割裂开来乃至将两者对立起来，显然这些观念和做法是不客观的。需要指出的是，体力是脑力的基础，脑力劳动支配体力劳动，产生劳动价值，人的任何一种活动都是体力劳动和脑力劳动共同的成果。"匠心筑梦"时代的那些从事手工制造的大国工匠，他们最让大多数人震撼的应该是对这份职业的执着热忱，对平凡劳动工作的坚守热爱，以及虽然已经掌握了炉火纯青的高超技艺，但仍然保持着既有单纯动手层面的劳动，也有动脑层面的创造性劳动，如果只是每天简单地重复"低级"劳动，而完全没有创新的精神，没有日复一日持之以恒的艰苦钻研，就注定不可能成为大国工匠。[22] 因此说，职业是无高低贵贱之分的，无论从事什么工作，都是一种劳动付出，只是形式不同。

（二）简单劳动和复杂劳动

立足于价值剖析的层面劳动可归纳为两大类，第一类是简单劳动，第二类是复杂劳动。马克思在《资本论》一书中曾提到，简单的劳动"是每个没有任何专长的普通人的机体平均具有的简单劳动力的耗费"。我们现在可以这样来理解，简单的劳动就是没有太大难度、不需要专长、普通人都可以进行的劳动。[23] 复杂劳动则区别于简单劳动，它更高级、更复杂、花费时间更长，往往需接受专业培训，这类劳动需要劳动者掌握着高水平的科学技术、专业水平及理论知识，对于这类劳动而言，只有具备较强职业素养、专业技能的劳动者方能完成。

马克思曾提出过这样的观点：比社会的平均劳动较高级、较复杂的劳动，是这样一种劳动力的表现，这种劳动力比普通劳动力需要较高的教育费用，它的生产要花费较多的劳动时间，因此它具有较高的价值。[24] 比如，农民种植的土豆每斤 2 元，而科学家的一些研究发明使土豆价格提高，从创造价值量层面分析得知，复杂劳动和简单劳动比较而言其创造的价值量要高出许多，简单来说，复杂劳动比简单劳动创造更多价值。[25]

当然，复杂劳动和简单劳动之间的区分应该是相对的。一是简单劳动和复杂劳动的等级划分及其标准往往取决于某一国家的科学技术和教育水平；二是各国经济发展的时期不同、程度不同，因此它的划分标准也存在不同，所以我们说这种区分实际上是相对的。但是在同一国家的同一时期内，简单劳动和复杂劳动实际上是客观存在的。[25]

（三）具体劳动和抽象劳动

具体劳动是自然属性，它反映人与自然的关系，具体劳动指代人的主动劳动方面。就拿劳动目的、劳动工具、劳动对象、操作方法和劳动结果这五个方面来看，它是有形的、看得见的。比如，装修工人粉刷墙壁、木工做家具、农民种地，就是具体劳动。

抽象劳动是社会属性，它反映人们之间的社会关系，抽象劳动指代人的被动劳动方面。具体劳动和抽象劳动是生产商品的同一劳动中两个不同的方面，但这并不说明这是两种劳动，不论是在时间层面上还是在空间层面上二者都存在极为紧密的联系。抽象劳动从本质上而言是各类具体劳动背后隐藏着的某种共同的东西，撇开没有差别、具体形式、人类的劳动，是生理学意义上脑力和体力上的支出或消耗，形成商品价值。抽象劳动没有质的差别，只有量的差别。需要注意的是，具体劳动虽然是创造使用价值的劳动，但不是使用价值的唯一源泉，抽象劳动是价值的源泉，但抽象劳动不等于价值，抽象劳动只有凝结到商品中才能形成价值。[25]

（四）常规劳动和创新劳动

从创造性程度的角度，劳动可分为常规劳动和创新劳动。常规劳动是指利用已有的知识、经验和技能并以常规方式去对劳动对象进行加工或改造的劳动。由此可见，常规劳动需要积累大量经验、技能和技巧，它不一定是简单劳动，需要体力劳动和脑力劳动共同完成，它所创造的劳动价值是通过消耗个体生命的劳动时间来实现的。

创新劳动是指运用新设计、新方法、新技术和新知识，以创新方式对劳动进行加工或改造的劳动。创新劳动是主要通过人的脑力劳动创造出新的社会财富或成果的劳动。

人类社会正常运转靠常规劳动，可是人类进步离不开创新劳动。比如，城市保洁人员周而复始地进行常规劳动，营造了干净整洁的城市环境；公交司机的工作也是如此，通过辛勤付出保证城市的交通正常运转。而科研人员、艺术家、作家等是依靠发明新的产品、推出新的方案、创造新的故事，可见创新劳动在改变社会正常生产条件的前提下，增加了社会价值和财富，促进了社会进步和人类安居乐业。所以说，常规劳动与创新劳动之间不能单纯解释成简单劳动与复杂劳动，也不是体力劳动与脑力劳动，它们的重要区别是其劳动产品属于不同的层次。[26]

（五）数字劳动与传统劳动

数字劳动目前已发展为世界各个国家经济社会发展过程中极为关键的劳动形式。首次明确提出"数字劳动"（digital labor）这一概念的是意大利学者特拉诺瓦，他在 21 世纪初发表的《免费劳动：为数字经济生产文化》一文中把这一概念视为"现代血汗工厂的延续"，并使用了"免费劳动""网奴"等概念来描述"数字劳动"的本质。英国威斯敏斯特大学信息沟通交流与传播媒介事务研究所（CAMRI）主任克里斯蒂安·福克斯

（Christian Fuchs）教授针对数字劳动的思想理论体系展开了深入而全面的研究，这在很大程度上推动了马克思主义劳动价值理论发展趋于当代化。[22]与数字劳动相对应的概念应该是传统劳动。首先，数字劳动具有显著的时代性和技术性特征。自动化、数字化和智能化与劳动过程深度融合，创造全新的劳动方式和工作形态，对人和社会产生颠覆性和革命性的影响，并且正迅速向传统产业链渗透。其次，数字劳动改变着传统劳动形式。数字劳动不需要像传统劳动那样依靠消耗大量劳动力，单调重复体力劳动去操作和维护机器生产，而是依靠互联网平台、信息系统、数字化工具这些高技术载体或介质，从事芯片和软件研发、多媒体制作等需要脑力的劳动。数字劳动内核是科学技术，它把大数据和实体经济紧密地联系起来，持续加强数字劳动在传统行业的融合，实现了劳动的重新划分，加快传统产业结构的优化转型，重新创建了全球经济发展的形态。随着数字经济时代的到来，数字劳动产品渐渐和人们的日常生活相融，这使得人们的生产形式、交流形式及生活方式发生了质的变化，这些新型劳动的崛起，不断创造经济生活和社会生活中的新动力、新功能和新价值。

依据其他分类标准，劳动还可以分为生产性劳动和劳务性劳动、物质生产劳动和精神生产劳动、必要劳动和剩余劳动、私人劳动和社会劳动等。[27]时代在变，但是劳动精神永远保持不变，热爱劳动的人是快乐的、幸福的、充实的，也是有自豪感和成就感的，无论什么类型的劳动，只要能创造财富，能推动社会进步就值得赞赏。

五 劳动价值与意义

马克思认为，整个人类和社会的发展，都是人类在共同劳动过程中发挥主观能动性改造客观世界而形成的。首先，劳动创造了人，劳动把人类从自然界中分化和提升出来；其次，人们在劳动中推动社会历史的发展，有了人类的劳动，才有了满足人类生存必需的前提，才产生了生活和历史，并推动社会历史的发展；最后，劳动是实现人的自由全面发展的前提，人在改变外部自然的同时，也使自身得以改变和完善。[28]

可以说，人类历史的诞生从某种程度上来说和劳动的诞生是完全一致的，人类的发展史从本质上来说就是一部伟大的劳动史。[29]对大学生实施高质量的劳动教育，具有树德、增智、强体、育美的综合育人价值。目标之一是让大学生树立正确的劳动观，对劳动产生正确的认识和价值判断，对人类社会关于劳动的认识和重要性有更加清晰和深刻的认知，由此逐步树立正确的劳动观，并在科学的劳动理念的指引下做出正确的选择，为大学生投身劳动实践奠定正确的思想和认识基础，帮助大学生进一步形成正确的世界观、人生观、价值观，使大学生成长为国家和社会需要的栋梁之材。

（一）创造美好幸福生活

劳动作为人的基本活动，贯穿于人生发展的始终。小到做家务，大到制造宇宙飞船，都贯穿着人类的劳动，我们穿的衣服、吃的食物、住的房子、出行使用的交通工具都是通过劳动获得的。可以说人生发展的每个阶段都需要通过劳动取得进步，创造幸福。

自古以来，人们将幸福作为生活的奋斗目标和终极向往，那么何谓幸福？随着社会生产力的发展与进步，人们对美好生活的向往与追求不再停留在吃、穿、住、行，反而精神生活与文化的富足成为新的追求，由此，对幸福的定义也就变得丰富和多元化了。《习近平的七年知青岁月》生动描绘了青年时期习近平扎根大西北，七年来在不断的劳动生产实践中闯过"四关"，其中就包括劳动关。在劳动实践中，他深深认识到只有依靠劳动才能创造更多的物质财富，要过上好日子，必须付出更多的艰辛与劳动。[30]人类所创造的所有幸福均离不开辛勤劳动。通过这句话我们充分认识到幸福与劳动的关系。幸福都是奋斗出来的，人世间的一切成就、一切幸福都源于劳动和创造。对于青年人来说，奋斗是获得幸福的唯一必由之路。当代青年，是祖国的未来、民族的希望，是中国式现代化实现的建设者、见证者、享有者。党的十八大以来，习近平对青年饱含深切期望，他指出：广大青年一定要矢志艰苦奋斗。"宝剑锋从磨砺出，梅花香自苦寒来。"人类的美好理想，都不可能唾手可得，都离不开筚路蓝缕、手胼足胝的艰苦奋斗。……当前，我们既面临着重要发展机遇，也面临着前所未有的困难和挑战。梦在前方，路在脚下。自胜者强，自强者胜。实现我们的发展目标，需要广大青年锲而不舍、驰而不息的奋斗。[31]一个人如果在青年时期能够吃常人所不能吃的苦，那么，他所收获的也就比常人多出许多；一个人在青年时期如果经历了各类挫折和困难，那么在以后的人生道路上他也能够妥善地应对各类挑战和考验。国家的发展离不开青年，实现中华民族伟大复兴需要青年，广大青年生逢其时，未来将大有可为，大有作为，是实现自身价值和幸福的主体。[32]党的十九大报告中明确指出：青年兴则国家兴，青年强则国家强。青年一代有理想、有本领、有担当，国家就有前途，民族就有希望。[33]青年一代要清醒认识到：只有树立勤劳、诚实和创造性的劳动观，养成能吃苦爱劳动的劳动习惯，尊重劳动、热爱劳动，在学习和实践中练就过硬的本领，吃苦耐劳，敢于创造，最终才能成就一番事业。幸福的生活需要靠个人脚踏实地努力实践，没有行动，无论是个人梦、家庭梦、民族梦还是国家梦，都是空洞的口号，幸福不会从天而降，梦想不会自动成真，实干才能使梦想成真。总之，劳动开创未来和创造幸福，青年只有在踏实的劳动中才能彰显青春魅力，实现人生价值。

（二）满足人的精神生活需要

人的需要是分层次的，如生存需要、享受需要和发展需要。劳动不仅满足人们物质生活的需要，在劳动过程中创造、体验和感受同样使人感到幸福与精神愉悦。我们应该辩证地认识到，随着人们生活水平的日益提高，劳动不仅是谋生的手段，还是实现自我价值的重要方式。任何一名劳动者，只要肯干肯钻研，练就一身好本领、好技术，都能在劳动中体现价值，享受劳动带来的幸福感、快乐感、愉悦感。因为劳动能带给人精神上的幸福感，这种幸福感是更高层次、更大价值的人生取向，是我们幸福生活的重要组成部分，因此说，普通而平凡的劳动可以使我们更加充实，让生命更有价值，进而让社会变得更加美好，是推动人类社会进步的根本力量。青年一代是国家的建设者和接班人，要以梦为马，以辛勤劳动为荣，以好逸恶劳为耻，热爱劳动，积极参加劳动，善于劳动，借助脚踏实地的劳动磨炼意志提升自己。

（三）促进自我完善、自身发展

劳动不仅满足人的生存需要，还能够促进人的全面发展。黑格尔指出：个体满足它自己的需要的劳动，既是它自己的需要的满足，同样也是对其他个体的需要的一个满足，并且一个个体要满足它的需要，就只能通过别的个体的劳动才能达到满足的目的。[34] 我们看到社会上的很多义工，他们义务劳动不收取任何报酬，他们劳动的目的不是获得金钱和财富，而是满足内心一种自我实现的需要。他们通过劳动体会劳动带来的充实与快乐，无私且不讲回报地为社会的发展和祖国的建设贡献自己的力量，从而实现自己人生的价值和意义。2020 年新冠病毒在世界各地肆虐侵犯人类，面对百年不遇的影响世界的大型传染病感染的公共安全事件，在这场战役中，84 岁的钟南山院士，在武汉疫情最为严峻的时刻抵达武汉，奔波在抗疫一线，用朴实的劳动方式做着伟大的事业，为祖国、为人民、为自己肩上的责任无私奉献；爱因为博大而变得高贵，73 岁的李兰娟院士每天睡眠时间不足三小时，为全国的网友答疑解惑；还有不顾自己生死坚守抗疫前线的志愿者、医生、护士、社区人员，他们用实际行动攻坚克难，守护家园，诠释人间大爱。世上哪有什么岁月静好，那是因为有人替你负重前行，正是因为有了这些"逆行者"，才有了我们的阔步前行。张桂梅，一名普普通通的中学教师，她没有儿女，却拥有世界上最伟大的母爱，40 多年扎根在边疆山区，用真爱点亮了无数贫困女孩的梦想，给她们带去希望之光，谱写一曲感人的奉献之歌。她在"七一勋章"颁授仪式上发言时说过这样的话："只要还有一口气，我就要站在讲台上，倾尽全力，奉献所有，九死亦无悔。"[35] 她的先进事迹彰显着扎根基础教育者全身心投入教育事业的崇高思想和高尚道德，她淡泊名利、无私奉献、爱岗敬业，这不仅是劳动本身，更是劳动精神和自我价值的体现。

过去的历史是在劳动中创造出来的，今天的成就是在劳动中汲取的，美好生活只有依靠劳动才能实现。大学生作为社会主义建设者和接班人，是最具活力、创造力和劳动力的，一个国家劳动能力的强弱与青年劳动力的强弱有着直接的关系，在实现中华民族伟大复兴中国梦的征程中，青年一代要怀抱梦想又脚踏实地，敢想敢为又善作善成，要做有理想、敢担当、能吃苦、肯奋斗的新时代好青年，只有坚定不移听党话、跟党走，在劳动中不断自我完善、自我发展、自我创造、自我实现，在劳动实践中实现自我全面发展，才能让青春在全面建设社会主义现代化国家的火热实践中绽放绚丽之花。[36] 新时代是奋斗者的时代，大学生只有自觉地将人生目标与国家前途命运紧紧相依，才能最大限度升华人生境界、实现人生价值，才能肩负起实现中华民族伟大复兴的历史使命。

（四）推进中华民族伟大复兴

中华民族是勤于劳动、善于劳动的民族。正是因为劳动创造，我们拥有了历史的辉煌；也正是因为劳动创造，我们拥有了今天的成就。千年梦想，百年奋斗，圆在今朝。从一百年前的衰败凋零到今天的欣欣向荣，无论逆境顺境，中国共产党从未动摇马克思主义信仰，坚持真理、坚守理想、践行初心、担当使命，不怕牺牲、英勇斗争，对党忠诚、不负人民，一代代共产党人在长期奋斗中构建起长征精神、抗战精神、东北抗联精神、大庆精神、劳模精神、新时代北斗精神、丝路精神等伟大建党精神，托起了民族精神的脊梁。进入新时代，习近平总书记不止一次地强调了劳动在实现中华民族伟大复兴过程中所扮演的重要角色，劳动是一切成功的必由之路。伟大事业需要伟大的精神，伟大的精神来自伟大的劳动人民。我们一定在全社会弘扬中国共产党人精神谱系的伟大精神，宣传劳模精神和他们的典型事迹，科学地指导民众树立正确的劳动观。

习近平总书记在庆祝中国共产党成立100周年大会上明确提出：经过全党全国各民族人民持续奋斗，我们实现了第一个百年奋斗目标，在中华大地上全面建成了小康社会，历史性地解决了绝对贫困问题，正在意气风发向着全面建成社会主义现代化强国的第二个百年奋斗目标迈进。这是中华民族的伟大光荣！这是中国人民的伟大光荣！这是中国共产党的伟大光荣！回望历史，1840 年鸦片战争爆发，中国从此沦为半殖民地半封建社会，整个国家深受列强侮辱，整个民族深受列强践踏，中华文明因此蒙尘；1921 年中国共产党成立之时，中华民族呈现的是一派衰败凋零的景象，人民食不果腹、衣不蔽体、颠沛流离。1929 年，《生活周刊》曾刊登一篇《十问未来之中国》的文章，饱含着当年国人的苦难与屈辱、憧憬与梦想；28 年浴血奋战，创建了一个全新的中国，新中国国家的主人是人民群众。1949 年新中国成立初期，人均可支配收入仅为 49.7 元，经济总量占世界比重不足 5%，人均收入仅为美国的 1/20，钢产量只有 15.8 万吨，仅为美国的 1/448。1978 年，经过近 30 年的建设，我国建立了独立的、比较完整的工业体系和国民经济体系，人民生活发生很大的改变。直至 2020 年，我国粮食总产量达 66949.2 万吨，人均粮食产量在 900 斤以上；我国居民的人均可支配收入达 32189 元，比 1949 年增长 640 多倍，特别是 7.7 亿农村贫困人口全部脱贫，我国历史性地解决了困扰中华民族几千年的绝对贫困问题，创造了彪炳世界发展史的减贫奇迹。[37] 今天的中国，综合国力日益强盛。我国稳居世界第二大经济体，整体经济实力、综合国力跃上新台阶。所有这一切成就，是全国各族人民在中国共产党的坚强领导下艰苦努力、自信自强、守正创新、辛勤劳动、诚实劳动、创新劳动的结果，是中国共产党人对劳动本质认识的结果。劳动是人类的本质活动，劳动光荣、创造伟大是对人类文明进步规律的重要诠释。[38] 党的二十大报告为日后国家发展构建了可行性极强的蓝图，确立了中国共产党的中心任务：团结带领全国各族人民全面建成社会主义现代化强国、实现第二个百年奋斗目标，以中国式现代化全面推进中华民族伟大复兴。新时代背景下，我们亟须想方设法地达成中华民族伟大复兴的总体发展目标，这个伟大的成绩靠的是中国共产党的坚强领导和一代又一代人谋定青山不放松的锐气，贫贱不能移威武不能屈的骨气，是实实在在拼出来的。几代人前赴后继、自力更生、艰苦奋斗、顽强拼搏，实现了国家站起来、富起来、强起来的根本转变。习近平强调："正是因为劳动创造，我们拥有了历史的辉煌；也正是因为劳动创造，我们拥有了今天的成就。"习近平总书记的讲话深刻阐释了劳动对国家富强、社会发展的重要价值，揭示了劳动是实现国家富强、民族振兴、人民幸福的根本路径。[39] 在完成第二个百年奋斗目标、实现中华民族伟大复兴的中国梦的整个历程中，广大人民群众须团结一心、接续奋斗、脚踏实地、持之以恒地辛勤劳动。无论时代条件如何变化，我们始终都要尊重劳动和崇尚劳动。推崇劳动、重视劳动和加强劳动教育发展为新时期背景下的重要事项，这对于实现中华民族伟大复兴极有益处。

站在新的历史关口，中国正从制造业大国向制造业强国迈进，由"中国制造"向"中国智造"转型。面对劳动方式变革，需要培养知识型、技术型、创新型、奉献型的高素质劳动者大军。习近平总书记明确提出：中国梦是我们的，更是你们青年一代的。中华民族伟大复兴终将在广大青年的接力奋斗中变为现实。广大青年要坚持面向现代化、面向世界、面向未来，增强知识更新的紧迫感，如饥似渴学习，既扎实打牢基础知识又及时更新知识，既刻苦钻研理论又积极掌握技能，不断提高与时代发展和事业要求相适应的素质和能力。[40] 青年是这个时代最具活力的群体，有较强的学习能力、灵活的应变能力和丰富的创造力，是新时代的弄潮儿，是社会发展前进的主力军，是未来高素质劳动者的重要来源，他们的梦想决定这个时代发展的方向。通过凝聚起青年强大的人才力量，强化他们的主人翁地位，给他们个人发展和价值实现创造更有利的条件，激发大学生做新时代的奋斗者，把自己的事业做好，积极将个人理想及奋斗目标和民族发展的伟大事业相结合，练好内功，掌握扎实的科学文化知识，具备深厚的理论功底、过硬的实操本领，最重要的是创新思维和能力。如果每一位青年都能坚定理想信念，开拓创新，继承和发扬劳模精神，养成吃苦耐劳的高尚品质，刻苦学习科学文化知识，把小我升华为大我，自觉地践行劳动精神、劳模精神、工匠精神，拥有与时代同频共振的本领，成为勇担重任的

"十"字型人才（创新型人才），做劳模精神的践行者，做新时代的奋斗者，以"我将无我，不负人民"的情怀，自我完善、自我革新、自我提高，那么，我们一定能用勤劳的双手创造属于自己的幸福和光荣，中国梦必将照进现实，每一个中国人必将用奋斗赢得未来。[41]

第二节　马克思主义劳动观

马克思主义劳动观的形成与产生离不开马克思、恩格斯关于劳动的重要论述，主要集中在《1844 年经济学哲学手稿》《神圣家族》《德意志意识形态》《劳动在从猿到人转变过程中的作用》等著作中。劳动是马克思主义理论的核心观点之一，主要包括劳动将人与动物相脱离，成为真正意义上的人；劳动是社会发展的基础，推动着人类社会的进步；劳动促进人的自由全面发展。

一　劳动与人类起源

劳动与人类起源紧密相连、息息相关。劳动是整个人类生活当中的首要条件，从某种程度上来说，劳动造就了人。人类的祖先经过长期的劳动实践，推进了人类大脑意识的产生与完善、社会意识的形成与发展，促使人从动物进化为人类，成为具有自然和社会双重属性的人。

人类祖先的劳动实践促使猿变成人。关于人类的起源版本众多，按照达尔文进化论的观点，人类起源于森林古猿，经漫长的进化发展而来。受地形、气候等因素影响，部分森林古猿脱离森林，步入平原，前肢因此抬起，渐渐学会直立行走，直立行走促使其身体发生变化，与此同时，在地面生活的森林古猿不得不为了生存而利用天然工具，从而获取生存所需的食物。也正因如此，有意识地使用工具、制造工具，让猿的手脚开始分工，手不仅变成了劳动的器官，也成为劳动的产物，让人的劳动同动物本能式的劳动相区别，从而从动物界分化出来。随着劳动活动日渐复杂，交往更加深入，在劳动过程中逐渐产生了语言，语言和劳动又推动着人脑的形成。总而言之，人类祖先通过劳动实践，让生存方式发生改变，学会直立行走，解放双手，使用工具，推动人脑形成，最终成为真正的人。

劳动是人类创造物质财富和精神财富的活动，同时也是人类生活的基本条件。人之所以存在，是因为人通过劳动把自然界的原材料转化为生产生活资料，满足生存所需的物质能量。通过劳动实践让物质转化为财富，创造成价值。劳动的过程就是人与自然进行物质交换的过程，正是通过实践才证明自己是有意识的类存在物。

二 劳动与社会进步

马克思认为，社会是"一切关系在其中同时存在而又相互依存的社会机体"。[42]劳动在人类社会进步中发挥重要作用，社会的形成离不开劳动。在人和人之间进行的物质生产活动中，自然而然会形成一定的生产关系和社会关系，从而产生我们现在所讲的社会，社会是"表示这些个人彼此发生的那些联系和关系的总和"。[43]随着劳动活动的不断深入，逐渐形成了家庭、私有制、国家和市民社会。

劳动在人类社会进步中发挥重要作用，劳动推动着社会发展进步，其内核在于劳动包含的内在矛盾推动着人类社会发展。生产力和生产关系的社会基本矛盾贯穿阶级社会始终，推动着阶级社会的演变发展直至消亡，历史上不同时期的基本矛盾推动着劳动形式产生，劳动形式的发展推动阶级社会的转变，具体而言，奴隶劳动孕育出奴隶社会，徭役劳动孕育着封建社会，雇佣劳动孕育着资本主义社会。

马克思指出，"一切社会变迁和政治变革的终极原因"[44]在于生产方式和交换方式的变更，在于经济的发展变化，经济发展推动着社会形态的变化。手推磨创建了封建社会，蒸汽磨创建了资本主义社会。由此不难得知，社会主义和共产主义的社会形态和社会关系一定是基于人们的劳动情况，以劳动为基础抓手。

三 劳动与人的发展

推动人自由且全面地发展，此为马克思劳动价值的核心追求。劳动从根本上来说属于一种自由度极高、自觉性极强的活动，是实现每个人自由全面发展的现实路径。人的全面发展是劳动能力的全面发展，是体力、智力相互统一的全面发展，人的全面发展与所处社会生活是紧密相关的，实现教育和生产劳动相结合，是实现人的全面发展的重要途径。从封建社会的旧式分工到机械化大生产再到现代化生产，由传统生产方式到现代生产方式的转变，也伴随着人的片面发展到全面发展的转变。

从内在条件来看，人的自由全面发展取决于劳动的本质，自由是劳动的本质属性，劳动是根据人的自身需要，为了实现一定目的而自由自在地进行的生产活动。正是人根据自己的兴趣爱好、习惯方式等进行的生产活动，才促进人的自由全面发展。同时，劳动的内在矛盾也不断推进人的自由全面发展，在劳动发展过程中，表现为生产力和生产关系的内在矛盾，生产力的不断发展促使生产关系发生变革，从私有制的压迫到公有制的自由，劳动异化的过程也是劳动内在矛盾不断发展的过程，劳动让人类社会不断发展进步，从奴隶压迫向自由全面发展的社会关系积极推进。

从外在条件来看，劳动为人类的发展创造条件，奠定基础。正是人类的劳动实践活动让人得以发展，让人能够更加清晰明确地发现、认识和利用自然规律，更好地从事人类各项劳动实践活动，进而使人类根本生存诉求得以有效满足。得益于劳动实践的逐步拓展和深入，生产实践活动的效率大幅提升，人的部分劳动形式发生转变，人对外界条件和自身条件的限制减少，人的自由程度也随之提升，人得以自由全面发展。

第三节　马克思主义劳动观中国化、时代化发展

劳动是人类最高尚的活动，劳动不仅创造了人类社会发展和延续所需的物质生活资料，还创造了人类的精神文化，引领推动社会不断前进和发展。中华文明绵延数千年，有其独特的价值体系，它离不开劳动人民的辛劳与智慧，在历史长河发展进程中蕴含了丰富的劳动内涵，其根植于中国人内心并潜移默化地影响着中国人的思想和行为方式，更创造了中华民族特有的值得称颂、赞扬、崇尚的劳动精神。必须牢固树立劳动最光荣、劳动最崇高、劳动最伟大、劳动最美丽的观念，让全体人民进一步焕发劳动热情、释放创造潜能，通过劳动创造更加美好的生活。[45]

一　中国传统的劳动观

（一）劳动改造自然

自力更生、艰苦奋斗是中华民族的优秀传统文化，大禹治水、愚公移山、夸父追日、女娲补天这些家喻户晓的中华神话故事，无不表达了先民们通过劳动改造自然、对抗环境的信念和精神。父子相继，三过家门而不入，经过几代人的努力，百折不挠、劈山导流、掘地泄洪、战胜洪水、赢得新生。夸父追日献身，让我们看到夸父百折不挠的英雄气概和为后人造福的精神，同时也反映了古代人民探索、征服大自然的强烈愿望和顽强意志。[46]故事的背后诠释的是先民们战胜自然、改造自然的信心与决心，以及持之以恒、勇往直前的精神品质。中华儿女也正是依靠这种精神，战天斗地顽强地存活下来并发展壮大，这也成为中华文明五千多年不曾断裂的精神支柱。

农耕文化传递出中国古代劳动人民的劳动场景与改造自然的精神，充分证明了只有劳动才能创造丰富多彩的生活。《管子乘马》中描述："正月，令农始作，服於公田农耕，及雪释，耕始焉。"《诗经·周颂·噫嘻》："噫

嘻成王，既昭假尔。率时农夫，播厥百谷。骏发尔私，终三十里。亦服尔耕，十千维耦。"[47] 该诗虽篇幅短小，但气势恢宏，描绘出一幅万人齐心耕种的壮观景象。《二十四节气歌》："春雨惊春清谷天，夏满芒夏暑相连。秋处露秋寒霜降，冬雪雪冬小大寒。"[47] 体现着我国古代人民的劳动智慧，生动反映我国古代劳动人民通过丰富的劳动总结自然规律，运用自然规律服务人的劳动生产活动。以上均记录了古代人民通过劳动对自然事物进行的改造。

（二）体现人的伦理道德性

中国古代的伦理道德思想高度发达，源远流长。站在儒家道德角度审视劳动，孔子极力主张"为政以德"，以"君子之德"引导民众行为，加之"齐之以刑"，然后民众才能做到"有耻且格"，由此可见，自孔子始，劳动因劳动主体而被赋予了高尚或粗鄙的道德意义。[48] 到了孟子时期，"制民之产""薄其税敛""取于民有制""不违农时"等论述主要目的是保证劳动主体有充足的时间与精力进行物质生产，强化劳动行为与产出的因果关系并依此维护劳动主体的生产积极性。劳动伴随其行为主体地位的提升得到了普遍的重视与尊重。[48]

从儒家思想和墨家思想对劳动主体的审视来看，孔子认为"民"首先是被管理的对象，其次是作为劳动的主体，直到墨家思想的出现，劳动的主体性才被完整、自由地揭示出来。

（三）体现人的本质力量

墨家学派的创始人墨子早在两千多年前就提出了人的本质在于劳动，劳动是人类存在和发展的基础这一光辉的思想。

墨子十分推崇劳动，且对于劳动者高度尊重，劳动人权至上的思想贯穿墨家所有篇章。他主张每个人必须参加劳动，极力反对不劳而获。"今人与此异者也，赖其力者生，不赖其力者不生。"人之所以不同于动物，就是因为人能从事生产劳动，凭借双手和智慧获取生活的物质所需，揭示了人必须"赖其力"而生的劳动命题。墨家思想中还提到"兼爱""交相利"。它强调人世间的灾难源于人与人之间的矛盾、不相爱，如果通过"兼相爱交相利"理念，改善人际关系，消除冲突，那么底层弱小人群不会被欺辱，贫弱国家也能与强国和平共处，互利互惠，这才是人与自然和谐发展的需要。墨子是强者的崇尚者。他反对儒家所说的"生死有命，富贵在天"的"有命论"，提倡人的主观能动性，倡导积极作为，他认为"志不强者智不达"。告诉我们志存高远，勇敢作为，要有理想有抱负，依靠辛勤的劳动实现人生的抱负和国家的治理。[49]

二 当代中国对马克思主义劳动观的创新发展

劳动是人类社会产生、发展的制胜法宝，同时是实现中华民族伟大复兴这一伟大目标的绝佳路径。中国共产党是马克思主义的坚定信仰者，也是中华优秀传统文化的传承弘扬者。我们党把马克思主义劳动观与中华优秀传统文化融会贯通，形成了独具特色的劳动理论。中国共产党百年的奋斗历程表明，中国共产党是以马克思主义为行动指南的政党，马克思劳动解放理论为中国人民追求幸福美好生活指出了科学、光明的社会主义道路。回首历史，为谋求人民的美好生活，一代又一代中国人辛勤劳动，才使得中国从近代的积贫积弱一步步走向今天的繁荣发展；为实现中华民族伟大复兴的中国梦，一代又一代中国共产党人，在革命、建设和改革的实践中，引领全体中国人民一起辛勤劳动、实干笃行不断创造辉煌。[50] 把马克思主义劳动观和新中国的劳动实践充分地联系在一起，持续优化马克思主义劳动学说，由此得到了一系列马克思主义劳动观中国化的成果。

（一）毛泽东关于劳动观的论述

毛泽东继承和发扬了马克思、恩格斯、列宁的劳动观，并结合中国在革命斗争时期形成的众多实践经验，从中国革命建设的需要出发，形成了自身对劳动的观点和认识。

1. 强调劳动的重要

"自己动手，丰衣足食"，这是 1939 年 2 月毛泽东在延安生产动员大会上针对根据地严重的经济困难局面提出的口号。在"自己动手，丰衣足食"的宣传动员下，各根据地逐步开展大生产运动，充分显示了共产党强大的号召力与动员力，也彰显了中华民族自力更生、艰苦奋斗的优良传统。

2. 强调劳动改造的作用

毛泽东认为，世间一切事物中，人是第一可宝贵的。在共产党领导下，只要有了人，什么人间奇迹也可以创造出来。他重视劳动对人的精神的净化，认为劳动改造和劳动磨炼可以改变人们的思想，达到规劝与改变的作用。毛泽东提出过这样的观点：对于反动阶级和反动派的人们，在他们的政权被推翻以后，只要他们不造反，不破坏，不捣乱，也给土地，给工作，让他们活下去，让他们在劳动中改造自己，成为新人。他们如果不愿意劳动，人民的国家就要强迫他们劳动。[51]

3. 注重劳动与教育的充分结合

毛泽东主张体力劳动与脑力劳动相结合，他认为教育与劳动相结合最理想的状态是"知识分子劳动化，劳动人民知识化"，"教育与劳动结合的原则是不可移易的"，1957 年 2 月，毛泽东在《关于正确处理人民内部矛盾的问题》中提出过这样的观点：我们的教育方针，应该使受教育者在德育、智育、体育几方面都得到发展，成为有社会主义觉悟的有文化的劳动者。纵观以往的教育，所有的教育都没有和劳动充分地结合起来，但是注重劳动与教育的充分结合尤为重要。为贯彻这一方针，消除旧学校严重脱离生产劳动的问题，当时大力推动勤工俭学、开展半工半读，促使教育与生产相结合，理论与实践相结合。[52] 他在 1958 年视察天津大学时的讲话中提出："教育必须为无产阶级政治服务，必须同生产劳动相结合，劳动人民要知识化，知识分子要劳动化。"[53] 让广大学子在劳动中学习的同时也在学习中参加生产劳动，缩小脑体劳动者之间的差别，从而使劳动者不因接受教育而改变其劳动者的身份，同时也使其不因参加劳动而荒废学业。1965 年 12 月 21 日，毛泽东在杭州的一次会议上指出"现在这种教育制度，我很怀疑",受教育者在学习的整个过程中完全不懂如何高效地劳动、商品如何有效地交换,这种教育模式有害而无益。[54]他严厉批评了学校教育脱离实践,强调青年学生和工农结合,参加生产劳动,要将书本知识应用到生活实践中,既要拓展知识面,又要进行劳动锻炼,最终成为一个有知识有文化的劳动者。

(二)邓小平关于劳动观的论述

邓小平延续了马克思主义劳动价值观,基于毛泽东劳动观点、中国改革开放以来社会主义建设新实践,进一步提出了"科学技术是第一生产力""不论脑力劳动,体力劳动,都是劳动""尊重知识和尊重人才"的劳动思想。

邓小平明确提出了"科学技术是第一生产力"的重要论断(1988年)。随着世界科学技术的突飞猛进和我国改革开放事业的发展,邓小平坚持人的全面发展,强调劳动的发展价值,多次论述"科学技术是第一生产力"。他说:"马克思说过,科学技术是生产力,事实证明这话讲得很对。依我看,科学技术是第一生产力。"[55]1992年初,邓小平再次强调:"我说科学技术是第一生产力。近一二十年来,世界科学技术发展得多快啊!高科技领域的一个突破,带动一批产业的发展。我们自己这几年,离开科学技术能增长得这么快吗?要提倡科学,靠科学才有希望。"[56]

邓小平肯定了脑力劳动也是劳动。面对"怎么看待科学研究这种脑力劳动?从事科学技术工作的人是不是劳动者?"这样的问题,邓小平明确指出:"在社会主义社会里……他们的绝大多数已经是工人阶级和劳动人民自己的知识分子,因此也可以说,已经是工人阶级自己的一部分。他们与体力劳动者的区别,只是社会分工的不同。从事体力劳动的,从事脑力劳动的,都是社会主义社会的劳动者。"[57]他又说:"不论脑力劳动,体力劳动,都是劳动。从事脑力劳动的人也是劳动者。"在日后,脑力劳动与体力劳动的联系将更为紧密,因此要对从事脑力劳动的劳动者予以高度尊重和重视,同时认可其劳动者的身份。精准而深刻地认识到科学技术属于一种极为关键的生产力，社会主义所服务的脑力劳动者仅为劳动者当中的一种形式，这在很大程度上影响着我国科学事业的发展。正是邓小平对这一发展趋势的准确把握，为我国科学技术发展奠定了坚实的基础。[58]

尊重知识，尊重人才，是邓小平一贯坚持和提倡的。邓小平指出："一定要在党内造成一种空气：尊重知识，尊重人才。要反对不尊重知识分子的错误思想。"[59]他指出："要开一条路出来，让有才能的人很快成长，不要老是把人才卡住。人才不断涌出，我们的事业才有希望。"[60]总之，必须打破常规去发现、选拔和培养杰出的人才，"把尽快地培养出一批具有世界第一流水平的科学技术专家，作为我们科学、教育战线的重要任务"。[61]只有尊重知识、尊重人才，才有助于充分调动知识分子的积极性和创造性，充分发挥他们的专长，为建设中国特色社会主义伟大事业发挥更大的作用。

邓小平也十分重视劳动和教育相结合。改革开放新时期，邓小平同志强调，现代经济和技术的迅速发展，要求教育质量和教育效率的迅速提高，要求我们在教育与生产劳动结合的内容上、方法上不断有新的发展。他还强调劳动教育要从娃娃抓起，要将劳动教育和所学专业紧密结合，提高学生学习和劳动的积极性。

（三）江泽民关于劳动观的论述

随着改革开放的深入推进，面对知识经济时代的来临、信息化时代的到来、西方价值观的传播入侵，我们党内和社会上产生了对劳动的不正确认识，比如不把脑力劳动或复杂劳动看作劳动；不尊重工人和农民的劳动，鄙视体力劳动和简单劳动；不能正确理解马克思主义劳动观的真正内涵，导致价值观混淆。面对这样的情况，江泽民敏锐指出，劳动观的变化不仅仅是认识的问题，更是重大政治判断问题。江泽民结合我国实际问题，明确了对劳动的认识，提出新型的社会主义劳动观。他指出务必要对劳动、知识、人才还有创造予以高度的尊重，同时要将此确立为党和国家的重要方针，在全社会范围内予以提倡并严格落实。对于有益于社会发展的劳动要予以高度尊重。不管何种形式的劳动，只要有益于我国社会发展均值得尊重。[62]"四个尊重"有机融合形成一个整体，强调尊重劳动乃重要基石，对知识、人才、创造予以高度尊重，可以说"四个尊重"进一步深化和明确了对劳动的认识，充分体现了中国共产党在新时期、新形势下对劳动、知识、人才和创造在社会主义建设中发挥作用的重视，"四个尊重"是中国共产党治国理政的一项重大方针，是马克思主义劳动思想的创新性发展。

江泽民在继承了马克思主义劳动价值观的基础上，进一步提出"坚持教育与社会实践相结合"的思想。他指出"象牙塔"式的教育不能适应当今社会的需要，为落实好教育与生产实践相结合的原则，他提出具体建议：一是学校结合实际情况将劳动教育与实践纳入教学计划、统筹规划；二是不同级别的教育部门理应实施科学的指导和严格督查；三是不同级别的党委及政府部门必须对自身领导工作予以高度重视；四是各个方面必须保证良好的协作，创造优良的劳动教育条件。借助教育与实践引导学生对劳动树立正确的认知，持续提升学生理论联系实际的水平，使其养成良好的劳动习惯，成为德智体美全面发展的社会主义建设者和接班人。[63]

同时，江泽民在党的十六大报告中还提出："一切合法的劳动收入和合法的非劳动收入，都应该得到保护"，"营造鼓励人们干事业、支持人们干成事业的社会氛围，放手让一切劳动、知识、技术、管理和资本的活力竞相迸发，让一切创造社会财富的源泉充分涌流，以造福于人民"。

（四）胡锦涛关于劳动观的论述

进入 21 世纪，随着我国改革开放的深入、经济的迅速发展以及利益格局的深刻调整，胡锦涛秉承与时俱进和求真务实的精神，在江泽民提出的新型的社会主义劳动观的基础上，对新时期劳动的特点做出了新的概括，进一步充实和丰富了社会主义劳动观的内涵。

胡锦涛提出了以辛勤劳动为荣，实现体面劳动、和谐劳动的观点。胡锦涛同志讲，辛勤劳动是荣辱观的重要组成部分。2006 年 3 月 4 日，胡锦涛在参加全国政协十届四次会议民盟、民进联组讨论时发表讲话，将"以辛勤劳动为荣，以好逸恶劳为耻"列入社会主义荣辱观，目的是引导人们树立劳动光荣的观念，把辛勤劳动当作一种社会美德去大力倡导，形成良好的社会风气。胡锦涛非常重视劳动者的切身利益，2010 年 4 月 27 日，胡锦涛在全国劳动模范和先进工作者表彰大会上提出：要切实发展和谐劳动关系，建立健全劳动关系协调机制，完善劳动保护机制，让广大劳动群众实现体面劳动。[64]

第四节　习近平关于劳动的重要论述

中国特色社会主义进入新时代，习近平同志继承和发扬了马克思主义劳动历史观和中华优秀传统文化，多次围绕中国梦、劳动、劳动者、劳模精神等内容进行深刻阐述，内涵丰富、思想深邃，深刻体现劳动的历史价值、历史地位、历史意义，为顺利达成全面建成小康社会的目标，促使中华民族伟大复兴梦成为现实，给予了强有力的精神支持和思想指导，是对马克思主义劳动观基于新时代特征的中国化创新。

一　劳动是推动社会进步的根本力量

五千年历史长河中，中国人民创造了辉煌历史，铸就了灿烂的中华文明。习近平总书记明确指出：人民创造历史，劳动开创未来。劳动是推动人类社会进步的根本力量。劳动创造了中华民族，造就了中华民族的辉煌历史，也必将创造出中华民族的光明未来。[65]这一重要论述充分肯定并高度赞扬了中国人民在中华文明创造中的主体地位，在漫长的发展实践中沉淀形成的中华优秀传统文化和中国人民特质禀赋，已经成为植根于中国人内心的民族基因，是我们的宝贵精神财富和强大精神力量，并深刻影响着中国的发展进步。

二 劳动是实现自我价值的主要方式

从劳动的概念我们清楚地认识到，劳动是创造物质财富和精神财富的源泉。习近平十分重视劳动和尊重劳动者，他礼赞劳动的价值：人世间的一切幸福都需要靠辛勤的劳动来创造。[66] 在 2015 年"五一"国际劳动节暨表彰全国劳动模范和先进工作者大会上习近平进一步强调：一切劳动，无论是体力劳动还是脑力劳动，都值得尊重和鼓励；一切创造，无论是个人创造还是集体创造，也都值得尊重和鼓励。全社会都要贯彻尊重劳动、尊重知识、尊重人才、尊重创造的重大方针，全社会都要以辛勤劳动为荣、以好逸恶劳为耻，任何时候任何人都不能看不起普通劳动者，都不能贪图不劳而获的生活。这些重要的论述对积极培育社会主义核心价值观具有重要的引领作用，是对马克思劳动创造价值思想的创新发展。[14]

劳模精神、劳动精神、工匠精神是新时代劳动者奋斗的精神坐标。习近平对劳动者的礼赞，对劳模和大国工匠的褒奖，对劳动价值的充分肯定，进一步发展了马克思主义劳动价值观。[67] 习近平总书记明确提出：劳动没有高低贵贱之分，任何一份职业都很光荣。广大劳动群众要立足本职岗位诚实劳动。无论从事什么劳动，都要干一行、爱一行、钻一行。在工厂车间，就要弘扬"工匠精神"，精心打磨每一个零部件，生产优质的产品。在田间地头，就要精心耕作，努力赢得丰收。在商场店铺，就要笑迎天下客，童叟无欺，提供优质的服务。只要踏实劳动、勤勉劳动，在平凡岗位上也能干出不平凡的业绩。从本质上而言，中华民族伟大复兴的中国梦的实现离不开全国劳动人民的付出，中华民族的美好品德是辛勤劳作，敢于创新，中华民族生生不息，全面建成社会主义现代化强国，说到底离不开劳动者的创造。[68]

三 劳动是实现公平正义的重要途径

"人民对美好生活的向往，就是我们的奋斗目标。"自党的十八大顺利召开以来，以习近平同志为核心的党中央十分关注工人阶级与广大劳动人民的生产生活和职业发展情况，高度重视解决职工群众最关心、最直接、最现实的利益问题。习近平同志曾说："要以促进社会公平正义、增进人民福祉为出发点和落脚点，加大协调各方面利益关系的力度，推动发展成果更多更公平惠及全体人民……要全面推进依法治国，更好维护人民群众合法权益。""一个政党，一个政权，其前途和命运最终取决于人心向背……始终植根人民、造福人民，始终保持党同人民群众的血肉联系，始终与人民心连心、同呼吸、共命运。要从人民伟大实践中汲取智慧和力量，办好顺民意、解民忧、惠民生的实事，纠正损害群众利益的行为。"[69]通过多项政策的扶持，解决就业、教育、社保、医疗、住房、养老、生态环境、食品安全、生产安全、社会治安等问题，努力构建和谐的劳动关系，不断提升人们的获得感、幸福感、安全感。

习近平总书记明确提出：构建和谐劳动关系，是建设社会主义和谐社会的重要基础，是增强党的执政基础、巩固党的执政地位的必然要求，是坚持中国特色社会主义道路、贯彻中国特色社会主义理论体系、完善中国特色社会主义制度的重要组成部分。不论从经济层面而言，还是从政治和社会层面而言都意义重大。[70]唯有构建和谐的劳动关系，方可最大限度地调动劳动群众的主观能动性与创造性，使其发展为推动社会主义建设的核心主推力，以此推进和实现高质量发展。

四 劳动是创造人生幸福的主要源泉

劳动是财富的源泉，也是幸福的源泉。"劳动创造了中华民族，造就了中华民族的辉煌历史，也必将创造出中华民族的光明未来。"[71]"在漫长的历史进程中，中国人民依靠自己的勤劳、勇敢、智慧，开创了各民族和睦共处的美好家园，培育了历久弥新的优秀文化。我们的人民热爱生活，期盼有更好的教育、更稳定的工作、更满意的收入、更可靠的社会保障、更高水平的医疗卫生服务、更舒适的居住条件、更优美的环境，期盼孩子们能成长得更好、工作得更好、生活得更好。人民对美好生活的向往，就是我们的奋斗目标。人世间的一切幸福都需要靠辛勤的劳动来创造。"[66] 劳动使得中华民族生生不息。在整个社会要提倡正确的劳动，让全国人民都认识到劳动光荣，积极主动地参与劳动，借助劳动实现预期的生活理想。习近平总书记明确阐释了劳动与幸福之间的关系，"幸福不会从天而降，梦想不会自动成真"，"幸福都是奋斗出来的"，这些论述在继承马克思主义劳动观基本立场的基础上，从人类整体、社会发展、个人追求三个层次阐述了劳动与幸福的辩证关系，是习近平新时代中国特色社会主义思想的重要内容。这也是习近平总书记在新时代为开启新征程、实现新目标而向全体劳动者发出的奋斗召唤。

五　劳动是创造光明未来的强大力量

素质是立身之基，技能是立业之本。综合国力的竞争归根结底是人才的竞争、劳动者素质的竞争。2015 年，我国召开了全国劳动模范和先进工作者表彰大会，习近平总书记在会上 27 次提到了"创造"，他指出：在前进道路上，我们要始终高度重视提高劳动者素质，培养宏大的高素质劳动者大军。劳动者素质对一个国家、一个民族发展至关重要……一个国家发展能否抢占先机、赢得主动，越来越取决于国民素质特别是广大劳动者素质。要实施职工素质建设工程，推动建设宏大的知识型、技术型、创新型劳动者大军。[14]

事业是干出来的，成功是奋斗出来的。人民创造历史，劳动开创未来。劳动乃人类活动的核心，劳动光荣、创造伟大乃人类文明持续发展的直观体现。"以劳动托起中国梦"，诚实劳动、开拓创新，以实干兴邦、以实干圆梦。现代化强国建设从根本上要靠全国各族人民辛勤劳动、诚实劳动、创造性劳动来实现。在改革中充分发挥他们主力军作用，奏响"劳动光荣、创造伟大"的时代之歌，推动中国速度向中国质量转变、中国制造向中国创造转变、制造大国向制造强国转变，全面谱写劳动托举中国梦的新篇章。

✍ 思维导图

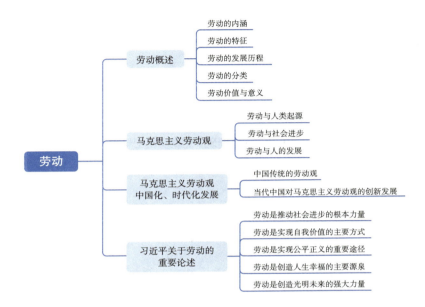

❓ 思考题

1. 如何理解劳动促进人的自由全面发展？

2. 结合实际，谈谈劳动如何托起中国梦。

🔍 实践探索

实践主题： 大学生劳动观念调研

实践目标： 通过调研，让学生充分认识到劳动的意义和价值，使其爱上劳动，崇尚劳动，积极参加劳动。

实践时间： 一周

实践流程：

1. 教师向学生说明调研背景。

2. 以小组为单位进行调研，每组成员 10~15 人。

3. 调研结束后，每组形成一份调研报告。

4. 每组选一人陈述本组调研报告，其他小组可以对其提问，小组内成员可以回答提出的问题。通过问答交流，把思考和讨论引向深入。

5. 教师归纳、分析、总结引导学生树立正确的劳动观。

6. 教师结合调研报告和各组表现，给每组打分。

《大学生劳动观念调研》劳动实践记录表

主题		时间	
地点		参与人	
实践过程			
照片粘贴			
实践效果及感悟			

评价			
评价项目	评价主体		
	自我评价	小组评价	教师评价
参与积极性			
团队协作			
态度认真			
准备充分			
过程有序			
效果显著			
体悟真实			
总体评价等级	（教师填写）		

📖 参考文献

[1] 《马克思恩格斯文集》（全十卷），北京：人民出版社，2009，第 20005 页。

[2] 乌云特娜：《回溯苏霍姆林斯基的教育情感世界》，北京：中国社会科学出版社，2020，第 775 页。

[3] 《中共中央 国务院关于全面加强新时代大中小学劳动教育的意见》，中华人民共和国中央人民政府网，2020 年 3 月 26 日，https://www.gov.cn/zhengce/2020-03/26/content_5495977.htm。

[4] 教育部课题组：《深入学习习近平关于教育的重要论述》，北京：人民出版社，2019，第 12、23、24、25、215 页。

[5] 马克思：《1844 年经济学哲学手稿》，北京：人民出版社，2018，第 49~75 页。

[6] 辞海编辑委员会编《辞海》（第六版 彩图本），上海：上海辞书出版社，2009，第 1306 页。

[7] 中国社会科学院语言研究所词典编辑室编《现代汉语词典》（第 5 版），北京：商务印书馆，2006，第 815~816 页。

[8] 陈国维主编《大学生劳动教育》，北京：高等教育出版社，2020，第 7 页。

[9] 史钟锋、董爱芹、张艳霞主编《新时代大学生劳动教育》，北京：清华大学出版社，2022，第 3~4 页。

[10] 《马克思恩格斯文集》（全十卷），北京：人民出版社，2009，第 9891 页。

[11] 吴正裕主编《毛泽东诗词全编鉴赏》，北京：人民文学出版社，2017，第 493 页。

[12] 史钟锋、董爱芹、张艳霞主编《新时代大学生劳动教育》，北京：清华大学出版社，2022，第 4 页。

[13] 习近平：《始终与人民心相印共甘苦——中共中央总书记习近平在十八届

中央政治局常委与中外记者见面时讲话》,《人民论坛》2012 年第 33 期。

[14] 习近平:《在庆祝"五一"国际劳动节暨表彰全国劳动模范和先进工作者大会上的讲话》,《人民日报》2015 年 4 月 29 日。

[15]《马克思恩格斯文集》(全十卷),北京:人民出版社,2009,第 9891 页。

[16] 曾天山、顾建军主编《劳动教育论》,北京:教育科学出版社,2021,第 7 页。

[17] 贝尔纳·斯蒂格勒:《技术与时间:1. 爱比米修斯的过失》,南京:译林出版社,2012,第 127~128 页。

[18]《马克思恩格斯文集》(全十卷),北京:人民出版社,2009,第 554 页。

[19]《马克思恩格斯文集》(全十卷),北京:人民出版社,2009,第 14、1304、1880 页。

[20]《马克思恩格斯文集》(全十卷),北京:人民出版社,2009,第 17994 页。

[21] 党印主编《职业与劳动——大学生劳动教育十讲》,北京:人民交通出版社股份有限公司,2021,第 7 页。

[22] 史钟锋、董爱芹、张艳霞主编《新时代大学生劳动教育》,北京:清华大学出版社,2022,第 7 页。

[23] 党印主编《职业与劳动——大学生劳动教育十讲》,北京:人民交通出版社股份有限公司,2021,第 6 页。

[24] 卡尔·马克思:《资本论》(上、中、下),郭大力、王亚南译,南京:译林出版社,2013,第 422 页。

[25] 史钟锋、董爱芹、张艳霞主编《新时代大学生劳动教育》,北京:清华大学出版社,2022,第 6 页。

[26] 陈国维主编《大学生劳动教育》,北京:高等教育出版社,2020,第 12 页。

[27] 史钟锋、董爱芹、张艳霞主编《新时代大学生劳动教育》,北京:清华大学出版社,2022,第 8 页。

[28] 张周志、周树智主编《唯物主义历史观——马克思恩格斯〈德意志意识形态〉研究文集》,北京:社会科学文献出版社,2013,第 37、

115 页。

[29] 史钟锋、董爱芹、张艳霞主编《新时代大学生劳动教育》，北京：清华大学出版社，2022，第 8、9 页。

[30] 中央党校采访实录编辑室：《习近平的七年知青岁月》，北京：中共中央党校出版社，2017，第 9 页。

[31] 习近平：《习近平谈治国理政》（第一卷），北京：外文出版社，2018，第 52 页。

[32] 焦扬：《在中国共产主义青年团复旦大学第二十一次代表大会上的讲话——高扬时代主题传承红色基因 在实现中华民族伟大复兴的奋斗中书写青春华章》，《复旦》2019 年第 1166 期。

[33] 《习近平：决胜全面建成小康社会 夺取新时代中国特色社会主义伟大胜利——在中国共产党第十九次全国代表大会上的报告》，中国共产党新闻网，2017 年 10 月 27 日，http://cpc.people.com.cn/19th/n1/2017/1027/c414395-29613458.html。

[34] 黑格尔：《精神现象学》（上、下卷），贺麟、王玖兴译，上海：上海人民出版社，2013，第 714 页。

[35] 《张桂梅：只要还有一口气，我就要站在讲台上，倾尽全力》，光明网，2021 年 6 月 29 日，https://m.gmw.cn/baijia/2021-06/29/1302381959.html。

[36] 《高举中国特色社会主义伟大旗帜 为全面建设社会主义现代化国家而团结奋斗——在中国共产党第二十次全国代表大会上的报告》，中国共产党新闻网，2022 年 10 月 26 日，http://cpc.people.com.cn/n1/2022/1026/c64094-32551700.html。

[37] 本书编写组编《形势与政策：2021—2022 学年（第二学期）》，北京：高等教育出版社，2022，第 7~8 页。

[38] 《庆祝"五一"国际劳动节暨表彰全国劳动模范和先进工作者大会隆重举行 习近平发表重要讲话》，中国共产党新闻网，2015 年 4 月 29 日，http://cpc.people.com.cn/n/2015/0429/c64094-26921002.html。

[39] 《人民日报社论：大力弘扬劳模精神》，中国新闻网，2020 年 11 月 23 日，

https://www.chinanews.com/gn/2020/11-23/9345628.shtml。

[40] 习近平:《习近平谈治国理政》(第一卷),北京:外文出版社,2018,第49、51页。

[41] 本书编写组编《形势与政策:2021—2022学年(第二学期)》,北京:高等教育出版社,2022,第19页。

[42]《马克思恩格斯文集》(全十卷),北京:人民出版社,2009,第19247、19248页。

[43]《马克思恩格斯文集》(全十卷),北京:人民出版社,2009,第15680页。

[44]《马克思恩格斯文集》(全十卷),北京:人民出版社,2009,第18094页。

[45] 习近平:《习近平谈治国理政》(第一卷),北京:外文出版社,2018,第46页。

[46] 韩剑颖主编《大学生劳动教育教程》,北京:清华大学出版社,2021,第23页。

[47] 韩剑颖主编《大学生劳动教育教程》,北京:清华大学出版社,2021,第24页。

[48] 韩剑颖主编《大学生劳动教育教程》,北京:清华大学出版社,2021,第25页。

[49] 韩剑颖主编《大学生劳动教育教程》,北京:清华大学出版社,2021,第26页。

[50] 学习时报编辑部:《实现中华民族伟大复兴的不竭动力——传承弘扬好中国共产党的精神谱系》,《学习时报》2021年6月7日,第A1版,https://paper.cntheory.com/html/2021-06/07/nw.D110000xxsb_20210607_1-A1.htm。

[51]《毛泽东选集》(第四卷),北京:人民出版社,1991,第1476~1477页。

[52] 陈国维主编《大学生劳动教育》,北京:高等教育出版社,2020,第32页。

[53] 李大毅:《毛泽东劳动者教育权保护思想对当代高等教育的启示》,《中国高等教育》2017年第8期。

[54] 陈国维主编《大学生劳动教育》，北京：高等教育出版社，2020，第 40 页。

[55]《邓小平文选》(第一、二、三卷)，北京：人民出版社，1994，第 2383 页。

[56]《邓小平文选》(第一、二、三卷)，北京：人民出版社，1994，第 2384 页。

[57]《邓小平文选》(第一、二、三卷)，北京：人民出版社，1994，第 941 页。

[58] 韩剑颖主编《大学生劳动教育教程》，北京：清华大学出版社，2021，第 32 页。

[59]《邓小平文选》(第一、二、三卷)，北京：人民出版社，1994，第 837 页。

[60]《邓小平文选》(第一、二、三卷)，北京：人民出版社，1994，第 1681、1682 页。

[61]《邓小平文选》(第一、二、三卷)，北京：人民出版社，1994，第 953、954 页。

[62] 韩剑颖主编《大学生劳动教育教程》，北京：清华大学出版社，2021，第 33 页。

[63] 陈国维主编《大学生劳动教育》，北京：高等教育出版社，2020，第 42 页。

[64]《胡锦涛〈在 2010 年全国劳动模范和先进工作者表彰大会上的讲话〉单行本出版》，《光明日报》2010 年 4 月 29 日，第 2 版，https://epaper.gmw.cn/gmrb/html/2010-04/29/nw.D110000gmrb_20100429_1-02.htm?div=-1。

[65] 习近平:《习近平谈治国理政》(第一卷)，北京：外文出版社，2018，第 44~46 页。

[66] 习近平:《习近平谈治国理政》(第一卷)，北京：外文出版社，2018，第 4 页。

[67] 刘向兵主编《大学生劳动教育通识》，北京：高等教育出版社，2022，第 16 页。

[68] 习近平:《在知识分子、劳动模范、青年代表座谈会上的讲话》，新华社，2016 年 4 月 30 日，http://www.xinhuanet.com/politics/2016-04/30/c_1118776008.htm。

[69] 习近平:《习近平谈治国理政》(第一卷),北京:外文出版社,2018,第 204、15~16 页。

[70] 习近平:《全国构建和谐劳动关系先进表彰暨经验交流会在京举行 习近平会见与会代表并讲话》,《思想政治工作研究》2011 年第 9 期。

[71] 习近平:《习近平谈治国理政》(第一卷),北京:外文出版社,2018,第 46 页。

➔ 拓展阅读

1. 中央党校采访实录编辑室:《习近平的七年知青岁月》,北京:中共中央党校出版社,2017。

2. 习近平:《在全国劳动模范和先进工作者表彰大会上的讲话(2020 年 11 月 24 日)》,北京:人民出版社,2020。

3. B.A. 苏霍姆林斯基:《怎样培养真正的人》,蔡汀译,北京:教育科学出版社,1992。

4.《劳动过程》,载《马克思恩格斯文集》(第五卷),北京:人民出版社,1992。

5.《劳动在从猿到人的转变中的作用》,载《马克思恩格斯文集》(第九卷),北京:人民出版社,2009。

第二章

劳动教育

名人名言

从工厂制度中萌发出了未来教育的幼芽，未来教育对所有已满一定年龄的儿童来说，就是生产劳动同智育和体育相结合，它不仅是提高社会生产的一种方法，而且是造就全面发展的人的唯一方法。[1]

——马克思

内容概要

新时代劳动教育是以培养时代新人为己任，结合经济社会发展规律及不同学段特点，将日常生活劳动、生产劳动和服务性劳动作为媒介，通过引导和教育，使学生树立良好的劳动观念，涵育和提升劳动精神及能力，养成优秀的劳动品质和习惯，开展系统性、规范性的育人工作，具体包括育人导向、育人依据、育人载体、育人目标、育人格局五个维度。大学生劳动教育目标聚焦在树立正确的劳动价值观念、培育深厚的劳动情感、掌握必备的劳动知识和技能、养成良好的劳动品质与习惯四个方面，通过家庭、学校和社会的协同配合共同实施。新中国成立以来，劳动教育经历了不同的发展阶段，在这一过程中也积累了大量的工作经验，为后期的工作开展打下了坚实的基础。加强大学生劳动教育是全面建成社会主义现代化强国的必然要求、完善中国特色社会主义育人体系的内在规定、大学生成长为"有理想、敢担当、能吃苦、肯奋斗"的新时代好青年的客观需要。着眼人工智能时代下的大学生劳动教育，应加强创新思维和创造劳动能力培养，保持对劳动新形态、新技术的敏感性，强化合作性劳动实践，增强劳动法律意识，发展多元技能。

📖 学习目标

1. 掌握劳动教育的内涵、目标和途径。

2. 了解新中国成立以来劳动教育的发展历程。

3. 理解新时代加强大学生劳动教育的重要价值。

4. 了解人工智能时代下大学生劳动教育的新要求。

📖 案例导入

"蹲族"正在蔓延

受过大学教育、家庭出身不错，这两个标签加起来仿佛预示着一份好工作、好前途。但实情是，部分这样的年轻人并没有按照如此剧本走上理想之路，而是选择在家里或出租屋里，成为一名城市"蹲族"。不同于"啃老族""蛰居族"，城市"蹲族"特指拥有一手"好牌"、被人寄予厚望，却"放弃"自我、甘当社会"隐形人"的年轻人，他们往往以"现实低欲望、网上多冲浪"的方式闲散度日。[2]

某重点高校毕业的小许（化名），如今成为大家口中的"蹲族"，作为一名女生，从小父母对小许的学习就非常看重，可小许是一个非常自卑内向的人。小许把大量的时间用在了打游戏上，这也使得她没有好友，跟大家没有共同话题。

大学毕业之后，小许顺利地找到了一份工作，可这份工作对小许来说有一些力不从心。上学期间，小许养成了一种懒散的性格，对什么都提不起兴趣。工作之后，8:30准时上班这一规定成为小许的噩梦，她总是做不到这一点。没过多久，小许就被上司约谈了，暗示她如果不好好努力的话，很有可能会被辞退。思考了很久，小许发现自己对人生并没有什么渴望，工作只会给她带来烦恼。

于是小许毅然决然地选择了辞职，虽然口头上说的是去考公务员，但扭头就躲进了出租屋里，每天的生活就是起床，打游戏，叫外卖，打游戏，睡觉。通过做陪玩，小许有了一点微薄的经济收入，能够满足平时的一些基本开销。对她来说，未来是什么样的她根本就不在乎，现在过得开心就够了。[3]

思考：案例中的"蹲族"反映出劳动教育的哪些不足？

从历史经验来看，我党一直贯彻"教育与生产劳动相结合"的教育方针，这具有显著的社会主义属性，是我国教育的基本性质、根本原则和实施路径。劳动教育属于中国教育制度主要的组成环节，在教育体系中发挥着十分关键的作用，对于社会主义建设者和接班人的培养具有重要作用，[4]从应然和实然角度回应了"培养什么样的人"、"如何培养人"以及"为谁培养人"的时代课题。中共中央、国务院于2020年3月印发了《中共中央 国务院关于全面加强新时代大中小学劳动教育的意见》（以下简称《意见》），《意见》对新时代劳动教育的基本内涵、总体目标、内容要求等进行了整体规划、系统设计和全面部署，是新时代劳动教育的纲领性和政策性文件。本章内容也将以此作为根本遵循，结合教育部印发的《大中小学劳动教育指导纲要（试行）》（以下简称《纲要》），就劳动教育的基本内容、发展历程、时代价值及要求等内容展开论述。

第一节 劳动教育概述

恩格斯在《劳动在从猿到人转变过程中的作用》中对人类从猿到人的转变过程进行了详细的分析，提出最为主要的影响因素就是劳动。为了生存，古猿学会制作和使用简单的工具进行劳动，有目的、有意识地对自然界进行改造，这种实践活动就是劳动，也正是因为劳动，人与动物彻底区分开来。劳动越来越复杂，促使双手、大脑不断进化以及语言和意识逐渐产生，特别是创造性劳动使人彻底从动物界脱离开来，成为真正意义上的人类。恩格斯还提出："其实，劳动和自然界在一起才是一切财富的源泉，自然界为劳动提供材料，劳动把材料变为财富。但是劳动的作用还远不止于此。劳动是整个人类生活的第一个基本条件，而且达到这样的程度，以致我们在某种意义上不得不说：劳动创造了人本身。"[5]因此能够得知，劳动与人类的诞生存在密切的联系。对于人类的发展历程来讲，其与人类劳动的发展史紧密地结合在一起。对以劳动为教育内容的劳动教育内涵及外延进行界定，对于在教育场域发挥劳动的育人价值，具有重要的理论及现实意义。

一 劳动教育的定义及内涵

在 2018 年召开的全国教育大会上，习近平总书记针对人才培养体系等问题给予了重要指示，明确提出要"培养德智体美劳全面发展的社会主义建设者和接班人"，"要在学生中弘扬劳动精神，教育引导学生崇尚劳动、尊重劳动，懂得劳动最光荣、劳动最崇高、劳动最伟大、劳动最美丽的道理，长大后能够辛勤劳动、诚实劳动、创造性劳动"，"要努力构建德智体美劳全面培养的教育体系，形成更高水平的人才培养体系"，[6]讲话内容为新时代劳动教育目标以及内涵确定了方向和根本遵循。

以习近平总书记针对劳动教育所做出的论述为指引，以《意见》和《纲要》等文件为依据，借鉴其他专家、学者的研究成果，本书尝试为劳动教育做出如下定义：新时代劳动教育是以培养时代新人为己任，结合经济社会发展规律及不同学段特点，将日常生活劳动、生产劳动和服务性劳动作为媒介，通过引导和教育，让学生树立良好的劳动观念，涵育和提升劳动精神及能力，养成优秀的劳动品质和习惯，开展系统性、规范性的育人工作。该定义从育人导向、育人依据、育人载体、育人目标、育人格局五个维度对新时代劳动教育内涵进行了界定。

（一）育人导向

劳动教育属于中国特色社会主义教育制度主要的组成环节，因此要将培养堪当民族复兴大任的时代新人作为最终目的。国家的性质对教育的基本属性和价值会产生决定性的影响。《中华人民共和国宪法》对国家的性质进行了明确的规定："中华人民共和国是工人阶级领导的、以工农联盟为基础的人民民主专政的社会主义国家。社会主义制度是中华人民共和国的根本制度。中国共产党领导是中国特色社会主义最本质的特征。"[7] 这就明确规定了教育必须遵循社会主义办学方向，为党育人、为国育才，对社会主义建设者和接班人进行有针对性的培养。劳动教育是为了满足新的时代发展需求，满足党对人才培养所提出的明确要求，为了确保第二个百年奋斗目标得以顺利实现，必须遵循"四为服务"（为人民服务，为中国共产党治国理政服务，为巩固和发展中国特色社会主义制度服务，为改革开放和社会主义现代化建设服务），[8] 发挥劳动教育独特育人价值，通过课程设置及实践锻炼，使学生认识和走进真实的劳动世界，对马克思主义劳动观进行学习和掌握，从历史维度入手来对劳动的重要意义进行深入挖掘和了解，体悟"劳动最光荣、劳动最崇高、劳动最伟大、劳动最美丽"[6] 的道理，在观念、精神、能力、品质和习惯上成为社会主义劳动者，成长为堪当民族复兴重任的时代新人。

（二）育人依据

劳动教育内容的设置要紧密结合政治经济社会发展规律及不同学段的教育目标。一是要体现时代性。劳动教育应与时俱进，聚焦党和国家育人新要求、时代发展新变化、社会领域新问题、科技发展新趋势、劳动领域新形态，以此为依据，及时调整、更新教育理念、教育内容和教育方式，与国家发展同频共振。二是要坚持主体性。主体性教育理论不只是在教育实践活动中发挥着十分重要的作用，对人的主体地位进行确立，同时还为教育实践活动的价值选择提供明确的指引，即"使教育成为人的主体性发展的过程，把人发展成为具有积极性、自主性和创造性的人，而不是相反"。[9] 按照《意见》和《纲要》要求，劳动教育设计与实施过程中，要遵循教育规律，按照不同学段特点和学生年龄特点，注重学生的主体作用、情感体验和创新创造，提高育人的实效性。其中《纲要》对各个学段的劳动教育目标等内容进行了明确的规定。特别是《义务教育劳动课程标准（2022 年版）》的颁布，确立了劳动教育的独立地位，推动了劳动教育专业化、规范化和课程化建设，同时要求劳动教育既要"顶天"，也能"立地"。

（三）育人载体

以《意见》和《纲要》为指引，劳动教育需要以日常生活劳动、生产劳动和服务性劳动为载体来实现教育目标。劳动的本质和劳动教育的性质决定了不能脱离实践去开展劳动教育。劳动本身就是实践的一种形式，二者是从属关系，毛勒堂认为"劳动是最为基础而广泛的实践形式"，[10] 檀传宝认为"劳动，是人类实践活动的一种特殊形式"，[11] 只有通过不同劳动领域的实践，才能够"使学生学会与自身、与自然、与社会形成全面互动交融的关系"，[12] 对劳动、劳动者、劳动成果有着理性认知和情感互融。《意见》中对三种不同领域的劳动形式进行了界定，为开展劳动实践提供了依据。其中日常生活劳动指与个人的日常生活起居相关的劳动，包括环境卫生清扫、烹饪、维修、设计与装饰、种植与采摘等，旨在提高个人生活自理能力和培养良好卫生习惯；生产劳动指以职业体验、实习实训、学科竞赛、社会实践等为主要形式的社会生产性劳动及创造性劳动，旨在形成与专业、职业相关的意识和能力；服务性劳动指学生在义务劳动和志愿服务活动中通过爱心奉献和专业特长为他人、社会自愿、无偿提供服务的劳动过程，形成与社会服务相关的能力，旨在加深对社会的了解、培养公民意识、增强社会责任感。

（四）育人目标

《意见》和《纲要》都明确提出将树立正确的劳动观念、具备必需的劳动能力、培育积极向上的劳动精神、养成良好的劳动习惯作为劳动教育的总体目标，"代表了新时代劳动者在思想、心理、伦理、行为、能力五个方面的基本素质表现"，[13] 这四个方面的育人目标也是本书的逻辑框架，是劳动教育价值的融合与体现，彰显了德育与智育相统一的基本特点，不再仅将劳动教育作为服务经济建设的手段和工具，而是更加注重通过劳动教育促进人的全面发展的价值意义。有一点需要引起注意的是，劳动教育常常与促进人的全面发展联系起来，但劳动教育只是人的全面发展的重要实施途径，而不是人的全面发展的从属概念。

（五）育人格局

《意见》和《纲要》中体现了全员全过程全方位育人的要求，并做了内容性描述。一是全员育人。劳动教育应在党委统一领导下，各级政府督促落实，强调建立以家庭为基础、学校为主导、社会为支持的协同育人机制，形成育人合力。二是全过程育人。根据教育目标，针对不同学段、不同类型学生特点，构建大中小一体化劳动教育体系，强调不同学段、不同类型学校在教学内容上的有效衔接。比如在《义务教育劳动课程标准（2022 年版）》中除了以日常生活劳动、生产劳动和服务性劳动作为育人载体和途径外，还提出了职业体验、劳动中的创新精神等与普通高等学校相衔接的内容表述。三是全方位育人。从不同的阶段和不同的环节入手，在家庭、学校和社会中都离不开劳动及劳动教育，范围涵盖每个人的学习、生活和工作，由此可见劳动教育的实施载体与空间的多维性，这也为全方位实施劳动教育提供了可能性和必要性，劳动教育的全方位开展，既包括第一课堂和第二课堂，又包括专门课程与融入式课程。

二 大学生劳动教育的目标及内容

通过系统化、课程化劳动教育理论与实践的学习与训练，培养学生"知劳动、爱劳动、擅劳动、创新劳动"的劳动认知、劳动情感、劳动技能，进而从根源上解决当代大学生"不想劳动、不会劳动、懒就业、不就业"的问题。根据《意见》和《纲要》有关内容，大学生劳动教育的目标应聚焦于面向未来职业发展，树立正确的劳动价值观念、培育深厚的劳动情感、掌握必备的劳动知识和技能以及养成良好的劳动品质与习惯。

（一）树立正确的劳动价值观念

价值观念是个体评价客观事务或者行为结果的准则或者标准。劳动价值观念就是个体对劳动的根本看法和态度。[14] 习近平总书记在北京大学师生座谈会上的讲话中指出："青年的价值取向决定了未来整个社会的价值取向。"[15] 树立正确的劳动价值观念，在大学生劳动教育目标中起到根本作用，关乎青少年对劳动和劳动者的态度、劳动实践行为及就业选择、劳动品质与习惯养成，决定着未来整个社会的劳动观念，对于实现第二个百年奋斗目标、实现中华民族伟大复兴的中国梦至关重要。

正确的劳动价值观念，即在深刻理解劳动在人类起源、社会进步、国家发展以及个人全面发展中发挥的不可替代作用的基础上，能够认知、认同"劳动最光荣、劳动最崇高、劳动最伟大、劳动最美丽"[6] 的思想观念，做到崇尚劳动、热爱劳动、辛勤劳动、诚实劳动和创造性劳动。这是大学生劳动教育最核心和最基础的目标，其他所有目标都要围绕这一核心目标。

树立正确的劳动价值观念，一是要尊重劳动和劳动者。习近平总书记指出"无论时代条件如何变化，我们始终都要崇尚劳动、尊重劳动者"，[16] 这是自古以来人类共有的关于劳动的价值观念。劳动有分工的不同，但没有高低贵贱之分，只要辛勤劳动、诚实劳动，就值得尊重和推崇。二是要珍惜劳动成果。劳动成果是劳动者劳动实践和行为的价值体现，蕴含着劳动者的智慧和辛劳，珍惜劳动成果是尊重劳动和劳动者的行为体现。

（二）培育深厚的劳动情感

劳动情感是人的情感和情绪在劳动过程中的体现和反映，是人在劳动过程中所产生的体验和感受，是人对劳动比较稳定而具有深刻社会意义的感情。[17] 具体表现为对劳动是热爱还是逃避的态度，这是对劳动价值观念在情感上的认同和态度体验。中华民族自古以来就是崇尚劳动、热爱劳动的民族，对劳动有着独特的体悟和情感。热爱劳动不仅是中华民族传统美德，也是公民光荣职责和个人高尚品德。只有对劳动怀有深厚的情感，才能够更深刻地理解"劳动创造幸福"的道理，积极主动、自动自觉地全身心投入劳动实践中，发自内心地理解和尊重劳动者，而且在这个过程中可感受到愉悦、幸福和成就的积极情绪体验。培养大学生深厚的劳动情感，同样会迁移到工作场景中，使其积极就业，做到干一行、爱一行、钻一行，即使在工作中遇到困难和挫折，也会因为热爱而选择坚持，进而变得卓越。

（三）掌握必备的劳动知识和技能

掌握必备的劳动知识和技能是劳动教育的基础，是劳动实践的前提和保障。劳动知识和技能的掌握具有外显性特征，相对其他三个目标较容易识别、获得和评价。

高等教育学段与基础教育学段有着根本不同。在劳动知识层面，要深刻理解马克思主义劳动观的基本内容，深入学习劳动知识，不仅仅知道"是什么"，更要明白"为什么"，真正做到"懂劳动"。在掌握劳动基础知识的前提下，在实习实训、学科竞赛、社会实践中检验和提升所学专业知识。在劳动技能层面，包括在日常生活劳动中提升与生活相关的能力，如自立自理能力；在生产劳动中提升与专业、职业相关的能力，特别注重新思维、新方法、新理论在实践中的运用，着眼提升创造性劳动能力、合法劳动能力、发现问题及解决问题能力、团队协作能力以及劳动成果的价值转化能力；在服务性劳动中提升与社会相关的能力，涵养公共服务和奉献意识，提高与人沟通能力和社会服务能力，进而树立正确的择业就业观，具备到基层、艰苦地区的行业和岗位实现人生价值的奉献精神。

（四）养成良好的劳动品质与习惯

劳动品质与习惯是在劳动观念引导下，在长期劳动实践过程中，通过重复性劳动行为而形成的，具有较强的稳定性。养成良好的劳动品质与习惯，在一定程度上是劳动教育效果的体现。在劳动品质方面，要诚实守信、吃苦耐劳。这是个体在劳动品德和意志层面的反映。习近平总书记强调："人世间的美好梦想，只有通过诚实劳动才能实现；发展中的各种难题，只有通过诚实劳动才能破解；生命里的一切辉煌，只有通过诚实劳动才能铸就。"[18] 每个人都是社会的一员，只有人人诚实劳动，社会才会有序发展。从词源学来看，劳动本身就具有辛苦、辛劳的意思，劳动的前提就是要做好吃苦耐劳的准备，不拈轻怕重、贪图安逸，依靠勤劳和努力成就美好人生。在劳动习惯方面，大学生要养成自觉自愿、认真负责、安全规范、坚持不懈地参与劳动的习惯，以及勤俭节约的习惯。特别是随着物联网、人工智能、数字经济的飞速发展，我们的生活变得越来越智慧化，加之生活条件越来越好，很多青少年产生了不劳而获、一夜暴富、不想劳动的错误思想，因此必须通过系统化劳动教育，引导大学生在日常生活劳动、生产劳动和服务性劳动中加强实践锻炼、磨炼意志、提升能力，养成良好的劳动习惯和珍惜劳动成果、勤俭节约的习惯。

三　大学生劳动教育的途径及功能

驱动人的行为动机产生的因素包括目标的吸引力和个人对目标实现的自我效能感。[19] 因此强化多元育人主体对劳动和劳动教育的价值认同、厘清各育人主体的职能定位是驱动多元主体积极参与、协同育人的基本前提。在劳动教育实施过程中，需要家庭、学校和社会的协同配合，三者既是劳动教育的主体，也是劳动教育实施的途径。《意见》和《纲要》对家庭、学校以及社会在劳动教育中的作用、目标、内容进行了廓清，三者对目标实现的标准和路径有了清晰了解，有助于自我效能感的提升，进而驱动其行为的产生，与劳动教育总体目标同频共振。

（一）家庭中的劳动教育：基础作用

家庭在劳动教育过程中发挥基础和启蒙的作用，家长的劳动观念、劳动态度、劳动品质和习惯都会潜移默化地影响孩子对劳动的正确认识。在家庭劳动教育中，家长要言传身教、潜移默化地将"劳动最光荣、劳动最崇高、劳动最伟大、劳动最美丽"[6]的观念传递给孩子，在家务劳动中提升孩子动手操作能力和创造性劳动能力，磨炼其意志品质，使其养成自动自觉、坚持不懈的劳动习惯，让尊重劳动、热爱劳动成为"好家风""好门风"的重要内容。[20]

（二）学校中的劳动教育：主导作用

学校是开展劳动教育的主要场所，发挥着协调育人的主导作用，具有体系化、课程化、规范化、专业化、职业化的优势。学校中的劳动教育，既要实现第一课堂和第二课堂联动，也要注重横向一体化教育体系设计。

1. 尽量专门开设劳动教育必修课程

尽管国家出台的现有文件中，对于高校专门开设劳动教育课程并未做硬性要求，但从劳动教育实际需求角度来看，开设专门化劳动教育课程非常有必要，这样才能充分发挥劳动教育功效。可以系统化设计课程目标、结构、内容及评价，并为第二课堂提供理论支撑和逻辑架构，避免劳动教育在融入中出现"二层皮"的现象，甚至在融入中走向虚设。

2. 劳动教育第二课堂应与第一课堂充分联动，植入课程化理念

在实际中，劳动教育第二课堂开展得热热闹闹，但真正持久性入脑入心的精品实践和活动少之又少，出现"有劳无教"的境遇，归根结底在于没有课程化的规范设计，缺乏前期的目标探索、活动设计和后期的反思评价。劳动教育的第一课堂与第二课堂需协同实施，第二课堂应在第一课堂课程教学的目标、内容、实施过程框架下进行流程再造，引导学生通过设计、制作、试验、淬炼、探究等方式，亲历情境、亲手操作、亲身体验，在此过程中经历完整的劳动实践过程，[21]让他们对劳动过程产生完整体验和真实感受，在此基础上深入思考、反思总结，将其内化为劳动精神、外化为劳动实践。

3. 劳动教育应与思想政治教育、专业课教学、创新创业教育、职业生涯规划与就业指导充分融合

高等学校应充分探索"+劳动"或"劳动+"的课程育人模式。根据高

等学校的学段特点，劳动应与相关课程进行融合共建，探索劳动教育实施的多元途径和方法。其一，劳动教育与思想政治教育在目标和内容上具有贯通性。思想政治教育有利于加深对马克思主义劳动观的认识和理解，引导劳动观念、劳动情感和劳动品质的形成。其二，高等学校劳动教育具有较强的专业性和职业性特点，直接面向真实的社会和职场环境。因此劳动教育目标应植入专业课教学、创新创业教育和职业生涯规划与就业指导中。通过发挥课堂主渠道优势，引导学生找到专业领域和职场领域的劳动者榜样，学习其所具备的劳动观念、劳动情感和劳动品质与习惯。在专业学习、实习实训、学科竞赛、社会实践、志愿服务中，关注劳动新形态发展，强化劳动相关知识学习，提升劳动技能，特别是创造性劳动能力，依托劳动实践进行职业规划，引导学生在劳动中树立正确的择业就业观。

4. 横向一体化设计劳动教育内容

一体化是指不同学段、不同年级劳动教育的纵向贯通、有机衔接，是全过程育人的显著特征。大学生劳动教育在不同年级的内容设计上不能自成体系、相互独立，而应该把劳动教育纳入人才培养方案中。根据不同年级特点和专业培养目标，横向一体化设计劳动教育内容。

（三）社会中的劳动教育：支持作用

社会中的劳动教育既包括"崇尚劳动、热爱劳动、辛勤劳动、诚实劳动"社会风气的营造，也包括大学生劳动教育实践平台的搭建。第一，社会风气对青少年价值观的形成具有重要影响，特别是在新媒体、自媒体快速发展的时代，青少年通过网络接收海量信息，如果社会上存在"轻视体力劳动"的现象，可能导致大学生在择业就业中"眼高手低"，而将"钱多、事少、离家近"作为自己的职业价值观。近年来，一些关于明星、网红等高收入的宣传报道，使很多青少年的劳动观出现了偏差，他们不愿意选择辛勤劳动和奋斗，而是幻想不劳而获或者一夜暴富。因而，劳动教育需要全社会共同营造良好的劳动育人氛围，引导青少年在价值取向上崇尚劳动，在情感上热爱劳动，在行为上辛勤劳动，在品德上诚实劳动。第二，社会是劳动教育实践的重要场所。劳动教育是沟通学校教育与职业实践的桥梁途径，社会性显著，需要得到全社会的大力支持，特别对于高校来说，深化产教融合、搭建社会实践平台都需要社会力量的参与和支持。政府、企业、工厂、农场等组织与高等学校对接，提供实践岗位、开放实践场所，为大学生创造生产劳动的机会和平台，在真实的劳动场景中体悟劳动情感，学习劳动新形态。共青团、工会、社区等组织积极组织大学生参与服务性劳动和社会实践，涵养大学生公共服务意识和公共服务能力。[22]

第二节　新中国成立以来劳动教育发展历程及特征

劳动教育的内容和目标与政治经济社会的发展存在十分紧密的联系，具有十分鲜明的发展性特征。构建符合时代特征的劳动教育体系，既要有国际视野，又要立足我国劳动教育历史发展脉络和发展规律。通过梳理总结新中国成立以来劳动教育的发展演变以及实践形式，可以为探索具有中国特色的劳动教育模式找准落脚点。

根据文献梳理，国内学者对于新中国成立以来的劳动教育发展历程研究从政策方针和实践维度大体分为以下三类：一是以时间为序进行研究，李珂从全面建设小康社会以来（2000~2012 年）的劳动教育、习近平新时代中国特色社会主义思想对劳动教育的创新发展等五个不同的阶段入手，全面、系统地回顾了新中国成立以来党的教育方针，并提出"学校层面的劳动教育不够"的结论；[23] 二是针对劳动教育发展的各个阶段开展深入性研究，张雨强、张书宁将新中国成立以来的劳动教育划分成了六个不同的阶段，并针对各个阶段的具体情况展开了细致的分析；[24] 三是对劳动教育各个阶段的具体特征进行归纳梳理，王飞提出"新中国成立 70 年来我国劳动教育历经探索与创新、跃进与偏离、规整与失衡、整合与削弱、重塑与再出发五个阶段"。[25] 郑程月、王帅对新中国成立之后我国劳动教育的发展历程进行了梳理，将其划分成以下三个阶段：确立与曲折发展

（1949~1977 年），教育与生产劳动进行结合；重塑与探索革新（1978~2011 年），素质教育与劳动技术教育的兴起；体系的全新构建（2012 年至今），体现了新时期全面育人理念。[26] 虽然现有研究的分类依据略有不同，但内容相通，基本是按照时间线，概括总结不同时期劳动教育的发展形态。借鉴部分已有研究成果，本书从五个阶段对新中国成立以来劳动教育的发展历程进行梳理。

一 恢复与快速发展阶段（1949~1966 年）：体力劳动为主

1949 年新中国成立，国家百废待兴，当前主要任务聚焦在建设与恢复经济发展上。[24] 在这个时期，向有着丰富经验的、同是社会主义国家的苏联学习就顺理成章，教育界"以俄为师"，学习效仿苏联经验，借助苏联的经验和模式建立适应社会主义建设的新教育，这段时间除了直接介绍苏联办学经验之外，还翻译了苏联关于教育的大量著作，并邀请专家来我国讲授教学。[24][26][27] 此外，在国家层面文件中提出"劳动"育人导向。中国人民政治协商会议第一届全体会议于 1949 年 9 月召开，并且通过了《中国人民政治协商会议共同纲领》，将"爱劳动"作为全体国民五项公德主要内容。在此期间，劳动教育的思想引导作用开始逐步增强，主要目的是培养有社会主义觉悟的有文化的劳动者。[28]

为了适应新中国成立初期国家政治、经济、社会发展需要，这一时期劳动教育的经济建设功能占据主导地位。[28]1949 年 12 月，新中国第一次全国教育工作会议在北京召开，会议强调了教育必须为工农服务，必须为国家的生产建设服务的方针。对教育的主要作用进行明确，教育主要是对国家经济建设发挥推动作用，利用劳动教育来对民众参加劳动的积极性进行调动，让人们通过生产劳动来进行自我改造。[23]

从劳动教育的内容环节来讲，中央人民政府政务院于 1951 年发布了《关于改革学制的决定》，教育部从 1950 年开始先后颁布了《关于实施高等学校课程改革的决定》《中学暂行规程（草案)》《小学暂行规程（草案）》等政策文件，1951~1953 年，劳动教育在各学段以专业实习、工农速成班以及扫除文盲班为主要形式，并未提及劳动和劳动教育，未将劳动教育列入教学计划中。我国中小学毕业人数在 1953 年明显增加，有些地方甚至出现了毕业生不愿从事体力劳动、因不能升学而游行的现象。中共中央于 1954 年在中央教育部党组《关于解决高小和初中毕业生学习与从事生产劳动问题的请示报告》的批语中，对中小学毕业生所面临的升学问题进行了深入的分析，提出中小学阶段对于劳动教育缺乏必要的重视，造成学生对体力劳动和体力劳动者存在偏见。此后，教育部等多个部门开展了专项活动，对劳动教育工作给予了高度的重视，针对无法升学的毕业生参加生产劳动等问题颁布了专项政策。[23]1955 年发布的《教育部党组关于初中和高小毕业生从事生产劳动的宣传教育工作报告》中提出："今后进行劳动教育，除注意培养劳动观点和劳动习惯外，还应当注意进行综合技术教育，使学生从理论上和实践上懂得一些工农业生产的基础知识。"[23]全国的小学在当年都陆续开展了生产技术教育和加强劳动教育的活动，增设"手工劳动课"，一些地区中学的初一至高二新增设了生产劳动课，并在学校设立车间，学生可以就地参加生产劳动。[29] 生产技术教育成为劳动教育的主要内容。教育部于 1956 年制发的《1956—1957 学年度中学授课时数表》《关于普通学校实施基本生产技术教育的指示（草案）》对生产技术教育的上课时间等内容进行了明确的规定。[23] 至此，中小学劳动教育的目标等内容都拥有了明确的政策指引和规定，劳动教育的规范性和合理性得到了提升，为劳动教育工作的开展指明了方向。

　　1956 年，随着社会主义改造项目的陆续结束，我国全面转入社会主义建设时期。为了满足社会主义建设对人才的需求，[30] 毛泽东同志于 1957 年提出"我们的教育方针，应该使受教育者在德育、智育、体育几方面都得到发展，成为有社会主义觉悟的有文化的劳动者"。[31] 中共中央、国务院在 1958 年针对教育工作做出了明确的指示，提出"党的教育工作方针，是教育为无产阶级政治服务，教育与生产劳动相结合"，[32] 在这一时期，教育与生产劳动的联系越发紧密，劳动教育得到了前所未有的重视。中共中央于 1963 年印发的《全日制小学暂行工作条例（试行草案）》《全日制中学暂行工作条例（试行草案）》中明确提出"教育为无产阶级的政治服务、教育与生产劳动相结合的方针"，[33][34] 将"热爱劳动"作为培养目标，在《全日制中学暂行工作条例（试行草案）》中明确提出"学生学工、学农主要目的是养成劳动习惯，培养劳动观点，向工农群众学习，克服轻视体力劳动和体力劳动者的观点；同时注意把教学与生产、理论与实际结合起来，在劳动过程中学习一定的生产知识和技能。扩大知识领域"。[34] 从以上梳理来看，1957~1966 年，党和国家领导人高度重视劳动教育，提出了教育与生产劳动相结合的教育规划，劳动教育在这一时期得到了飞速的发展。受极"左"思潮影响，劳动教育一度走向极端化，这一阶段的劳动教育可谓在艰辛探索中曲折发展，这既与新中国成立初期教育事业恢复、改造和发展的经验不足有关，又受"左倾"思想的错误引导影响。然而，这一阶段劳动教育有了更加具体的价值立场与实践指向。[35]

二 异化阶段（1967~1977 年）：体力劳动与脑力劳动的对立

虽然新中国成立初期劳动教育经过了恢复与模仿阶段，进入了快速发展时期，但 1966~1976 年"文化大革命"时期，"四人帮"打着"开门办学"的旗号，以劳动代替教学，鼓吹"知识越多越反动、劳动越多越革命"，歪曲了劳动教育的内涵。[36] 劳动教育的价值和规律被歪曲，劳动教育的政治意义和经济意义被盲目夸大、被误读，甚至出现了"唯劳动式教学、读书无用唯劳动"的错误行为，[26] 甚至违背了劳动教育的本质和规律，将劳动教育窄化为体力劳动，甚至是体力惩罚。[37] 这一时期劳动教育被严重异化，沦为改造思想的主要途径和阶级斗争的武器，陷入"为政治单向度服务"的"左倾"思维误区，[35] 甚至出现劳动与学习对立、脑力劳动与体力劳动对立、知识分子与人民群众对立的现象，彻底遮蔽了劳动的本真意义。[38]

三 重建与发展阶段（1978~1998 年）：体力劳动与脑力相结合

从党的十一届三中全会开始，全党将经济建设作为重点工作来抓，开启了改革开放和社会主义现代化建设的新时期。随着"以经济建设为中心"社会主义初级阶段基本路线的确立，为了适应国家经济建设的发展需要、契合国民经济快速发展的时代背景，党的教育方针发生了变化。[24]邓小平同志于 1978 年在全国教育工作会议上发表的重要讲话中提出："教育事业必须同国民经济发展的要求相适应。我们的国民经济是有计划按比例发展的，我们培养训练专门家和劳动后备军，也应该有与之相适应的周密的计划。"[39]对教育与生产劳动的结合、经济建设为中心的时代背景下劳动教育的方向等问题进行了探索。

就劳动教育指导方针而言，制定了"脑力劳动与体力劳动相结合"的教育方针。1981 年 6 月，《关于建国以来党的若干历史问题的决议》中明确提出"知识分子与工人农民相结合"，[40]知识分子的地位和作用得到了应有的重视。1983 年 10 月 1 日，邓小平为北京景山学校题词："教育要面向现代化，面向世界，面向未来。""三个面向"成为新时期我国教育改革和发展的指导方针。在"三个面向"教育思想的指导下，劳动教育的内容不再局限于以往单一、简单、重复的劳动技能培养和劳动实践的开展，劳动教育既要立足于适应现代化生产和管理的劳动者综合素养的培育，与国家经济建设相联系，培养社会主义建设需要的合格人才，同时也要面向未来劳动发展趋势。劳动教育与现代化生产相结合，既能够提高学生适应现代化生产的劳动素养，提高社会生产效率，同时也能够使学生获得更多的成就感和价值感，促进人的全面发展。

从劳动教育的内容来看，随着社会主义现代化建设不断深入，培养具有高素质的劳动者越来越迫切，在教育领域，提升劳动技能得到了高度重视，劳动教育相关课程的开设也越来越规范。在国家层面，相继出台了多部文件以保障劳动技术课程的规范实施。教育部于 1982 年印发的《关于普通中学开设劳动技术教育课的试行意见》从内容和要求等九个不同的层面入手，针对开设劳动技术教育课的意义进行阐述，让劳动教育工作的规范性和合理性得到了大幅提升，劳动技术教育课不仅包括劳动技能教授，还包括劳动观点、劳动品质及劳动安全的引导，更加规范和全面。随后印发的《全日制普通中学劳动技术课教学大纲（试行稿）》《关于加强普通中学劳动技术教育管理的若干意见》等若干文件的配套发布，对课程相关内容有了更具针对性的指导。在此阶段，在课程上彰显了劳动教育的重要性，充分体现了党的教育方针。

就劳动教育的地位而言，在 20 世纪 80 年代，学术界对"教育与生产劳动相结合"的教育方针并未形成统一的观点。1989 年政治风波以后，急需制定一项科学、合理的教育方针，1993 年，《中国教育改革和发展纲要》将"教育与生产劳动相结合"写入其中，[23] 1995 年，该教育方针被正式写入《中华人民共和国教育法》。但在这个阶段，劳动教育仍然附属于德育、智育、美育、体育之中，并未获得独立地位，加之学校和社会对劳动教育重视不够以及"应试教育"观念的影响，劳动教育开展并未取得预期效果。

四 丰富和拓展阶段（1999~2011 年）：开启素质教育

2000 年 10 月，党的十五届五中全会提出"我国将进入全面建设小康社会，加快推进社会主义现代化的新的发展阶段"。[41] 在这一阶段，劳动教育的价值、方针和内容也呈现新的时代特征。

劳动的价值获得社会各界的认可。江泽民同志于 2002 年在党的十六大报告中指出："必须尊重劳动、尊重知识、尊重人才、尊重创造，这要作为党和国家的一项重大方针在全社会认真贯彻。"[42] 将尊重劳动放在"四个尊重"之首，彰显了在新的发展阶段，劳动的价值和重要性被广泛认可，对社会主义的劳动价值取向进行了明确，是马克思主义"劳动创造一切"观点的一种深层次解读。此后，党的十七大、十八大报告以及党的十九大修订的《中国共产党章程》中都写入了"四个尊重"的内容。[23]

党的教育方针得到了丰富。江泽民同志于 1999 年 6 月在第三次全国教育工作会议上提出："我们必须全面贯彻党的教育方针，坚持教育为社会主义、为人民服务，坚持教育与社会实践相结合，以提高国民素质为根本宗旨，以培养学生的创新精神和实践能力为重点，努力造就'有理想、有道德、有文化、有纪律'的，德育、智育、体育、美育等全面发展的社会主义事业建设者和接班人。"[23] 这一表述，不只是对党的教育方针的一种深入解读，也是劳动教育新的时代特征的集中展现，让党的劳动教育方针内涵得到了丰富。其中，为人民服务体现着党"以人民为中心"的执政理念。教育与社会实践进行有机的结合，是"教育与生产劳动相结合"的深化，充分彰显了劳动教育的多元性。

劳动教育内容不断拓展。进入 21 世纪，国际和科技竞争日趋激烈，知识经济、信息化发展对劳动者的创造性提出了新的要求，由"应试教育"向"素质教育"转型迫在眉睫。2001 年发布的《国务院关于基础教育改革与发展的决定》中明确提出："加强劳动教育，积极组织中小学生参加力所能及的社会公益劳动，培养学生热爱劳动、热爱劳动人民的情感，掌握一定的劳动技能。"[43] 2001 年教育部印发的《基础教育课程改革纲要（试行）》将劳动技术课程调整为综合实践活动，并将信息技术教育等内容与劳动和技术教育进行了有效的融合。

随着劳动价值以及劳动教育受到广泛重视，学术界关于是否将劳动与德育、智育、体育、美育平齐展开了讨论，其中最为著名的是"黄瞿之争"。黄济提出："为了贯彻教育与生产劳动相结合的教育方针，为了培养学生的实践能力和生活能力，为了解决现实中存在的问题，加强劳动教育，把教育的组成部分，由德、智、体、美四育，增加为德、智、体、美、劳五育，是一项必要的而且有益的措施。"[44] 学术界的讨论推动了劳动教育独立地位的深化发展。

通过前文梳理可以看出，从新中国成立初期到全面建设小康社会新的发展阶段，劳动教育越来越受到重视，课程化建设越来越规范。但关于劳动教育的指导意见多聚焦在基础教育阶段，关于高等学校的劳动教育如何开展尚未出台指导性的政策和文件。

五　全新发展阶段（2012 年至今）：注重人的全面发展

党的十八大以来，党和国家对劳动教育空前重视。在这一阶段，党和国家直面劳动教育出现的突出问题，形成了科学的劳动教育思想、理论和实践路径。

党的十八大、十九大、二十大报告中，分别对劳动及劳动教育进行了多处表述。党的十八大报告中明确提出要"营造劳动光荣、创造伟大的社会氛围"；[45] 党的十九大报告中指出要"弘扬劳模精神和工匠精神，营造劳动光荣的社会风尚和精益求精的敬业风气……人人都有通过辛勤劳动实现自身发展的机会……构建和谐劳动关系"；[46] 党的二十大报告对于上述思想进行了总结，以马克思主义劳动观为依据，结合新时代的发展要求，在报告中明确表述为"坚持尊重劳动、尊重知识、尊重人才、尊重创造……在全社会弘扬劳动精神、奋斗精神、奉献精神、创造精神、勤俭节约精神……人人都有通过勤奋劳动实现自身发展的机会……培养德智体美劳全面发展的社会主义建设者和接班人"。[47] 对劳动的内涵进行了深化，劳动精神得到了升华，彰显了劳动的地位，为新时代劳动教育的深入开展指明了方向、给予了保障。

2012 年以来，习近平总书记以座谈会、表彰大会、回信、慰问的形式多次向劳动者表达敬意和问候，并针对劳动、劳动教育给予了明确的指示，包含了"实干兴邦"的劳动实践观、"民族复兴"的劳动发展观、"崇尚劳动"的劳动价值观、"热爱劳动"的劳动教育观等丰富内涵。[23] 在 2018 年全国教育大会上，习近平总书记对劳动教育的根本旨归、目标和路径进行了总体规划，"培养德智体美劳全面发展的社会主义建设者和接班人"，"要在学生中弘扬劳动精神，教育引导学生崇尚劳动、尊重劳动，懂得劳动最光荣、劳动最崇高、劳动最伟大、劳动最美丽的道理，长大后能够辛勤劳动、诚实劳动、创造性劳动"，"要努力构建德智体美劳全面培养的教育体系，形成更高水平的人才培养体系"，[6]为家庭、学校、社会开展劳动教育提供了明确的指引。

相关政策的出台保障了劳动教育理念的落地实施。这一阶段，党和国家颁布了多项政策和文件，其中最具代表性的就是 2020 年中共中央、国务院发布的《中共中央　国务院关于全面加强新时代大中小学劳动教育的意见》和教育部印发的《大中小学劳动教育指导纲要（试行）》，其中《意见》是党中央、国务院对劳动教育开展做出的全面部署，《纲要》依据《意见》，针对教育系统做出细化和要求。两个文件从指导思想、基本原则、劳动教育的内涵、劳动教育的总体目标、劳动教育的基本内容以及普通高等学校劳动教育的内容和要求、课时规定、实施途径、劳动教育评价等方面细化了国家对劳动教育开展的总要求，具有极强的指导意义。

劳动教育的独立地位得到了确立。经历了漫长的历史时期，劳动教育从隶属地位走向了独立，体现了劳动独有的育人价值，让劳动教育的育人功能得到了充分的发挥，且劳动教育也是五育中唯一能够在个体与社会间搭起桥梁的育人模式。

六　小结

纵观新中国成立以来劳动教育的发展演变，呈现以下特征。一是从注重体力劳动到重视脑力劳动再到体力劳动与脑力劳动相结合。新中国成立初期，社会生产力水平落后，这一时期体力劳动成为劳动主要形态，劳动教育也是围绕简单重复的体力劳动展开。随着知识经济和信息化时代的到来，市场亟需创造性人才和科技人才，脑力劳动成为主流，也衍生出"应试教育"诸多问题，"唯分数论"而忽略了学生劳动观念、劳动技能、劳动习惯的养成。进入新时代之后，党和国家对于青少年中"出现了不珍惜劳动成果、不想劳动、不会劳动的现象"进行了深入的分析，提出在开展劳动教育的过程中，必须"以体力劳动为主，注意手脑并用，强化实践体验，让学生亲历劳动过程，提升育人实效性"。二是从重视单一劳动技能提升到劳动教育综合目标的实现，从重视外在的适应性转为注重内在的发展性。改革开放以前的劳动教育，从当时课程名称可以看出更倾向于劳动技能的提升，表现出明显的服务社会发展的外在目的取向，[13] 主要服务于政治和经济发展需要，而较少关注学习者内在的劳动动机和需求。改革开放以后，劳动教育的目标有所调整，开始关注人的发展，但仍以服务经济建设为中心。随着 1999 年"素质教育"的提出，培养全面发展的人成为教育的目标，在这个时期开始兼顾政治、经济、社会发展目标与个人全面发展目标相统一。2012 年之后，劳动教育将"树立正确的劳动观念、具备基本的劳动能力、培育积极的劳动精神以及养成良好的劳动习惯"作为其总体目标，将人的全面发展作为教育的主要目标，更加关照个体的内在发展性。但关注个人内在发展与服务政治、经济和社会发展的目标并不相悖，反而个体有了发展的内驱力，能够更有效地自觉、自发地推动国家和社会进步。

第三节　大学生劳动教育的时代价值及新要求

　　党的二十大将"培养德智体美劳全面发展的社会主义建设者和接班人"写入了党代会报告之中，体现了劳动自身所蕴含的价值。然而，在大学生和社会中也会存在这样的疑惑：人工智能的发展使农业、工业生产以及家居生活越来越容易被机器替代，还需要人类的劳动吗？在物质生活丰裕的时代下，不工作、不劳动也能够生活，劳动对于我们的生存和发展还那么重要吗？针对这些疑惑，从马克思主义劳动观中可以找到答案：马克思把劳动比喻为整个社会都在围绕旋转的"太阳"，同时还提出"任何一个民族，如果停止劳动，不用说一年，就是几个星期，也要灭亡，这是每一个小孩都知道的"。[48] 习近平总书记也反复强调"劳动最光荣、劳动最崇高、劳动最伟大、劳动最美丽"。不管社会怎样变迁，只是劳动的形态会发生变化，而"劳动是一切幸福的源泉"的真理始终不变。

新时代加强大学生劳动教育，是贯彻党的教育方针的重要内容，对于全面建设社会主义现代化国家、培养堪当民族复兴重任的时代新人、促进大学生全面发展具有重要的时代价值。

一　大学生劳动教育的时代价值

（一）加强大学生劳动教育是全面建成社会主义现代化强国的必然要求

党的二十大报告中明确提出，"新时代的伟大成就是党和人民一道拼出来、干出来、奋斗出来的"，"从现在起，中国共产党的中心任务就是团结带领全国各族人民全面建成社会主义现代化强国、实现第二个百年奋斗目标，以中国式现代化全面推进中华民族伟大复兴"，"全面建设社会主义现代化国家，是一项伟大而艰巨的事业，前途光明，任重道远"。[47] 未来的前进道路上，更需要"知难而进、迎难而上"，牢记"空谈误国、实干兴邦"。纵观我国的文明史和发展史，国家发展、社会进步以及奇迹创造都离不开亿万人民的劳动，全面建设社会主义现代化国家的关键在于"实干"，实干的本质就是劳动。

习近平总书记从党的事业后继有人层面出发，对青年工作的理论和实践进行了深层次的剖析，对青年一代的历史使命进行了明确，就是为中华民族的伟大复兴而努力奋斗。习近平总书记提出："坚持和发展中国特色社会主义，实现中华民族伟大复兴，需要一代又一代有理想、有知识、有道德、有担当的青年为之奋斗。"[49] 立足新征程，当代青年生逢其时又重任在肩，加强大学生劳动教育，一是使其从理论深度上真正理解、认同马克思主义劳动观，明白"劳动是人类的本质活动，劳动光荣、创造伟大是对人类文明进步规律的重要诠释"[50] 的深刻内涵；二是使其在实践中产生深厚的劳动情怀，从思想层面和行为层面认同和践行劳动精神，牢固树立"劳动最光荣、劳动最崇高、劳动最伟大、劳动最美丽"的观念，能够

"辛勤劳动、诚实劳动、创造性劳动"。由于高等教育学段不同于中小学，它直接连接真实的职业世界，大学生劳动教育也更具职业指向，更加直观地引导学生积极投身于全面建设社会主义现代化国家的事业中，用脚踏实地的劳动跑好青年一代的接力棒；三是培养创造性劳动能力。党的二十大报告指出"创新在我国现代化建设全局中的核心地位"，[47]当今和未来国际竞争归根结底是综合国力的竞争，而其中决定性因素就是科技创新能力。大学生是未来科技创新人才的重要储备，在大学学段，在真实的情景中以专业实训、学科竞赛等生产性劳动形式，培养其创造性思维和创新能力，为实施科教兴国战略、人才强国战略、创新驱动发展战略提供人才支撑。

（二）加强大学生劳动教育是完善中国特色社会主义育人体系的内在规定

虽然"教育与生产劳动相结合"是中国共产党一直遵循的教育方针，但是针对新中国成立之后劳动教育的发展历程进行梳理之后发现，从 1957 年毛泽东提出"使受教育者在德育、智育、体育几方面都得到发展，成为有社会主义觉悟的有文化的劳动者"[31]的首个社会主义教育方针开始，到党的十六大报告中指出"培养德智体美全面发展的社会主义建设者和接班人"，[42]再到习近平总书记于 2018 年 9 月提出"培养德智体美劳全面发展的社会主义建设者和接班人"，[6]经过 60 余年曲折发展，劳动教育在育人体系中的独立地位方得以确立。从"三育"到"五育"，体现了劳动教育在中国特色社会主义育人体系中的重要意义。

完善中国特色社会主义育人体系，不是简单地添加名称，而是要以系统观念发挥"五育"的协同作用，发挥综合育人效应。《意见》中明确提出"劳动教育是中国特色社会主义教育制度的重要内容"。[4]劳动教育区别于其他"四育"的典型特征在于劳动教育是"五育"中唯一与真实的职业世界、生活世界相连通的教育，拥有向外朝向的特点，加之劳动观念等因素的影响，劳动教育也具有向内朝向的特点，而其他"四育"主要关注自我的成长和修炼的不断完善。教育不只需要向外朝向，还需要与生产和社会进行紧密衔接，实现"教育与生产劳动相结合"的教育方针，所以在育人体系中，劳动教育具有独特的育人价值，应与其他"四育"相互融合、相互补充，通过劳动来推动德智体美的全面发展，完善中国特色社会主义育人体系，促进学生实现个体的发展与社会的需要协调统一。

（三）加强大学生劳动教育是大学生成长为"有理想、敢担当、能吃苦、肯奋斗"的新时代好青年的客观需要

努力成为一名"有理想、敢担当、能吃苦、肯奋斗"[47]的新时代好青年是党和国家对青年一代提出的要求和期望。大学生劳动教育从理论和实践两个方面对大学生树立远大理想、担当社会责任、磨炼意志品质、保持奋发进取状态予以教育和引导，从理论层面讲清楚"为什么"，从实践层面通过直接和间接体验，使学生对"有理想、敢担当、能吃苦、肯奋斗"产生情感互动和思想认同。

第一，有理想，不是处于物质和安全层面的理想，而是基于个人价值实现和创造社会价值层面的远大理想。大学生劳动教育从马克思主义劳动观角度引导学生认识劳动在人类起源、国家发展和社会进步中的重要作用，意识到每个人勤劳、诚实和创造性的劳动都是实现中华民族伟大复兴中国梦伟大事业进程中不可或缺的重要部分，以劳动模范的典型事例引导学习，培养其正确的劳动价值观和择业观，提高其思想水平和政治觉悟，引导大学生从国家发展、社会进步的视角，审视个人的理想信念。第二，敢担当，这与有理想是一脉相承的。理想信念坚定的人，在面对重大困难和大是大非时能够勇于担当作为，不逃避、不造谣、不置身事外。在开展大学生劳动教育的过程中，利用典型事例分享、志愿服务、"三下乡"社会实践等方式，对大学生公共服务意识进行培养，对大学生的奉献精神进行弘扬。第三，能吃苦，指的是可以经受住"摔打、挫折和考验"，习近平总书记曾说，"青年时代，选择吃苦也就选择了收获"，要"历练宠辱不惊的心理素质，坚定百折不挠的进取意志，保持乐观向上的精神状态"。[51]对于大学

生劳动教育活动来讲，形式可以多种多样，比如对劳动模范和普通劳动的工作经历进行分享，参加各种劳动实践，让大学生通过这些活动接受锻炼、磨炼意志，通过劳动得到体悟，对学生的劳动品质进行培养。第四，肯奋斗，这是"青春最亮丽的底色"，是大学生应该葆有的精神状态，只有奋斗，才能够实现个人理想，"躺平""摆烂""啃老"不可取。以马克思主义劳动观为基础，针对劳动精神展开理论讲授，以实践体验为辅助，让学生深刻领会"幸福都是奋斗出来的""奋斗本身就是一种幸福"[52]的道理，积极投身于劳动实践，通过奋斗，让个人价值追求得以顺利实现，为中华民族伟大复兴而贡献自己的力量。

二 人工智能时代下大学生劳动教育的新要求

人工智能的飞速发展，带来了人类学习、生活和劳动领域的深刻变革，特别是关于以 Chat GPT 为代表的人工智能的讨论，引发了人类如何与人工智能共存的思考。在人工智能时代背景下，大学生劳动教育在实现教育目标基础上，还要回应以下新要求。

（一）加强创新思维和创造劳动能力培养

麦肯锡全球研究院在《未来的工作：自动化、就业和生产力》报告中预测，当前的工作中有超过一半会在 2055 年前后实现自动化。很多专家或研究机构研究出未来被替代率高的职业和低的职业排名，现有研究表明，人工智能对一些工作内容重复性较强、技能单一、易操作、包括大量案头工作的岗位有较强的替代性，而变动性强、重复性低、更需要创新能力和灵活应变能力、需要感情投入的岗位被替代率较低。从现有研究来看，创造性是人类独有的能力，人工智能会带走大量规律性工作，人类将投入更多的精力到创造性工作中去。所以大学生劳动教育应结合专业学习，在实习实训、学科竞赛和社会实践中应用新方法、新技术和新思维，不断强化创造思维和创造性劳动能力。

（二）保持对劳动新形态、新技术的敏感性

作为劳动领域特别是职业领域中的新生群体，大学生应该保持对劳动新形态和新技术的敏感性。大学生要善用专业知识和综合素养，在危机中育新局。大学生劳动教育要引导学生尽早地与新形态、新技术建立起联系，培养自己宏观指令能力、逻辑思维能力和知识迁移能力，最大限度使新技术成为自己的有效工作。抓住新经济+、AI+的机会，深入了解和掌握新形态和新技术领域的纵深应用，在新领域中抢占先机，打造自己的核心竞争优势。

（三）强化合作性劳动实践

正如前文所述，需要感情投入的岗位不容易被替代。未来所有行业都需要品牌营销和情绪输出，因而站在他人角度感受对方内在感觉的共情力以及沟通力将成为劳动者较为重要的通用职业能力。大学生劳动教育实践应拓展合作性劳动实践内容，关注学生在团队协作中共情力、沟通力和项目设计能力的培养。

（四）增强劳动法律意识

人工智能给人类学习、生活和工作带来便利的同时，诸如美国部分大学严令禁止学生使用 Chat GPT 撰写论文、AI 换脸骗局频现等，也引发了人类关于 AI 使用边界及伦理的思考。为此大学生劳动教育在加强劳动价值观和劳动品质的教育基础上，还要增强学生劳动法律意识和保护能力，在自己守住法律底线坚持诚实劳动的前提下，能够具有风险防范意识和运用法律武器维护自身权益。

（五）发展多元技能

如果只拥有单一技能，能够很好地在一个领域发展，但抗风险能力相对较弱。比如你专注的领域未来不存在，或者职业发展到一定程度以后产

生职业倦怠该如何是好？为此，在易变时代，大学生劳动教育应该在劳动实践和新兴职业中引导学生发现自己的兴趣和专长，在具备通用素质和专业技能基础上，发展自己的热情技能，找到自己新的可能，拿出 80% 的精力用于专业技能发展，拿出 20% 的精力发展自己的热情技能，用专业技能的职业保障生活支出，用热情技能的职业丰盈自己的人生，来抵御不可预测的市场带来的风险。

📖 思维导图

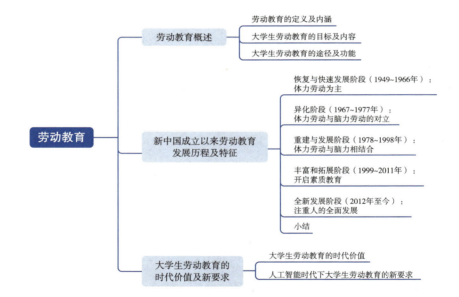

💡 思考题

1. 如何理解劳动教育的内涵？

2. 劳动教育的目标有哪些？

3. 新中国成立以来劳动教育不同阶段的典型特征有哪些？

4. 新时代加强大学生劳动教育的时代价值是什么？

🔑 实践探索

实践主题： 我期待的劳动教育

实践目标：

1. 能够正确理解劳动教育目标及内容。

2. 通过调研，对标《意见》及《纲要》，为劳动教育献言献策。

实践过程：

1. 认真学习《意见》和《纲要》内容，复习本章关于劳动教育目标及内容、途径及方法等内容。

2. 以小组为单位进行人员分工。

3. 通过头脑风暴方式围绕实践主题进行讨论。

4. 对讨论内容进行分类整理，并形成意见报告。

《我期待的劳动教育》劳动实践记录表

主题		时间	
地点		参与人	
实践过程			
照片粘贴			

续表

主题		时间	
地点		参与人	
实践效果及感悟			

评价

评价项目	评价主体		
	自我评价	小组评价	教师评价
参与积极性			
团队协作			
态度认真			
准备充分			
过程有序			
效果显著			
体悟真实			
总体评价等级	（教师填写）		

参考文献

[1] 《马克思恩格斯选集》（第三卷），北京：人民出版社，2012，第 710 页。

[2] 陈青冰：《城市"蹲族"：这些高学历年轻人明明拿着一手"好牌"，为何却选择"就地躺平"？》，《半月谈》2021 年 3 月 17 日。

[3] 《"新型啃老"正在蔓延，孩子不工作也不伸手要钱，3000 块能活一年》，"人民资讯"百家号，2021 年 11 月 23 日，https://baijiahao.baidu.com/s?id=1717174510184208264&wfr=spider&for=pc。

[4] 《中共中央 国务院关于全面加强新时代大中小学劳动教育的意见》，《人民日报》2020 年 3 月 27 日，第 1 版。

[5]　《马克思恩格斯文集》（第九卷），北京：人民出版社，2009，第 550 页。

[6]　《坚持中国特色社会主义教育发展道路 培养德智体美劳全面发展的社会主义建设者和接班人》，人民网，2018 年 9 月 11 日，http://edu.people.com.cn/n1/2018/0911/c1053-30286253.html。

[7]　《中华人民共和国宪法》，中华人民共和国中央人民政府网站，2018 年 3 月 22 日，https://www.gov.cn/guoqing/2018-03-22/content_5276318.htm。

[8]　《习近平在全国高校思想政治工作会议上强调 把思想政治工作贯穿教育教学全过程 开创我国高等教育事业发展新局面》，共产党员网，2016 年 12 月 8 日，https://news.12371.cn/2016/12/08/ARTI1481194922295483.shtml?from=singlemessage。

[9]　黄崴：《主体性教育理论：时代的教育哲学》，《教育研究》2002 年第 4 期。

[10]　毛勒堂：《马克思主义劳动概念的本体论意蕴及其当代意义》，《思想理论教育》2020 年第 10 期。

[11]　檀传宝：《劳动教育的概念理解——如何认识劳动教育概念的基本内涵与基本特征》，《中国教育学刊》2019 年第 2 期。

[12]　侯红梅、顾建军：《我国小学劳动教育课程的时代意蕴与建构》，《课程·教材·教法》2020 年第 2 期。

[13]　曲霞、刘向兵：《新时代高校劳动教育的内涵辨析与体系建构》，《中国高教研究》2019 年第 2 期。

[14]　黄燕、叶林娟编著《中国劳动教育回顾与体系建构研究》，上海：中国出版集团东方出版中心，2022，第 7 页。

[15]　《习近平：青年要自觉践行社会主义核心价值观——在北京大学师生座谈会上的讲话》，新华网，2014 年 5 月 5 日，http://www.xinhuanet.com//politics/2014-05/05/c_1110528066_3.htm。

[16]　《庆祝"五一"国际劳动节暨表彰全国劳动模范和先进工作者大会隆重举行》，新华网，2015 年 4 月 28 日，http://www.xinhuanet.com//politics/2015-04/28/c_1115119860.htm。

[17] 陈国维主编《大学生劳动教育》，北京：高等教育出版社，2020，第 55 页。

[18]《习近平在同全国劳动模范代表座谈时的讲话（全文）》，中华人民共和国中央人民政府网站，2013 年 4 月 28 日，https://www.gov.cn/ldhd/2013-04/28/content_2393150.htm。

[19] 黄小芳、黄红武：《新时代高校劳动教育体系的构建路径》，《中国高等教育》2021 年第 Z1 期。

[20] 李珂：《行胜于言：论劳动教育对立德树人的功能支撑》，《教学与研究》2019 年第 5 期。

[21] 顾建军、郝天聪：《劳动课标（2022 年版）：建构新时代以劳育人课程体系》，《中小学管理》2022 年第 6 期。

[22] 陈国维主编《大学生劳动教育》，北京：高等教育出版社，2020，第 27 页。

[23] 李珂：《嬗变与审视：劳动教育的历史逻辑与现实重构》，北京：社会科学文献出版社，2019，第 61~80 页。

[24] 张雨强、张书宁：《新中国成立 70 年劳动教育的历史演变——基于教育政策学的视角》，《中国教育学刊》2019 年第 10 期。

[25] 王飞：《新中国劳动教育 70 年回顾与展望》，《教育史研究》2019 年第 3 期。

[26] 郑程月、王帅：《建国 70 年我国劳动教育的演进脉络、时代内涵与实践路径》，《当代教育科学》2019 年第 5 期。

[27] 孙喜亭：《中国教育学近 50 年来的发展概述》，《教育研究》1998 年第 9 期。

[28] 田友谊、韩雪童：《信息化时代创造性劳动的发生机制及其课程实践》，《华中师范大学学报》（人文社会科学版）2021 年第 6 期。

[29]《劳动课的话题成热搜第一 一起来看看当年的劳动课什么样》，"京报网"百家号，2022 年 5 月 19 日，https://baijiahao.baidu.com/s?id=1733215116647578144&wfr=spider&for=pc。

[30] 翟博:《党的教育方针百年演进及其思想光辉》,《人民教育》2021 年第 6 期。

[31] 中共中央文献研究室编《毛泽东文集》(第七卷),北京:人民出版社,1999,第 226 页。

[32]《新时代教育工作的根本方针》,中华人民共和国教育部网站,2019 年 9 月 16 日,http://www.moe.gov.cn/jyb_xwfb/moe_2082/zl_2019n/2019_zl69/201909/t20190916_399243.html。

[33]《全日制小学暂行工作条例(试行草案)》,《安徽教育》1978 年第 12 期。

[34]《全日制中学暂行工作条例(试行草案)》,《安徽教育》1978 年第 12 期。

[35] 罗生全、杨柳:《中国劳动教育发展 100 年》,《西南大学学报》(社会科学版)2021 年第 4 期。

[36] 徐海娇、柳海民:《历史之轨与时代之鉴:我国劳动教育研究的回顾与省思》,《教育科学研究》2018 年第 3 期。

[37] 朱文辉、高一卓:《中国共产党百年劳动教育政策:历史回溯、特征体认与前景展望》,《教育理论与实践》2021 年第 31 期。

[38] 张万玉:《新时代劳动教育的三重维度考量》,《上海师范大学学报》(哲学社会科学版)2022 年第 5 期。

[39]《[党史百年·天天读]4 月 22 日》,共产党员网,2021 年 4 月 19 日,https://www.12371.cn/2021/04/19/ARTI1618814564044160.shtml。

[40]《关于建国以来党的若干历史问题的决议》,中华人民共和国中央人民政府网站,2008 年 6 月 23 日,https://www.gov.cn/test/2008-06/23/content_1024934_5.htm。

[41]《中共中央关于制定国民经济和社会发展第十个五年计划的建议》,中华人民共和国中央人民政府网站,https://www.gov.cn/gongbao/content/2000/content_60538.htm。

[42]《江泽民同志在党的十六大上所作报告全文》,共产党员网,2012 年 9 月 27 日,https://fuwu.12371.cn/2012/09/27/ARTI1348734708607117.shtml。

[43]《国务院关于基础教育改革与发展的决定》,《人民教育》2001 年第

7 期。

[44] 黄济:《关于劳动教育的认识和建议》,《江苏教育学院学报》(社会科学版)2004 年第 5 期。

[45]《胡锦涛在中国共产党第十八次全国代表大会上的报告》,中国共产党新闻网,2012 年 11 月 18 日,http://cpc.people.com.cn/n/2012/1118/c64094-19612151.html。

[46]《习近平:决胜全面建成小康社会 夺取新时代中国特色社会主义伟大胜利——在中国共产党第十九次全国代表大会上的报告》,中华人民共和国中央人民政府网站,2017 年 10 月 27 日,https://www.gov.cn/zhuanti/2017-10/27/content_5234876.htm。

[47]《习近平:高举中国特色社会主义伟大旗帜 为全面建设社会主义现代化国家而团结奋斗——在中国共产党第二十次全国代表大会上的报告》,中华人民共和国中央人民政府网站,2022 年 10 月 25 日,https://www.gov.cn/xinwen/2022-10/25/content_5721685.htm。

[48]《马克思恩格斯文集》(第十卷),北京:人民出版社,2009,第 779 页。

[49]《把青春播撒在民族复兴的征程上》,"人民网"百家号,2022 年 8 月 3日,https://baijiahao.baidu.com/s?id=1740088974034113436&wfr=spider&for=pc。

[50]《习近平在庆祝"五一"国际劳动节暨表彰全国劳动模范和先进工作者大会上的讲话》,中华人民共和国中央人民政府网站,2015 年 4 月 28 日,https://www.gov.cn/xinwen/2015-04/28/content_2854574.htm。

[51]《习近平:在同各界优秀青年代表座谈时的讲话(全文)》,中华人民共和国中央人民政府网站,2013 年 5 月 5 日,https://www.gov.cn/govweb/ldhd/2013-05/05/content_2395892.htm。

[52]《习近平:在2018年春节团拜会上的讲话》,中华人民共和国中央人民政府网站,2018 年 2 月 14 日,https://www.gov.cn/xinwen/2018-02/14/content_5266872.htm。

➜ 拓展阅读

1.《中共中央　国务院关于全面加强新时代大中小学劳动教育的意见》,《人民日报》2020 年 3 月 27 日。

2.《教育部关于印发〈大中小学劳动教育指导纲要（试行）〉的通知》,《中华人民共和国教育部公报》2020 年第 C2 期。

3.李珂:《嬗变与审视：劳动教育的历史逻辑与现实重构》,北京：社会科学文献出版社，2019。

4.曲霞、刘向兵:《新时代高校劳动教育的内涵辨析与体系建构》,《中国高教研究》2019 年第 2 期。

第三章

职业与职业生涯教育概述

📘 名人名言

一个人在与其人格类型相一致的环境中工作，容易感受乐趣和内在满足，最可能充分发挥自己的才能。[1]

——霍兰德

📘 内容概述

职业生涯教育是实施素质教育和劳动教育的有效手段，关系到国家未来的人才质量。就大学生而言，应当不断提高自我认知水平，增强环境分析能力。本章内容着重从职业和职业生涯教育两个方面进行论述，通过学习使学生更深入地了解我国职业的发展以及职业生涯教育在劳动社会中的重要意义，同时引导学生将劳动教育与职业生涯教育相融合，不断提高自身实践能力，树立正确就业观。

📘 学习目标

1. 掌握职业的含义、特征、分类等相关知识。
2. 了解职业发展对大学生的意义。
3. 理解职业生涯的定义以及职业生涯教育的重要作用。
4. 理解劳动教育与职业生涯教育的融合。

📘 案例导入

林萍从工商学校文秘专业毕业后，先在事业单位做了两年文秘工作，一开始觉得工作环境还可以，工作也还算稳定。后来慢慢发现文秘的工作不适合自己，并且难以施展自己的才华，于是辞职做起了"自由撰稿人"，每天在家里敲敲键盘，写写文章，时不时还给杂志社发发稿件。几年下来，日子也过得津津有味。在一次班级聚会上，大家聊到了目前所从事的职业，她对同学春雨说："我这个职业，可逍遥自在了……"而春雨心里却一直犯嘀咕："难道这也算一种职业？"

小王是一名大二的学生，所学专业是信息与计算科学，小王当初填志愿时根本就不知道这个专业到底是学什么的，只是看到了"信息"二字，就想当然地认为这是与计算机相关的专业。到了大学之后，他才知道这个专业实际上是数学类的专业，而他非常排斥学数学。于是进入大学之后，他就不太愿意学习，逃课、玩游戏成为常态。

每到夜深人静时，小王就感到极度迷茫、空虚、恐慌，但当每天打开电脑时，他首先想到的依然是游戏，有时玩得夜以继日、废寝忘食，整个人陷入游戏之中而不可自拔，更想不起上大学前曾经立下的志向。

在学校开设的职业生涯课程上，小王在老师的引导下逐渐意识到自己的问题："我不能逃避现状，虽然我对目前的专业没什么兴趣，但在大学里我还可以学一些其他的东西，以此来充实自己。在大学期间，我总不能只当'陪练者'，那就太对不起自己的大好青春了！"

于是小王开始重新思考自己的职业生涯规划，重新审视自己。当小王对个人特质、所学专业开始反思时，他突然觉得自己可以做一名数学教师。在认真反思之后，他发现自己并不是非常"讨厌"数学，只是错误的主观意识在作怪。现在小王将那些让自己一度沉迷的游戏全部删除了，他希望能够找到一个真实的自我。

你有与小王类似的生涯困惑吗？你打算如何读大学？

第一节　职业概述

本节对职业进行简要概述，帮助学生理解"职业"一词是如何诞生的；对职业的特征进行阐释，深入了解职业既是人们谋生的手段，又是人们参与社会交往的主要渠道，同时也是人们对社会承担责任的展现；在认清职业分类的实质以及发展历程的基础上，了解职业发展对于大学生的重要意义。

一　职业的内涵

在原始社会早期，由于生产力水平低下，人们生活劳动只是通过简单的自然分工保障最基本的生活需求。人们过着群居的生活，共同劳动、共同消费、共同抵御外部恶劣环境，依靠联合的力量获取食物，维持生命，没有产生较为固定的、专门性的生产劳动，故没有职业的产生。到了原始社会中期，人们学会了种植粮食和蔬果，开启了原始农业。与此同时，原始畜牧业及手工业也相继产生。在原始社会后期，由于生产力的发展，男子在重体力生产中发挥着重要作用，女子则被束缚于家务劳动之中，逐渐产生了劳动分工，即最基础的男女分工。这种劳动分工为后来的社会分工奠定了基础。

在长期的劳动实践过程中，人们发现猎取的猎物越来越多，在满足每日基本需求后存在大量剩余，于是便把存活的猎物保存下来，进行禽兽驱养。由此，人类出现了第一次社会大分工，即畜牧业与农业的分离。随着生产力与社会经济的发展，相继出现了手工业同农业的分离、商业同手工业的分离，从而诞生了最初的职业，比如猎人、农民、工匠、商人等。

由此可见，职业是人类社会发展到一定阶段出现的必然产物，是随着劳动生产力的不断发展，逐渐形成并持续更新的一类工作的统称。"职业"一词由"职"和"业"两个字构成。"职"，即职责、义务、责任；"业"，即事业、行业、业务。从劳动学角度来说，职业是指人们参与社会劳动分工，利用专业知识和技能，为社会创造物质财富和精神财富的有酬工作。从社会学角度来看，职业是一种社会行为，是指人们从事相对稳定的、有收入的、有专业性质的社会劳动，是社会的物质材料生产和精神产品生产的基础。从劳动者角度来看，职业是人们主要的社会活动之一，是通过劳动获取相应报酬，作为物质生活来源，并满足精神需求的工作。美国教育家、哲学家杜威把职业概括为：职业不是别的，是可以从中得到利益的一种活动；美国社会学家塞尔兹认为，职业是一个人为了不断地获得收入而连续从事的具有市场价值的特殊活动，这种活动决定着从事它的那个人的社会地位；日本职业专家保谷六郎认为，职业是有劳动能力的人为了生活所得而发挥个人能力，向社会做贡献而连续从事的活动；[2] 中国学者林其泉在《分工的起源和发展》中提到，职业是指存在于一定历史发展阶段的人类分工的特定形式，即主体分工的一种具体表现。[3]

通过上面的分析，可以推断出职业具有以下五个典型特征。

第一，职业具有社会性。职业的社会性是指人们作为一类指定的社会角色，在特定的社会生活环境中，承担相应的社会角色分工，与其他社会成员相互关联、付出特有的劳动力，从而创造出一定的社会价值的活动。

第二，职业具有经济性。职业的经济性是指人们为了维持基本生活、谋求个人利益、实现自我价值而成为劳动者，从事某项职业并获取相应社会报酬的活动。换句话说，劳动者是为了获取经济报酬，才会长期稳定地承担某项社会分工。没有经济报酬的工作，不属于职业。例如，志愿者、义工等。

第三，职业具有连续性。职业的连续性是指人们较为固定地、连续地、不间断地从事某种社会工作。必须是长时间从事某一行业，并且产生社会价值、实现个人价值的工作。临时性、短暂性的工作，不能称为职业。[4] 例如，兼职、实习等。

第四，职业具有规范性。职业的规范性是指人们所从事的职业活动必须符合国家法律和社会道德规范，不能侵犯和损害国家及个人合法利益。

同时，所获得的经济效益和报酬也必须合法。每个从业者都必须遵循自身特定的职业道德要求。反之，则不能称为职业。例如，小偷、间谍等。

第五，职业具有时代性。职业的时代性是指由于生产力水平的提高、现代科学技术的进步以及人们生活方式、习惯等因素的变化，职业具有自我消除、自我更新的功能。每个时代都有每个时代特殊的职业。例如，奴隶社会中存在以买卖奴隶为生的人，而这种活动现在已经不存在了。到了新的时代又会产生新的社会变化，随之衍生出新兴职业。例如，互联网营销师、网约配送员等。

综上，"职业"简单来讲就是人们以保障基本生活、赚取相应劳动报酬、实现社会和个人价值为目的，从事的稳定的、持续的社会活动。职业既是人们谋生的手段，又是人们参与社会交往的主要渠道，同时也是人们对社会承担责任的表现。职业既能反映出人们的文化状况、经济状况、生活状况、能力状况和思想状况，还能体现出一个人的社会综合表现特征。[5]每种职业的存在都对社会的进步与发展、人类的生产与生活有着特殊的意义。不同职业在工作对象、工作方式、收入情况、文化水平、权利义务等方面存在差异是客观事实。但是，我们应该清楚地认识到，职业没有高低贵贱之分，只是分工不同、性质不同，任何一个职业岗位都是社会发展进程中不可或缺、相互依赖的。

二 职业的分类

随着社会经济的快速发展，人们对于劳动分工的划分更为细致。在社会迈入工业化阶段前，存在的职业种类较少，工作范围小，工作内容也较为简单，几乎人人可以适应岗位的需求。自产业革命以后，工业技术日益成熟，生产过程也日益复杂，对器械的技术应用程度要求也更高。社会需求争夺，导致各类产品种类及生产量也大幅度增加，职业种类更趋向于复杂化与专业化。职业分类的实质其实是对社会劳动的精细化分工，根据一定的分类标准，对劳动者所从事的工作进行全面、系统的划分归类。对职业进行正确的分类，有利于社会人力资源的合理配置，对促进社会经济发展具有重要意义。

对职业的分类最早予以重视的是西方国家。早在 1841 年，英国初步将职业划分为 431 种。1850 年，美国在专门的职业普查中划分了 15 个大行业 323 种职业；1860 年，增加到了 584 种；1965 年，确定为 21741 种；到了 1980 年，《美国百科全书》中认定美国有 25000 种职业。1982 年，法国开始采用心得分类方法，将职业分为 8 个大类 24 个种类 42 个详细类别。[4] 各国经济发展水平、国情不同，导致不同国家对于职业的分类也各不相同。为了便于汇总和统计各国的职业资料，并将其进行对比，1958 年，国际劳工组织（ILO）颁布了国际上第一部《国际标准职业分类》（International Standard Classification of Occupations，ISCO）。历经半个世纪的修改，最终出版了《国际标准职业分类（2008）》（简称 ISCO-08）。将职业分为 10 大类：管理者；专业人员；技术和辅助专业人员；办事人员；服务与销售人员；农业、林业和渔业技工；工艺和相关行业工；工厂、机械操作与装配工；初级职业；武装军人职业。此外，还在大类和小类之间增加了中类，共有 43 个中类，124 个小类，436 个细类。《国际标准职业分类》为各国的职业分类提供了可借鉴的作业范本，为各国职业分类资料之间的对比奠定了基础。

此后，世界各国根据自己的经济发展实际状况以及社会结构等因素，制定了符合各自国情的职业分类标准。一般的划分规则是按照社会劳动的内容、分工、方法、环境等方面进行；也可以根据劳动的性质，划分为体力劳动和脑力劳动等；还可以根据对知识和技术的需要程度高低进行分类，划分为专业性质职业、非专业性质职业或者一般职业等。

1986 年，我国首次颁布了中华人民共和国国家标准《职业分类与代码》。1999 年，国家劳动和社会保障部、国家质量技术监督局、国家统计局颁布了《中华人民共和国职业分类大典》。《中华人民共和国职业分类大典》（1999 年版）是我国第一部对职业进行科学分类的权威性文献，将我国的职业分为 8 个大类 66 个中类 413 个小类 1838 个细类（见表 3-1）。大类划分的主要依据是工作性质是否具备同一性，并考虑我国的管理体制、产业结构的现状与发展的因素，将我国职业大致分为管理型、技术型、事务型、技能型等；中类划分的主要依据是职业活动所涉及的知识领域、使用的工具和设备、采用的技术和方法，以及所提供的产品和服务种类等的同一性；细类即职业，主要的划分依据是工作对象、工艺技术、操作方法等的同一性。同一个职业类型包含一组性质相同、具有通用的职业知识和职业技能的工作。

表 3-1 《中华人民共和国职业分类大典》（1999 年版）中对职业的分类

大类	名称	中类	小类	细类
第一大类	国家机关，党群组织，企业、事业单位负责人	5	16	25
第二大类	专业技术人员	14	115	379
第三大类	办事人员和有关人员	4	12	45
第四大类	商业、服务业人员	8	43	147
第五大类	农、林、牧、渔、水利业生产人员	6	30	121
第六大类	生产、运输设备操作人员及有关人员	27	195	1119
第七大类	军人	1	1	1
第八大类	不便分类的其他从业人员	1	1	1
小计		66	413	1838

由于经济社会的不断发展，我国社会职业构成发生了很大的变化。为了适应我国发展需要，2010 年底，人力资源和社会保障部会同国家质检总局、国家统计局牵头成立了国家职业分类大典修订工作委员会，历时五年，颁布了 2015 年版《中华人民共和国职业分类大典》。将职业划分为 8 个大类 75 个中类 434 个小类 1481 个细类（见表 3-2）。与 1999 年版相比，在维持 8 个大类的基础上，增加了 9 个中类和 21 个小类，减少了 547 个职业（新增 347 个职业，取消 894 个职业）。新增了"网络与信息安全管理员""快递员""文化经纪人"等职业。同时，增加 127 个绿色职业。将部分社会认知度较高、具有显著绿色特征的职业标示为绿色职业，并统一以"L"标示。[6]

表 3-2 《中华人民共和国职业分类大典》（2015 年版）对职业的分类

大类	名称	中类	小类	细类
第一大类	党的机关、国家机关、群众团体和社会组织、企事业单位负责人	6	15	23
第二大类	专业技术人员	11	120	451
第三大类	办事人员和有关人员	3	9	25
第四大类	社会生产服务和生活服务人员	15	93	278
第五大类	农、林、牧、渔业生产及辅助人员	6	24	52
第六大类	生产制造及有关人员	32	171	650
第七大类	军人	1	1	1
第八大类	不便分类的其他从业人员	1	1	1
小计		75	434	1481

《中华人民共和国职业分类大典》中的职业信息包括职业名称、职业代码和职业描述。以"中学教育教师"为例，"中学教育教师"分布于第二大类（专业技术人员），第8中类（教学人员），第3小类（中小学教育教师），第1细类（中学教育教师），职业代码为2-08-03-01。而"生物学研究人员"也分布于第二大类（专业技术人员），但是属于第1中类（科学研究人员）中的第6小类（自然科学和地球科学研究人员）第5细类（生物学研究人员），职业代码为2-01-06-05。它们的职业描述均为"从事科学研究和专业技术工作的人员"。

2022年，人力资源和社会保障部向社会公示了新修订的《中华人民共和国职业分类大典》。此次大典修订工作，是2021年4月由人力资源和社会保障部、国家市场监督管理总局、国家统计局联合启动的，也是自1999年颁布首部国家职业分类大典以来的第二次全面修订。修订后的大典主要分为大类8个，中类79个，小类449个，细类（职业）1636个。此次修订围绕数字经济、绿色经济、制造强国和依法治国等要求，专门增设或调整了相关中类、小类和职业。同时根据实际社会需求，取消或整合了部分类别和职业。为了满足社会发展需求，还增设了"家庭教育指导师""民宿管家""退役军人事务员"等18个新职业。与2015年版大典相比，增加了法律事务及辅助人员等 4 个中类，数字技术工程技术人员等 15 个小类，碳汇计量评估师等 155 个职业（含 2015 年版大典颁布后发布的新职业）。此外，首次标注了数字职业（标注为 S）。数字职业是从数字产业化和产业数字化两个视角，围绕数字语言表达、数字信息传输、数字内容生产三个维度及相关指标综合论证得出。标注数字职业是我国职业分类的重大创新，对推动数字经济、数字技术发展以及提升全民数字素养，具有重要意义，新版大典中共标注数字职业 97 个。[7]

由此可见，人类科学技术的不断进步推动了工业革命的产生，促使职业对知识水平的要求更高，生产能力也大幅提升，劳动力市场中就业人群、就业领域以及就业方式也发生了巨大变化（见表 3-3）。如今以人工智能、大数据、数字媒体为代表的新兴技术带来了人类的第四次工业革命。随着现代新兴科技的不断发展，产业结构调整升级，人们的社会创造力得到了激发，新兴职业层出不穷，青年人从事的工作也更加丰富，他们结合自身的兴趣爱好，从事热爱的、个性化的职业工作，在满足职业理想、实现个人价值的同时，创造出更多的社会财富。这些新兴职业对于从业者的综合素质要求较高，跨专业、交叉学科的技能和创新思维逐渐成为就业市场需求的主流，职业之间的边界也逐渐模糊。但是对于求职者来说，也意味着有更多的岗位适合他们。职业本身是种类繁多、数量庞大的，同时也是与时俱进、不断更替的。比如，电报员、电话接线员、公交售票员等。而一些新职业也不断涌现，比如，调饮师、在线学习服务师、电子竞技员等。我国紧跟时代发展，制定关于新职业信息的发布和职业技能标准，更好地正面引导就业、规范职业培训，对促进从业者能力水平提升和全国各行业发展起到了推动作用。

表 3-3　历次工业革命与就业变迁

工业革命	就业人群	就业领域	就业方式
第一次工业革命	机器代替手工工具，降低体力要求，童工大量出现	机器制造业、新兴城市服务业工作机会大规模出现	固定工时雇佣制出现，标准化、批量化生产模式开始盛行

工业革命	就业人群	就业领域	就业方式
第二次工业革命	体力要求进一步降低，女性全方位参与劳动力市场	轻工业、跨区域服务业、管理岗位带来大量就业机会	劳动者与组织形成长期稳定关系，职能划分等级森严
第三次工业革命	知识技能愈加重要，技能短缺导致下岗工人潮涌现	信息、新能源、生物技术、全球贸易等为重要就业领域	固定雇佣模式和组织等级开始松动，兼职自由职业广泛认可
第四次工业革命	平台就业对个体一视同仁，掌握数字技能成为关键	数字产业化、产业数字化、新商业模式为就业重要领域	基于数字平台就业创业，拥有多份零工的灵活就业蔚然成风

三　职业发展对大学生的重要意义

职业对于个人的发展是十分重要的，职业不仅是个人满足物质需求的谋生渠道，同时也是个人获取精神财富的手段。人们通过职业劳动为社会创造无尽的财富，为社会经济的持续发展提供保障。职业发展为个人的自我个性、自我价值的实现提供了空间，职业发展一方面能够满足个人对社会集体的荣誉感，另一方面也满足了个人对尊重与被尊重的需要。职业发展对社会个体的影响不单单局限于从业人员，对于在校大学生也有深远影响。所以，设计符合自身实际的职业发展规划，能够使大学生更快地找准自身定位，培育良好的心理素质，为未来一生的发展打下坚实的基础。

（一）有助于大学生明确大学阶段的发展方向和目标

受传统思想影响，大多数学生从小就被教育刻苦读书、努力学习，考上一所理想的大学，在精疲力竭时被一句"上了大学就解放了"洗脑。步入大学以后，部分学生终于摆脱家长多年的束缚，在暂时不用担心经济来源的情况下，不去考虑大学阶段的学习目标和未来的发展方向，更不会去计划实施。当毕业后面对千万个职业选择时，他们困惑迷茫，不知所措。一个没有方向和目标的人，很容易受到所处环境、社会发展、经济变动等外界因素的影响。同时，很多大学生更容易受对自己人生目标充满疑惑、对自己能力缺乏足够的了解和信心等内在因素的影响。在大学学习生活阶段若没有目标和方向，就像在大海航行时少了灯塔的指引，不仅荒废时间，更容易迷失自己。大学期间的学习具有自我选择的特点，为大学生根据自己的兴趣爱好有针对性地学习提供了可能。在我国传统的教学课堂中，往往突出教师传授知识，而忽略了学生的自我学习探究，这不仅影响了教学效果，也制约了学生自我能力的探索。

大学生职业发展规划能够让学生直接参与到自己的人生目标规划之中，促使学生在学习中有针对性地重视自身学习内容，找到适合自己的发展方向及目标，正视自身能力与发展目标的差距，转变消极怠慢情绪，积极面对差距，努力缩小差距，促使学生由"要我学"变为"我要学"，由"被动学"变为"主动学"。将职业发展规划贯穿于整个大学生涯之中，可以充分发挥学生自我约束作用，进一步提高学生的综合素质。所以，在大学期间做好职业发展规划，让学生了解社会目前的就业形势和人才需求，引导学生提前进入未来职业角色中，结合自身专业、兴趣爱好、个性特点等方面，准确定位发展和提升的方向，找到较为清晰的职业目标，为未来工作提前谋划、提前准备。

（二）有助于大学生适应从校园人到职业人的转变

在美国、英国等一些发达国家，将职业发展规划教育贯穿于整个大学阶段，学校从新生入学开始就为步入职场做准备，让学生选择自己所喜爱的未来职业，并且开发学生职业发展潜能，从而能够适应更多与之类似的岗位。高校引导学生探索自己的兴趣、性格、价值观，提前分析当前社会职业的特性以及发展前景，引导学生真实客观地进行自我评价，有助于学生确定未来就业意向和发展方向，将所学内容与社会需求相契合，提前适应职场中的一系列问题。大学生对未来常常充满憧憬与渴望，大学时光为学生提供了实现人生理想与人生价值的条件与支持。但是对于未走向社会的大学生而言，未来是充满未知的，甚至是充满恐惧的。大学生面临来自工作岗位各方面的转变，存在不同程度的不适应。比如，在学校期间完成的任务基本上是自己能够独立完成的，很少与其他同学配合。但是到了职场就需要团队协作完成，这就需要具备善于沟通交流的能力。

如何克服内在条件和外界环境带来的"水土不服"呢？将现实情况与未来发展结合，拥有一个科学合理的职业发展规划，是大学生步入职场成长成才的关键环节。它能在突出学生个性发展、磨炼意志、完善人生观／价值观的基础上，帮助大学生进行学涯和生涯的规划，提高就业能力、调节求职心态，引导学生提前进行观念转变、思维转变、角色转变、行为转变，了解学校和社会环境的区别，提前明确岗位职责，预判到工作岗位后将会发生的一系列问题，避免茫然、不知所措带来的心理压力。比如，理想与现实的冲突、责任与义务的冲突、人与人之间利益的冲突。在条件允许的情况下，可以演练工作业务范围，身临其境地感受职场氛围，增强理性意识，加快从"人生理想"到"职业理想"的转变进度，更好地完成从校园人到职业人的角色转换，尽快从学生身份的学习生活状态中解脱出来，尽快度过"职场适应期"，抓住人生道路上的转折点，毕业后踏踏实实地进入工作状态，全身心地投入工作。

（三）有助于大学生树立正确的择业就业观

就业是每个人人生发展的重要阶段，就业观对每个人成长成才有着不可估量的意义。大学生会受其家庭背景、受教育程度、外界环境的不同影响，呈现不同取向的择业就业观。而就业观从侧面也可以反映出大学生潜在的世界观、人生观和价值观。自从我国高校实行扩招政策以后，大学毕业生人数持续增长，本科文凭逐渐趋向于大众化。随着信息时代的进步和科技的发展，大学生求职选择的方向越来越多元化。而经济社会发展的不稳定性和产业结构的不健全性等客观因素，以及大学生就业观念陈旧、思想与行动不统一等主观因素，导致大学生择业就业越发困难，毕业即面临"失业"。目前，大学生在择业过程中受传统观念的影响，普遍存在"不是好工作不干""不是大城市不去""不是铁饭碗不端""不是高薪资不试"等非理性就业观。有关调查显示，当前大学生的就业趋势更倾向于沿海经济发达地区，岗位选择更趋向于国企和事业单位，对于薪资的期望普遍偏高，导致个人实际薪资与预期薪资相差较大，产生就业心理落差。这可以说明当前大学生的择业就业观目标过于理想化，存在眼高手低、与自身实际能力不符的情况。部分大学生对自我和社会的认识不够，在择业过程中或出现过高地评估自我，导致高不成低不就；或出现过低地评估自我，导致自卑焦虑心态。比如，有的学生有职业攀比现象，因用人单位的性质或待遇不如其他同学选择的单位，即使这个单位更适合自己的职业发展，也因虚荣心而放弃；有的学生过于自卑，认为自身条件或所在学校专业与他人相比没有优势，羞于在择业就业中推销展示自己，错失就业机会。

职业发展规划可以运用多种方法帮助学生加深自我了解，通过自我职业兴趣、职业人格、职业价值观等方面的探索，挖掘自身潜能和优势，进一步确定未来择业就业目标，在大学学习期间做好相关职业知识技能的提升，对职业世界进行积极的探索和决策。同时，能提高大学生心理素质，增强其对未来职业发展的规划和实践能力，有效解决大学生自我认知不清晰、市场环境研判不准确的问题。引导大学生正确认识当前的就业形势，形成正确的择业就业观，理性认识自我择业方向，认清实际、摆正位置、合理定位。综合考虑自身情况和社会需求，做出符合自身实际条件的合理生涯规划，改变大学生就业中存在的"有业不就""无业可就""慢就业、缓就业"现象，科学把握就业方向和职业目标，帮助大学生实现职业理想。

（四）有助于大学生提升就业竞争力

当前社会形势下大学生就业难已成为一个不争的事实，除毕业生人数大幅度提升以及大学生择业就业观不切实际等因素外，另一个情况就是用人单位找不到需要的人才，大多数用人单位普遍反映现在大学生综合素质不高，与求职岗位要求相差甚多。大学生普遍存在个人能力匮乏现象，对所学专业知识和技能掌握得不够扎实，对专业外的技能获取得不多或者不深。在校期间不愿利用业余时间参与各类实践活动，对其重视程度不够，认为其是浪费时间，缺乏主动性、积极性。或即使参加也只是单纯地为了获取学分，完成实践任务时不够认真，态度不够端正，致使大学生语言沟通能力、组织协调能力、创新创造能力等可通过实践活动获取的社会技能也有待提升。此外，随着生活水平的不断提高，大学生普遍生活在衣来伸手、饭来张口的安逸环境中，一部分大学生认为家庭经济条件优渥，不担心日后工作问题；另一部分大学生升学后思想行为堕落，虚度大好时光。故在临近毕业时被动地接受学校提供的招聘实习岗位，没有主动获取就业信息、分析当前就业形势的概念。大学生极度缺乏就业竞争意识是产生这些现象的背后原因。

所以，提升就业竞争力是大学生求职成功的关键。当大学生明确自己的职业发展方向后，可以通过个人优势劣势的分析，充分认识自己，不断突出优势，减少或转化劣势，挖掘自身潜力。职业发展规划可以将所学内容有计划地贯穿于四年大学生活中，为实现职业发展目标量身定做一套教育发展计划，提升专业技能水平和专业素养，有选择性地参加相关的实践活动，培养与个性特征相匹配的独特核心竞争力，形成他人不可替代的竞争优势，增强就业自信心。在练就过硬本领过程中，增强学生对当前就业环境的探索意识，根据社会所需人才的标准调整自身定位，把握就业定位，有针对性地完善自己，提高综合素质，勇于抓住机遇、面对挑战，提升针对目标岗位的就业竞争力，提高岗位胜任能力，实现职业目标和人生价值。

第二节　职业生涯教育概述

本节主要帮助学生正确地理解生涯、职业生涯、职业生涯教育的基本含义及其内在价值。通过职业生涯教育理论基础的论述，让学生了解探索自身职业生涯规划的方式方法，领悟职业生涯教育对社会和个人的重要意义，探索劳动教育与职业生涯教育的融合与共建。

一　职业生涯教育的内涵及主要内容

（一）生涯

"生涯"一词由英文单词"career"翻译而来，来自罗马语"via carraria"及拉丁语"carrus"，意义均代表古代的战车。在西方人的概念中，"生涯"一词有一种疯狂竞技的意思，后来该词又引申为人生发展的道路，或指人一生的发展过程。在中国，"生涯"最早来源于《庄子·养生主》篇的"吾生也有涯，而知也无涯"。南朝陈的沈炯在《独酌谣》中也提到"生涯本漫漫，神理暂超超"。[8] 所以，在中国"生涯"一词指生命的边际、期限，代表人整个生命历程。在后来的衍化中，人们将"生涯"视为"生活"，或者说是谋求生存的一种方式。例如，北周的庾信在《谢赵王赍丝布等启》中说道："非常之锡，乃溢生涯。"唐代的沈佺期在《饯高唐州询》中说道："生涯在王事，客鬓各蹉跎。"由此可见，在中国古代人眼里，"生涯"不仅具有时间性，还具有一定的空间性。

1957 年，生涯发展理论的代表人物、美国职业管理学家舒伯在他出版的《职业生涯心理学》一书中首次使用了"生涯"概念。他认为生涯是生活里各种事态的演进方向和历程，它统合了人一生中的各种职业和生活角色，由此表现出个人独特的自我发展形态。[9] 美国职业管理学家萨帕认为，生涯是一个人从年轻到年老所扮演的不同职业和生活角色，这些全部加起来才是一个人的生涯。

由上述定义可知，"生涯"是指人一生中从事某种活动或者职业的生活，是一个人按照他想成为一个什么样人的方式，完成一系列发展任务的生命历程。生涯是持续人一生的过程，是一个动态的过程，而非一个静止不动的点。生涯受自身条件、周围环境、家庭遗传等多重因素影响，生涯对于每个人而言都是独特的，生涯的发展需要人进行一系列的选择，有时甚至面临冒险与挑战。没有人会拥有十全十美的生涯旅程，但是可以通过自我设计与创新奋斗，去打造适合自己的生涯旅程。

（二）职业生涯

我们在探索一个人完整的生命进程时，可以发现职业活动不仅占据了整个生涯的绝大部分时间，还为其他社会活动提供了经济来源和物质保障，甚至会影响其他社会活动的进程，在生涯发展中占据了重要地位。

1952 年，沙特列提出，职业生涯指一个人在工作生活中所经历的职业或职位的总称；麦克·法兰德认为，职业生涯指一个人依据理想的长期目标，所形成的一系列工作选择，以及相关的教育或训练活动，是有计划的职业发展历程。[10]虽然我国关于职业生涯的研究时间没有国外长，但目前也有了一些阶段性成果。程社明认为，职业生涯就是指以心理开发、生理开发、智力开发、技能开发、伦理开发等人的潜能开发为基础，以工作内容的确定和变化、工作业绩的评价、工资待遇、职称职务的变动为标志，以满足需求为目标的工作经历和内心体验的历程。[11]国内外学者对于"职业生涯"的表述方式虽然不同，但背后所体现的意思大致相同，即职业生涯是指一个人在生命进程中所承担的所有职业经历的总和，包括职业变更、职位变动、工作待遇等。也有学者将职业生涯分为两个层次，即"内职业生涯"和"外职业生涯"。内职业生涯是指从事某一种职业时所需要的知识、经验、能力、心理等因素的组合及其变化过程；外职业生涯是指从事某一种职业时工作单位、工作内容、工作职务、工资待遇等因素组合及其变化的过程。[12]内职业生涯的发展是外职业生涯发展的前提，外职业生涯的发展又可以促进内职业生涯的发展。

职业生涯具有阶段性、发展性、独特性、终身性四个基本特征。职业生涯的阶段性是指职业生涯有不同的发展阶段，每一个阶段有每一个阶段的任务和目标，并且每一个阶段之间有承接作用。职业生涯的发展性是指职业目标是不断向前发展的。人在实现现阶段职业发展目标时，会不断增强自身的职业能力。在达成现阶段的发展目标后，会重新规划发展方向。职业生涯的独特性是指每个人的职业生涯是独一无二的，即使在相同职业背景下，受个人的能力、努力程度等因素影响，职业生涯也会不同。职业生涯的终身性是指职业生涯贯穿人的一生，实现职业生涯目标是我们用一生的时间去为之奋斗的终身性活动。

由此可见，人的职业生涯是一个漫长又复杂的动态过程，是随着内在因素和外界环境不断改变的。大部分人的职业生涯发展时间占据了生命中可利用的社会活动时间的 70% 左右。所以，人们常常将职业发展得是否成功作为衡量人的一生是否成功的标准。当然，职业生涯的成功与失败不能够简单地用社会地位、薪资报酬等外在方面的高低去判断，在一定程度上职业生涯的成功是多方面相互作用的结果，不仅受个人的价值取向、心理诉求、个人技能等内在因素的影响，还受社会环境、家庭环境等外在因素的影响。

（三）职业生涯教育

早在 20 世纪 70 年代初，美国联邦教育总署署长马伦（MarLand）发表了"生计教育"的观点，正式提出了"职业生涯教育"这一新观念，标志着美国现代职业生涯教育运动的开始。[13] 随后，《生计教育法案》和《学校到工作机会法案》两个政府法案的颁布，推进了职业生涯教育的改革。20世纪 90 年代，德国许多高校成立了学生职业生涯服务机构，根据学生自身条件进行生涯辅导。在日本，将职业生涯教育视为培养学生劳动观和职业观的教育，并且认为该教育应贯穿人的一生。在锻炼学生相应职业技能的同时，鼓励学生了解自己，主动选择人生道路。在我国，随着改革开放不断深入，经济体制逐渐变革，高校毕业生就业方式从"包分配"向"自主就业"转变，就业市场发生了变化，慢慢地高校开始重视学生的职业生涯教育，并逐步开设相应职业生涯教育指导课程。

对于"职业生涯教育"一词，目前国内外学界没有统一的界定。认识职业生涯教育的概念需要对教育的概念进行把握。从广义上说，凡是能够提升人的知识水平，影响人的身心发展的实践活动，都可以称为教育。而狭义上的教育，是指由专业人士或专业机构，按照一定的社会需求，有组织、有目的、有计划的教育活动。所以，学者们普遍认为，职业生涯教育是专业人士通过教育引导的方式，有组织、有目的、有计划地培养人们的职业目标、职业规划、职业技能、职业兴趣、职业道德等，帮助人们规划符合自身特点的职业生涯发展目标，设定合理的计划，树立正确的职业价值观，最终实现人生价值的综合性活动。在后期的实践中学者们逐渐发现，职业生涯教育倾向于个人在职业选择和职业适应中的心理方面问题，更加关注人的身心全面发展。故而，职业生涯教育应与普通教育紧密结合，贯穿人的一生，且随着个人知识技能水平以及期望水平的提高，有针对性地进行培养教育，职业生涯教育是一个系统性、持续性、动态性的教育过程。

二 职业生涯教育的理论基础

理论是开展实践的基础。为了更好地开展职业生涯教育，自 20 世纪初美国兴起职业生涯教育运动以来，各界学者纷纷建立起了一系列理论模型，为探索个人职业生涯提供了支持。经过几十年的发展，职业生涯教育相关理论不断得到完善，大致可分为三大类：职业发展理论、职业选择理论、职业决策理论。正确理解和运用职业生涯教育基本理论，有利于引导大学生认清自我、合理择业、充分发挥自我潜能，帮助大学生提高职业决策能力，并在职业活动中不断发展自己。

（一）职业发展理论

1. 舒伯的生涯发展阶段理论

美国著名学者舒伯（Donald E. Super）认为生涯发展是一个不断动态发展、不可逆转的过程，人的职业行为受自我概念、家庭环境、个人特质等因素影响。职业发展的过程，基本上是自我观念的发展和实现的过程，是个人与社会环境之间、自我观念与现实之间的一种协调过程。根据舒伯的看法，一个人的一生中扮演多种角色，就如同一条彩虹，每条色带都代表不同的人生角色。从舒伯的生涯彩虹图（见图 3-1）中可以看出人的一生呈现立体化。在长度上，它包括了一个人从生到死的全部生命历程，同时也可以看出一个人在不同角色中所花费的时间长度；在宽度上，它包含了人一生中所经历的各种社会角色，扮演的角色越多，生涯宽度也就越宽；在厚度上，可以看出一个人对自己某一角色的关注程度以及精力投入程度，也可以看出这一角色对个人生涯的影响程度。舒伯认为，持家者、公民、休闲者、学生、子女等角色和工作者角色都是一个人自我概念的具体表现。自我概念包括个人对自己在兴趣、能力、价值观以及人格特征等方面的认识，是个人生涯发展历程的核心。[14] 而在所有的角色当中，大部分人在工作者这一身份工作中花费的时间更长，投入的精力更多。人们对于生活的满意程度和人生是否成功与个人对工作的满意程度和职业的成功与否有直接关系。

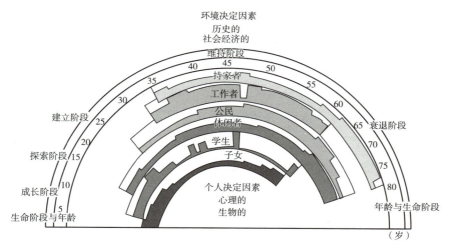

图 3-1 生涯彩虹

1953 年，舒伯根据自己对"生涯发展形态研究"的结果，将生涯发展依据不同年龄段划分为成长、探索、建立、维持与衰退五个发展阶段（见表 3-4）。人的一生到了不同的阶段，会对职业产生不同的看法。大学生正处于职业生涯的探索阶段，主要通过学校教育、社会实践等活动，在参考自身的兴趣、性格、能力以及价值观的前提下，探索并基本确立未来的职业范畴，从而设定更加清晰的目标并进行合理的规划。

表 3-4　职业生涯发展的五个阶段

阶段类型	阶段特征
成长阶段 （出生至 14 岁）	在这一阶段，通过各种行为探索的方式，尝试建立起相对独特的自我概念，并且随着年龄的增长逐渐形成自己的兴趣和能力，对未来职业选择的概念渐渐苏醒
探索阶段 （15~24 岁）	在这一阶段，通过学校教育、休闲活动和各类实践，认真地探索可能选择的职业方向，尝试将个人兴趣和能力与职业匹配起来，初步完成就业
建立阶段 （25~44 岁）	在这一阶段，大多数人将工作视为生涯周期的核心，不断寻求合适的职业方向，逐步建立稳定的职业地位，这一阶段是职业发展的重要阶段
维持阶段 （45~65 岁）	在这一阶段，大多数人在自己的工作岗位上占有一席之地，而重点在于如何维持现有的工作成就和地位
衰退阶段 （65 岁以上）	在这一阶段，因为年龄和身体原因，逐渐离开工作岗位，接受权力和责任减少的现实，发展并接受新的人生角色

2. 金斯伯格的三阶段职业发展理论

美国著名学者金斯伯格（Eli Ginzberg）认为职业生涯选择的萌芽从个人的童年时期便开始，并且是一个连续性的发展过程。他主要研究个体从童年到青少年阶段的职业心理发展过程，该过程分为幻想期、尝试期和现实期三个阶段（见表 3-5）。金斯伯格的三阶段职业发展理论反映的是青年时期及之前职业生涯发展的不同阶段，大学生正处于职业生涯发展阶段的现实期，在此时期他们更应该关注职业选择与客观事实的匹配程度，避免"好高骛远"或"妄自菲薄"等不良现象。

表 3-5　金斯伯格三阶段职业发展理论

阶段类型	阶段特征
幻想期 （11 岁之前的儿童时期）	个体自我探索的重要时期，对各类职业充满好奇心，对未来职业选择不受现实因素和环境因素的制约，单纯凭借自己的兴趣爱好选择职业，对长大以后从事什么职业完全处于幻想之中
尝试期 （11~17 岁）	属于儿童向青年的过渡时期，个体的生理和心理发生了巨大的变化，自我意识和自我价值观逐渐形成，对未来职业的选择更加依据自身兴趣，发现职业选择需要与能力相匹配，开始注重职业的社会地位
现实期 （17 岁以后的青年时期）	有的人直接步入社会，开启初步的职业活动。有的人踏入大学继续学习相关职业技能。在这个阶段个体更加重视将自己的职业期望、主观条件和社会现实客观地相结合，寻求与自身兴趣、性格、价值观等因素更契合的职业角色

（二）职业选择理论

1. 帕森斯的特质因素理论

20世纪初期，美国波士顿大学教授弗兰克·帕森斯在《选择职业》一书中提出了"特质因素理论"，这是西方国家最为古老、应用最为广泛的一种理论。每个人在成长和发展中都存在差异，每个人都有独特的个性特征，包括兴趣、性格、价值观等。而个性特征就是帕森斯所说的特质。人的特质与职业需求具有一定的关联性，两者契合度越高，个人在该职业上发展得越乐观。所以，帕森斯提出在选择职业的过程中涉及三个主要因素。一是自我认知。通过测评手段了解自己的态度、能力、兴趣、智谋、局限和其他特征。二是职业认知。了解职业的相关信息，了解职业选择成功的条件、所需知识，在不同职业工作岗位上所占的优势、不利和补偿、机会和前途。三是人职匹配（见图3-2）。综合协调个体和职业两者之间的内在关系，找出与个人特质相匹配的职业方向，从而实现人职匹配。

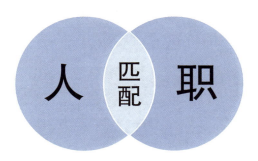

图 3-2　人职匹配

如何寻求个人特质与职业需求两者之间的平衡点，是特质因素理论探讨的重要内容。个体在各个成长阶段所表现出的特质均有所不同，在不同阶段与之相匹配的职业方向也会发生变化。所以，大学生在进行职业生涯规划时，首先应当全面评估自己的特质，初步确立适合自己的职业范畴，然后不断探索、分析、再探索、再分析，找到适合自己的最优职业，从而实现个人价值的最大化。

2.霍兰德的人格类型理论

美国著名学者约翰·霍兰德（John Holland）在特质因素理论的基础上，于20世纪60年代提出了关于人格类型与匹配环境类型的理论。他认为，职业选择不能仅依靠个人特质因素和职业需求来决定，还受所处环境、兴趣等因素影响。霍兰德在研究中发现，人们往往偏向于选择既能够满足个人所需，同时也能充分发挥自己兴趣的职业。所以，一个人的职业选择可以从侧面体现这个人的人格以及兴趣爱好。具有相同人格特质的人会被相类似的职业类型吸引。霍兰德认为，多数人的人格特质可分为六种类型：实用型（R）、研究型（I）、艺术型（A）、社会型（S）、企业型（E）和事务型（C）（见表3-6）。不同类型的人个性特点各不相同，且无所谓对错优劣，他们可以在与其相匹配的不同领域大显身手。所以，不同类型的人需要不同的生活方式或工作环境，人与职业配合度越高，个人的职业满意度越高，职业稳定性越强，职业成就感也就越强。

表 3-6　人格特质的六种类型

类型	喜欢的活动	重视	职业环境要求	典型职业
实用型 R(Realistic)	用手、工具、机器制造或修理东西。愿意从事实物性的工作、体力活动，喜欢户外活动或操作机器，而不喜欢在办公室工作	具体实际的事物，诚实，有常识	使用手工或机械技能对物体、工具、机器、动物等进行操作，与"事物"工作的能力比与"人"打交道的能力更为重要	园艺师、木匠、汽车修理工、工程师、军官、外科医生、足球教练员
研究型 I(Investigative)	喜欢探索和理解事物，学习研究那些需要分析、思考的抽象问题，喜欢阅读和讨论有关科学性的论题，喜欢独立工作，对未知问题的挑战充满兴趣	知识，学习，成就，独立	分析研究问题、运用复杂和抽象的思考创造性地解决问题的能力，谨慎缜密，能运用智慧独立地工作，有一定的写作能力	实验室工作人员、生物学家、化学家、心理学家、工程设计师、大学教授

续表

类型	喜欢的活动	重视	职业环境要求	典型职业
艺术型 A(Artistic)	喜欢自我表达，喜欢文学、音乐、艺术和表演等具有创造性、变化性的工作，重视作品的原创性和创意	有创意的想法，自我表达，自由，美	创造力，对情感的表现能力，以非传统的方式来表现自己；相当自由、开放	作家、编辑、音乐家、摄影师、厨师、漫画家、导演、室内装潢设计师
社会型 S(Social)	喜欢与人合作，热情关心他人的幸福，愿意帮助别人成长或解决困难、为他人提供服务	服务社会与他人，公正，理解，平等，理想	人际交往能力，教导、医治、帮助他人等方面的技能，对他人表现出精神上的关爱，愿意担负社会责任	教师、社会工作者、牧师、心理咨询师、护士
企业型 E(Enterprising)	喜欢领导和支配别人，通过领导、劝说他人或推销自己的观念产品而达到个人或组织的目标，希望成就一番事业	经济和社会地位上的成功，忠诚，冒险精神，责任	说服他人或支配他人的能力，敢于承担风险，目标导向	律师、政治运动领袖、营销商、市场部经理、电视制片人、保险代理
事务型 C(Conventional)	喜欢固定的、有秩序的工作或活动，希望确切地知道工作的要求和标准，愿意在一个大的机构中处于从属地位，对文字、数据和事物进行细致有序的系统处理以达到特定的标准	准确、有条理、节俭、盈利	文书技巧，组织能力，听取并遵从指示的能力，能够按时完成工作并达到严格的标准，有组织有计划	文字编辑、会计师、银行家、簿记员、办事员、税务员和计算机操作员

　　人们通常倾向于选择与自己兴趣类型匹配度较高的职业环境。霍兰德通过大量的数据分析，提出了著名的六边形模型（见图3-3）来解释六种职业类型之间的关系。连线越短，表明两种类型之间的相似性越高，反之越低。例如，CR、RI、IA等相邻的连线，表示这两种类型的个体之间共同点较多，像实用型（R）与研究型（I）的人都不太偏好人际交往，在这两种职业环境中也都较少有机会与人接触；RA、RE、IC等相隔的连线，表示这两种类型的个体之间共同点较少；RS、IE、AC等相对角的连线，表示这两种类型的个体之间共同点少，故一个人同时处于两个对立关系的职业环境的情况较少见。

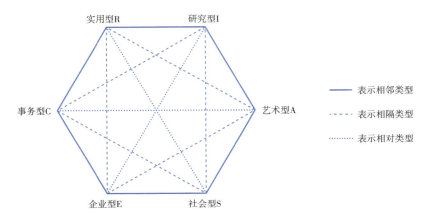

图 3-3　霍兰德职业兴趣六边形模型

按此理论推断可以得出，人们只有在与自己人格类型相应的职业类型从业时，才能充分发挥个人的能力和价值，并且能从中获得快乐。霍兰德在进一步的研究中发现，人的性格类型是复杂多样的，不能仅用一种类型简单概括。经过调查发现，人们的性格类型往往是以一个方向为主，但同时也会有其他类型的特点显现。所以，人格类型与职业的选择也并非一一对应的，有时人们为了适应社会需求或者物质生活的需要，也会选择与个人人格类型匹配度较低的职业。人格与职业的匹配度越高，那么对个人职业的探索就越有利。但是，人的一生是在不断发展的，人的人格也会不断地发展，年轻时候的兴趣爱好可能随着个人成长和学习经验的发展发生变化。所以，一个人的职业生涯规划应当是动态的，伴随着人一生的活动。

3. 施恩的职业锚理论

20 世纪 70 年代，美国著名职业心理学家施恩提出了职业锚理论。他认为，每个人在工作过程中，都会遵循自身的需求、动机、能力和价值观等，经过长期不断的探索最终确定自己的职业定位，这个就是职业锚。也就是说，在工作中做出选择时，一定不会放弃的那种职业价值观，它会引导我们在工作中围绕着某一个中心去选择和发展。随着一个人对自己了解的不断深入，占主要地位的职业锚也会慢慢凸显出来。即使在面临非常困难的情境时，职业锚在职业选择过程中也不会被轻易抛弃。职业锚有八种类型：技术／职能型、管理型、自主／独立型、安全／稳定型、创业型、服务型、挑战型、生活型（见表 3-7）。施恩认为，即使在同一职业甚至同一类工作岗位上，每个人也有不同的职业锚，有不同的关注焦点。[15] 各种职业锚之间可能存在交叉，但每个人都有一个最突出的职业锚特性。职业锚的分类无好坏之分，它可以帮助大学生了解自身的职业发展和职业成功的方向，但要注意职业锚的形成离不开实践活动。

表 3-7　职业锚的八种类型

类型	特点
技术／职能型	追求在技术／职能领域的成长和技能的不断提高，以及应用这种技术／职能的机会。对自己的认可来自专业水平，喜欢面对专业领域的挑战，不喜欢从事一般的管理工作
管理型	追求并致力于工作晋升，倾心于全面的管理，可单独负责一部分，也可跨部门整合其他人的努力成果，他们想去承担整体的责任，并将公司的成功与否看成自己的工作
自主／独立型	希望可以随心所欲地安排自己的工作方式、工作习惯以及生活方式，追求能够施展个人能力的工作环境，希望可以最大限度地摆脱组织的制约，宁愿放弃晋升或者发展的机会，也不愿意放弃自由与独立
安全／稳定型	追求的是工作中的安全感和稳定感，会因能够预测到稳定的未来而感到放松。其稳定感包括忠诚和完成老板交代的工作，虽然有时候他们可以达到一个高的职位，但并不关心具体的职位和工作内容
创业型	希望用自己的能力去创建属于自己的公司或者产品，愿意去冒险，并可以克服面临的障碍。他们想向全世界证明这个公司或者产品是靠自己的努力创建的，虽然他们现在也许正在某公司上班，但同时他们也在学习并且寻找机会，一旦时机成熟，就会走出去创立自己的事业
服务型	长期以来追求的都是他们认可的核心价值，比如帮助他人、通过新产品消除疾病等，他们一直都追寻机会，哪怕是变换了公司，他们也不会接受或不允许他们实现这种价值的工作发生变动
挑战型	喜欢解决看上去似乎无法解决的问题，战胜强硬的对手，克服看似无法克服的困难。对于他们来说，参加工作的原因就是他们要去战胜各种不可能，他们喜欢新奇、变化和困难，一旦事情变得非常容易，就会马上表现出厌烦
生活型	希望可以将生活中各个主要方面整合为一个整体，喜欢平衡个人以及家庭和职业的需要。因此，需要给他们提供一个足够弹性的工作环境来实现这个目标。生活型的人还可以牺牲职业的一些方面，比如放弃职位的晋升，换取三者的平衡。在他们看来，成功的定义比职业成功更为广泛，他们关注的是自己如何生活、在哪里居住、如何处理家庭事务以及自我提升

（三）职业决策理论

1.克朗伯兹的社会学习理论

克朗伯兹认为，个人的生涯发展过程是复杂的。他提出个人的社会成熟度在很大程度上依赖对他人行为的学习和模仿，并由此决定他们的职业导向。影响职业决策的主要因素有四个方面，即遗传及特殊能力、环境及重要事件、学习经验、任务取向的技能等。其中，遗传及特殊能力包括天生的资质、身高、外貌和智力等；环境及重要事件包括家庭教育、政治经济、自然力量等；学习经验包括直接性的学习经验和间接性的学习经验；任务取向的技能包括解决问题的能力、工作习惯、心理状态等。克朗伯兹认为，在个人成长发展过程中，以上四种因素是相互作用的，从而形成了每个人不同的职业决策方向。

1973年，克朗伯兹提出了职业决策的七个步骤。一是界定问题：认清自己的优势和不足，明确目标方向，在此基础上制定明确的目标以及实施计划时间表。二是拟定行动计划：明确自己的目标后，思考能够实现目标的各种行动方案，并规划每一步的流程。三是澄清价值：明确自己最想要的是什么，并作为衡量各项方案的依据。四是找到可能的选择：收集各类可利用的资料，寻找计划成功的方法。五是评价各种可能的选择：依据自己的选择标准和评分标准，评价各种可能的选择。六是系统地删除：有系统地删除不合适的方案，挑选出最适合的方案。七是开始行动：开始执行行动方案，以实现选定目标。[15]

该理论强调在进行职业决策过程中，不能仅考虑个人因素，应当着重注意遗传因素和环境因素对个人决策的影响。同时，强调了学习的重要性以及学习对职业选择的影响，主张在学习过程中，增强个人职业决策能力。

2.彼得森的认知信息加工理论

1991年，盖瑞·彼得森（Gary Peterson）、詹姆斯·桑普森（James Sampson）和罗伯特·里尔登（Robert Reardon）合著了《职业生涯发展开发和服务：一种认知的方法》（*Career Development and Service：A Cognitive*

Approach）一书，标志着他们将信息加工取向引入生涯问题的解决中。该理论的基本假设是：职业生涯选择源于认知过程和情感过程的交互作用，它是一种相当复杂的问题解决活动。该理论在处理信息时有一个重要的工具，叫作信息加工金字塔模型（见图 3-4）。第一层知识领域就是获取信息。自我知识主要通过自我评价和自我分析得出，职业知识通过职业探索等方式获得。第二层决策技能领域就是把信息进行加工处理。CASVE 循环包括五个环节，即沟通（Communication），通过与他人进行沟通，确保职业信息的准确性；分析（Analysis），对得到的信息进行分析，并考虑各种可能性；综合（Synthesis），把掌握的信息进行综合，形成选项；评估（Value），对做出的选择进行排序；执行（Execution），对做出的选择采取相应的行动。认知信息加工理论把职业生涯规划与发展的过程视为学习信息加工能力的过程。认知信息加工理论强调职业生涯发展中学习的重要性，并且是一个持续学习的过程，职业生涯决策能力的获得也可以被视为一种学习活动，它区别于其他理论的最主要方面是着重强调了认知信息的过程。[15]

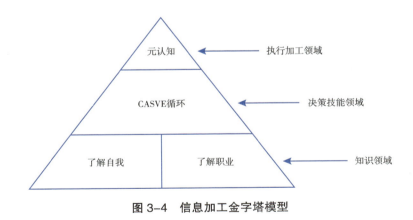

图 3-4　信息加工金字塔模型

三　职业生涯教育的价值意蕴

最早的职业生涯教育是西方国家为解决就业问题而产生的，但随着社会的进步和发展，职业生涯教育越来越关注一个人这一生的职业发展情况，更加重视个人潜能激发和自我价值的实现，目的是让个人了解并拥有自己热爱的事业。另外，大学生正处于即将迈入社会的重要阶段，身心发展正处于从未成熟走向成熟的过渡状态，他们虽然有着自我规划和职业发展目标，但因心智不够成熟，容易存在非理性的职业生涯设计，故而需要外界的指导与帮助，在引导他们客观分析主客观条件的基础上，协助他们制定科学合理的职业规划。所以，职业生涯教育不仅对促进我国高等教育的发展具有重要意义，还可以培养大学生正确的职业意识，帮助其合理规划职业人生。

（一）促进了我国高等教育的改革和发展

长期以来，我国高等教育侧重于单向传输知识，较少考虑学生的现实需求与未来职业生活的衔接，导致高等教育学习内容与学生生活实际和工作求职之间处于分离状态。随着现代社会的不断发展，职业不再是个人谋求生活的基本手段，而更加倾向于个人突出自我、展示自我、实现理想与价值的基本途径，故这种教育模式已经不能适应现代社会对高等教育的要求，亟须根据现状进行改革和发展。而职业生涯教育为高等教育改革提供了新途径，职业生涯教育在遵循职业生涯规划基本理论和大学生成长成才规律的基础上，更加倾向于满足学生的个性需求，通过规范性、阶段性、持续性的教育内容，利用各种教育方法和手段，帮助大学生较早地树立职业生涯规划意识，提高就业竞争能力，引导大学生主动适应社会发展需求，全方位完善自我，找到真正适合自己的发展方向。因此，职业生涯教育在促进高等教育发展的同时，更注重学生全方位职业素养的培养，实现高等教育培养高级人才的目的。

（二）为高等教育实施素质教育提供了有效途径

如何推进和实施素质教育，促进大学生全面发展，是高等教育教学实践中的一个难题。而职业生涯教育对于全面推进高等教育实施素质教育的进程发挥着巨大的作用，职业生涯教育与素质教育相互联系，相互促进，它们都涉及人一生的全面发展。职业生涯教育的目的不仅仅是帮助人们实现就业，还是以综合评估个人为基础，以帮助人们实现人生职业理想、实现自我价值为终极目标。职业生涯教育本身就是一种素质教育，更加注重培养学生健全的人格，注重个人发展和社会需求的有机结合。在职业生涯教育的过程中，学生通过兴趣、能力、性格、价值观等方面的探索，逐渐明确了自身的职业发展方向和职业奋斗目标，在了解自身主客观条件的前提下，树立正确的择业观、就业观，为了实现目标根据自身实际情况不断学习，激发自身潜能，不断丰富和完善自我，提高自身综合素质，最终实现个人价值与社会价值的统一。

（三）满足了大学生发展成长的基本需求

大学时期是人生的重要阶段，大学生活的短短几年可以为日后发展奠定坚实的基础。而对于大学生来说第一次远离家长的束缚，在这个多元文化和信息爆炸的时代，他们的视野更加开阔，选择也更加多样。大部分学生在谋划自己未来职业旅途的时候，会产生迷茫、困惑等现象。对于大学生而言，职业不但是谋生的主要手段，还是展现自身才能、实现自我价值的平台。故而更需要对自己保持清醒的认识，对主客观环境进行准备把握、合理规划。职业生涯教育可以帮助大学生树立正确的职业目标，使学生在面对眼花缭乱的选择时，擦亮双眼、保持镇定，明确自己的职业选择方向，避免在错误的道路上越走越远。职业生涯教育还可以帮助大学生清晰地评估自己的能力、优势以及不足，分析内外部环境的影响，客观看待社会需要是否满足自身条件和职业理想，科学地选择职业方向，将自己投入优势的职业中去，并合理安排大学学习时光，增强自信心，激发迎难而上、克服困难的勇气，最终实现个人综合素质和职业道路双成长。

（四）满足了大学生步入社会的现实需求

在我国基础教育阶段普遍缺少对学生的职业生涯方面的教育，使得越来越多的学生不了解职业，更不了解各类职业对从业人员的素质能力要求，并且他们从小在家长提供的温室中长大，对自己的能力水平缺乏正确的认识。在填报高考志愿时多数学生听从父母的选择，对所选专业不喜欢，或者自己在选择专业时存在盲目性。进入大学后，有的学生对所学专业不了解，对专业所对应的行业不清楚，对如何设定目标并开展学习更加不明确。导致在四年大学生活中无所事事，没有学到该学的知识，相应的职业技能也没有提升。有的学生在自我评价和职业发展上期望过高，有的学生缺乏自信心，认为自己的能力无法在社会上立足，在择业观、就业观上存在多种问题。到了大四面临求职时，才发现自己的能力和学习水平与用人单位的要求相差甚远，或成功入职后，不适应工作岗位环境，在人际沟通等方面存在问题。职业生涯教育可以帮助学生正视自身能力和社会环境之间的差距，按照现阶段所规划的目标，设定合理的努力方向，对现有的素质进行重组，正视自身的优缺点，增强求职自信心和核心竞争力。同时，可以利用情景演练、社会实践等方式，提前适应所应聘岗位可能会面临的一系列问题，使学生更适应社会发展需求。

四　劳动教育与职业生涯教育的融合共建

随着社会经济的不断发展和科技水平的不断提高，当今社会对劳动者专业性和技术能力等要求得更高，大学生正处于迈入劳动社会的重要过渡阶段，所以对大学生专业技术的培养尤为重要。而多数大学生在毕业后没有做好从校园人到职业人的心理转换。故而高校在开展劳动教育时，可以将职业生涯教育与之相结合，帮助大学生正确理解两者之间的关系，从而使大学生更好地理解劳动教育的内涵，改变错误的劳动就业观念，培养正确的劳动精神。当代大学生在校期间普遍没有正确认识到劳动观念对于未来工作生活的重要性，导致步入工作岗位后感觉力不从心，这对其身心发展产生较大的负面影响。所以，劳动教育与职业生涯教育的融合共建，能够帮助学生树立正确的劳动和就业观念，为今后的工作生活奠定良好的基础。

（一）劳动教育与职业生涯教育融合共建的基本原则

1. 贯穿性原则

在开展大学生劳动教育与职业生涯教育课程时，需要根据学生的专业性质和学生自身的特点，对学生进行因人而异的、全面系统的教育和引导。劳动教育与职业生涯教育不是一蹴而就的，而是需要潜移默化、不断深入的教育活动。不同专业所需要的劳动观念和职业特性均有所不同，可以根据不同年级学生的特点，由浅入深地为学生安排合理的劳动教育和职业生涯教育课程，根据学生不同时期的需求，有计划地设定不同阶段的课程侧重点，不断提升劳动教育与职业生涯教育的融合成效。[16]

2. 全程性原则

只在课堂上传授劳动教育和职业生涯教育是远远不够的，需要伴随着大学生的整段校园学习生活。在大学生步入大学校园以后，便需要将劳动教育逐渐渗透到其日常活动当中。比如，在大学生社会实践、志愿服务、创新创业、实习实训等活动中融入劳动教育，让学生在实践活动中切身感受到劳动教育的精神所在。可以将职业生涯教育活动中的专题讲座、先进事迹报告会、相关培训融入劳动教育，在开展职业生涯教育的同时，强化大学生对劳动的责任感和使命感的培养，引导大学生正面看待劳动与就业的关系，放平心态，促进大学生毕业后实现良好就业。

3. 协同性原则

大学生的劳动教育和职业生涯教育不能单单靠就业管理部门完成，而是需要各部门之间协同促进。在开展大学生劳动教育和职业生涯教育的过程中要强调多组织全面参与，尤其需要着重强调全员参与。比如，将大学生劳动教育和职业生涯教育与课堂专业教育相融合，通过讲解专业知识与劳动就业的连带促进作用，增强学生内心对劳动教育和职业生涯教育的认同感，激发学生对于劳动教育和职业生涯教育的学习兴趣和动力。在开展劳动教育和职业生涯教育时，应当带动全体学生共同参与，根据每个学生的性格特点、个人能力、心理素质等多方面要素，有针对性地开展教育活动，提高教育过程的高效率。

（二）劳动教育与职业生涯教育融合共建的路径

1. 强化理念价值融合

大学生是未来社会的主要劳动者，大学生劳动教育与职业生涯教育在理念价值上存在较大的关联性，这也是两者能够相互融合共建的基础条件。培育正确的劳动价值观是劳动教育的核心内容，也是做好职业生涯教育的内在要求，职业生涯教育对帮助大学生树立正确的就业观念发挥了导向作用。两者的融合共建，可以帮助大学生增强劳动精神、劳动意识，明确个人职业生涯对于报效祖国、共创未来的重要作用，积极引导大学生在毕业后主动求职就业，避免"等拖靠"的情况发生，并将实现个人理想、推动祖国建设发展作为自己学习发展的动力与目标。因此科学的职业生涯教育需要正确的劳动观指导，在谋划未来职业发展道路的同时，注重培养精益求精的工匠精神和爱岗敬业的劳动精神，进而全面提高大学生的就业素质。

2. 强化课程设计融合

长期以来，大学阶段的教育以课程教育为主要形式，要保证劳动教育与职业生涯教育高质量融合，就需要在课程内容设计、教学活动实践上下功夫。在理论指导方面，需要将劳动教育与职业生涯教育在教学内容上相互融合，互相提供理论支持，阐述当今社会劳动教育的特殊意义和职业生涯教育的突出作用。在课程设计方面，要坚持以劳动教育为主线开展职业生涯教育，重视劳动教育必修课，制定与人才培养方案相适应的课程标准和内容，建立专门的课程教师队伍，提高劳动教育课堂教学质量。在教育实践方面，可以搭建大学生创业园、创新创业实践基地等，让学生在劳动实践过程中有效提升自我创新创业能力，为将来职业道路选择创造多种可能。

3. 强化能力提升融合

劳动教育与职业生涯教育均提倡大学生在日常生活中通过各类实践活

动形成个人体会，提升综合能力。我国高校应结合自身办学特色和专业特点，为大学生合理安排社会实践和专业实习等内容。利用课余时间组织学生参与劳动文化宣传，实地考察参观各类展馆，举办各类比赛讲述劳动故事，培养正确职业观念。通过主题班会、学习研讨、体验分享等方式，让学生将个人获得的经验心得分享给其他学生。邀请一些企业单位和优秀毕业生人才来学校开展系列讲座，帮助学生了解职业发展情况，促使其专业能力提升。除了学习实践能力外，还要加强劳动精神的培养，结合学生的专业特点，积极发挥学生的创造意识和创造思维，不断提升其专业劳动能力，进而促使其在工作岗位上有更长远的发展。

思维导图

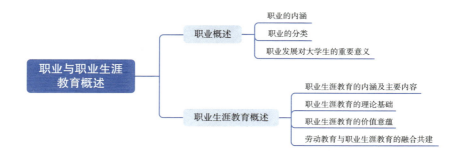

思考题

1. 你认为职业所具备的基本条件是什么？正确的职业观是什么？

2. 有哪些职业是你知道而他人未必知道的？

3. 职业生涯教育对于大学生的重要意义是什么？

⚲ 实践探索

以小组为单位对感兴趣的某一职业进行调查，了解该职业的演变过程，获取关于该职业的"内部"信息，并撰写一份实践报告。

实践主题：职业探索

实践目标：了解该职业的工作性质、环境，获取有效的职业信息。

实践过程：

1. 以小组为单位确定将要探索的职业。

2. 通过生涯人物访谈、影子实习、网络等方式，收集职业信息。

3. 撰写分析总结。

《职业探索》劳动实践记录表

主题		时间	
地点		参与人	
实践过程			
照片粘贴			
实践效果及感悟			

评价			
评价项目	评价主体		
	自我评价	小组评价	教师评价
参与积极性			
团队协作			
态度认真			

续表

主题			时间	
地点			参与人	
	准备充分			
	过程有序			
	效果显著			
	体悟真实			
	总体评价等级		（教师填写）	

参考文献

[1] 宁春花:《新升本科院校大学生职业生涯规划教育探索——以常熟理工学院为例》,《创新与创业教育》2011 年第 5 期。

[2] 黄波主编《职业生涯与发展规划》, 长沙: 湖南教育出版社, 2010, 第 15 页。

[3] 林其泉:《分工的起源和发展》, 厦门: 厦门大学出版社, 1988, 第 276 页。

[4] 张同胜、何嘉、杨洪林主编《职业生涯与发展规划》, 长春: 吉林人民出版社, 2019, 第 3 页。

[5] 史纪宁:《大学生职业生涯规划的现状及优化》, 硕士学位论文, 南京师范大学, 2012。

[6] 《2015 版职业分类大典颁布》,《现代班组》2015 年第 9 期。

[7] 赵兵、李心萍:《国家职业分类大典（二〇二二年版）公示》,《人民日报》2022 年 7 月 14 日, 第 7 版。

[8] 王兆明、顾坤华主编《大学生职业生涯规划》(修订版), 苏州: 苏州大学出版社, 2018, 第 13 页。

[9] 郗艳丽:《高校大学生职业生涯规划教育探析》,《人才资源开发》2017 年第 8 期。

[10] 王媛:《生涯发展取向的智障儿童职业启蒙教育教学设计研究》,硕士学位论文,重庆师范大学,2015。

[11] 李明燕:《成教大学生自我职业规划能力培养研究——以川师大文学院成教汉语言文学专业为例》,硕士学位论文,四川师范大学,2011。

[12] 叶春红主编《职业生涯管理》,武汉:湖北人民出版社,2016,第11页。

[13] 杨丽恒、顾珍:《宁夏地区大学生职业生涯教育发展状况探析》,《继续教育》2012年第10期。

[14] 张同胜、何嘉、杨洪林主编《职业生涯与发展规划》,吉林:吉林人民出版社,2019,第65页。

[15] 郑未:《大学生职业生涯规划教育存在的问题及对策研究》,硕士学位论文,兰州交通大学,2013。

[16] 黄波、宋君:《高校劳动教育与职业生涯教育融合的探索与实践》,《太原城市职业技术学院学报》2021年第5期。

➲ 拓展阅读

1. 比尔·博内特、戴夫·伊万斯:《人生设计课:如何设计充实且快乐的人生》,周芳芳译,北京:中信出版集团,2022。

2. 塞缪尔·H.奥西普、路易丝·F.菲茨杰拉德:《生涯发展理论》(第四版),顾雪英、姜飞月等译,上海:上海教育出版社,2010。

3. 布赖恩·费瑟斯通豪:《远见:如何规划职业生涯3大阶段》,苏健译,北京:北京联合出版公司,2017。

4. 吴莎:《遇见生涯大师》,北京:北京大学出版社,2017。

第四章

劳模精神、劳动精神、工匠精神与大学生职业道德培育

名人名言

劳模精神、劳动精神、工匠精神是以爱国主义为核心的民族精神和以改革创新为核心的时代精神的生动体现，是鼓舞全党全国各族人民风雨无阻、勇敢前进的强大精神动力。[1]

——习近平

内容概述

本章主要内容是劳模精神、劳动精神、工匠精神、职业道德的科学内涵，阐述四者之间的相互关系，力求让学生充分了解各种精神的深刻内涵，并以此为精神力量激励自己奋发前行，强化自身的劳动意识，将精神力量转化为探究理论问题、解决实际问题的智慧钥匙。

学习目标

1. 了解劳模精神、劳动精神、工匠精神、职业道德的内容要素。

2. 梳理劳模精神、劳动精神、工匠精神和职业道德之间的内在关系。

3. 将劳模精神、劳动精神、工匠精神和职业道德进一步内化于心、外化于行，让其转化为自身成长成才的宝贵精神财富，激励自身奋发有为。

案例导入

大国工匠——桥吊司机

竺士杰，桥吊司机。1998 年在宁波港吉码头经营有限公司从事龙门吊司机工作。1999 年，他仅花费三个月便取得桥吊上岗证，成为同批改行职工中第一个独立上岗的人，凭借出色的专业技能，竺士杰多次获得桥吊操作技术比武第一名，并荣获多项荣誉称号。

为提升桥吊工作的一次着箱率，竺士杰对照力学书籍和许振超操作理念，自主探索改造桥吊操作方式，于 2006 年 12 月自行研发出稳、准、快的"竺士杰桥吊操作法"，成为桥吊司机的培训教材，在当时创下了每小时吊起 104 个标准集装箱的纪录。2013 年，"竺士杰桥吊操作法 2.0"出版。2014 年，"竺士杰桥吊操作法"动画版推出。2019 年，"竺士杰桥吊操作法 3.0"推出后成效更为显著，并于 2020 年 4 月作为《大国工匠》系列的第九本书在全国出版发行。如今其团队大多数司机每小时能够吊起 35~40 个集装箱，最多的近 60 个，为船公司和码头创造了每艘次 4 万元的经济效益；竺士杰也因此被誉为"中国桥吊第一人"。由于竺士杰的卓越贡献，他先后荣获"大国工匠""全国劳动模范"等荣誉称号和"全国五一劳动奖章"，享受国务院特殊津贴，是新时代工匠精神当之无愧的践行者。[2]

分析：竺士杰正是有一颗追求卓越的心，肯动脑、多钻研，在持之以恒的奋斗中不断突破自己，提高本领，将不可能变为可能，成为大国工匠。未来无论我们做什么工作，都应传承这份匠心精神，用劳动成就事业。

第一节　劳模精神、劳动精神、工匠精神概述

党的十八大以来，习近平总书记高度关注、关心、关爱劳动者，曾就劳模精神、劳动精神和工匠精神做出重要讲话，在长期的实践中，形成了爱岗敬业、争创一流、艰苦奋斗、勇于创新、淡泊名利、甘于奉献的劳模精神，崇尚劳动、热爱劳动、辛勤劳动、诚实劳动的劳动精神，执着专注、精益求精、一丝不苟、追求卓越的工匠精神，这三种精神是社会主义先进

文化的重要组成部分，是中国精神的生动体现，是鼓舞人民奋斗的强大精神力量。2020 年 11 月，习近平总书记在全国劳动模范和先进工作者表彰大会上强调，要大力弘扬劳模精神、劳动精神和工匠精神。[1]

一　劳模精神、劳动精神、工匠精神的形成发展历程

（一）劳模精神的形成发展历程

劳模精神是劳动模范身上表现出来的先进精神，源自劳动模范，而我们所学习的劳动模范是有其特定含义和范畴的，是在中国共产党领导的革命、建设和改革的各个历史时期选出的为社会主义事业做出贡献的先进分子和先锋模范。学习劳模精神就是向劳动模范看齐，因此，要在劳动模范的发展历史中感悟、学习和践行劳模精神。

劳模精神的形成发展并不是一帆风顺的，与党的发展历史密切相关。劳模精神最早可以追溯到革命战争时期，是在党的领导下孕育而生的。土地革命时期，中央苏区处于被"围剿"状态，在经济方面面临困难，在党中央的领导下，积极开展经济建设，周边陕甘宁等革命根据地纷纷效仿学习开展生产性活动，劳模运动就此拉开序幕。

1932 年，中共中央第一次就开展劳动竞赛和筹建模范队发出通知，以最大的努力"发动群众积极性，用组织模范队和革命竞赛的新方式……转变工作方式"。[3] 在此之后，通过赠旗、颁发奖品等方式多次开展劳动模范表彰活动，1938 年，陕甘宁边区政府制定奖励条例，奖励在种植、生产、纺织等各个生产领域涌现出来的优秀劳动人民。1943 年，党中央在陕甘宁边区召开首届劳动英雄大会，隆重表彰劳动人民，现场群众多达 3 万余人，这是中国历史上的第一次，意义重大，此后，劳模选举逐渐制度化、规模化。这一时期的劳动模范大多来自农村、工厂、军队、机关和学校等生产领域工作突出的先进模范，这极大调动了劳动人民生产、工作积极性，密切了党团关系、军民关系，增进了劳动人民大团结。

劳模精神是在社会主义革命、建设和改革时期形成发展的。新中国成立以来，在党的领导下，各级政府、各级组织、各个部门相应地召开劳动模范代表大会、表彰大会。1950 年 9 月，召开第一次全国工农兵劳动模范代表大会，会上授予 464 名代表"全国劳动模范"称号，这是新中国新制度下的第一批劳动模范，有效加深了政府和人民的密切联系。1961 年前，先后 3 次召开全国劳动模范表彰大会，1977 年以后，大力表彰劳模活动持续开展，自 1980 年开始，劳模表彰大会在会议名称和召开时间上开始统一，每五年举行一次，在五一劳动节前后召开，表彰对象范围进一步扩大，表彰组织程序进一步完善，表彰方式延续精神奖励和物质奖励相结合，制度化、常规化的体制机制被固定下来。

（二）劳动精神的形成发展历程

劳动精神是劳动者在劳动过程中所秉持的劳动态度、劳动观念、劳动习惯和展现出来的精神风貌。劳动精神以马克思主义关于劳动的观点为理论根基，传承于中华民族优秀传统文化，根植于劳动者的劳动实践，是劳动的精神产物，由劳动者创造，同时也激励劳动者辛勤劳动，创造美好幸福的生活，展现劳动者的基本素质，反映劳动者积极向上的劳动态度、端正的劳动观念和良好的劳动习惯，彰显了劳动的价值与意义。

2014 年，习近平在接见劳动模范、先进工作者和先进人物代表时首次提出劳动精神的概念，此后，习近平以会议、回信等方式强调要大力弘扬劳动精神，在 2015 年的全国劳动模范和先进工作者表彰大会上、2016 年的知识分子、劳动模范和青年代表座谈会上，2018 年的全国教育大会上，2020 年发布的《中共中央 国务院关于全面加强新时代大中小学劳动教育的意见》中，多次强调广大劳动者要弘扬劳动精神，在平凡岗位上辛勤劳动，书写不平凡的精彩故事。2020 年 11 月，习近平在全国劳动模范和先进工作者表彰大会上的讲话中指出，劳动精神有着"崇尚劳动、热爱劳动、辛勤劳动、诚实劳动"[1] 的劳动内涵，这标志着劳动精神正式形成。

（三）工匠精神的形成发展过程

工匠精神是劳动者在工作中精益求精，不断完善自己、超越自身所表现出来的工作精神风貌。工匠精神的主体是工匠，核心在于精神，工匠精神是对工匠文化的继承与发展，传承于过去，成就于当下。"工匠"一词自古有之，从古代的"士农工商"到后期的手艺人职业，其实质都是专门从事手工劳动的生产者，涉及器具、房屋、纺织、交通工具等各个领域，也正切合古代工匠的"百工"之名，涌现出鲁班、欧冶子等一大批优秀工匠。

工匠精神最早提出是在2016年"两会"上李克强总理所做的《政府工作报告》中，鼓励企业创新创造，进行个性化、定制化生产，培育精益求精的工匠精神，其对象是企业。随后，习近平总书记在知识分子、劳动模范和青年代表座谈会上，在党的十九大报告中，都明确提出要弘扬工匠精神。2020年，在全国劳动模范和先进工作者表彰大会上明确指出工匠精神的内涵，即"执着专注、精益求精、一丝不苟、追求卓越"。[1]

二　劳模精神、劳动精神、工匠精神的内涵与时代价值

（一）劳模精神的内涵与时代价值

2016年，习近平总书记在座谈会上指出，劳动模范表现出来的"爱岗敬业、争创一流、艰苦奋斗、勇于创新、淡泊名利、甘于奉献"[4]的劳模精神，是新时代伟大精神的生动体现。

爱岗敬业是劳模精神的基础，是中华民族的传统美德，更是职业道德的基本要求。爱岗敬业就是热爱自己岗位，敬畏自己职业，正是因为热爱和敬畏职业，才会让自己对职业发展更加热爱、喜爱。从古至今，爱岗敬业、尽忠职守、尽职尽责一直都是中华民族的传统美德，先后涌现出无数劳动楷模，不断鞭策劳动者加倍努力、积极作为。同时，爱岗敬业是公民职业道德和社会主义核心价值观的重要内容，更是个人职业道德的首要规范。所有劳动模范都是在自己岗位上勤勤恳恳、追求卓越的标兵榜样，劳

模精神亦是基于自身岗位形成的，是在不断提升自身专业知识技能中提高业务水平，积极投身于社会主义现代化强国的建设潮流之中，用实际行动诠释实现自身的人生价值。

争创一流是劳模精神的核心，代表的是劳动模范积极奋进的精神风貌，是一种奋发有为的思维意识、行动目标和方式方法。争创一流作为一种思维意识，是发挥人的主观能动性的内生动力；作为一种行动目标，是激励广大劳动模范拼搏进取的价值导向；作为一种方式方法，是对各个领域涌现出来的先锋模范的充分肯定与表扬。争创一流表现在一流的标准、一流的态度和一流的习惯，展现的是一以贯之的一流的精神风貌，是能在比学赶超中不断强化竞争意识，自信自强，以时不我待的危机感、勇于担当的责任感、奋勇争先的使命感去投身事业创造成绩。广大劳模争做各个岗位的排头兵和先锋将，在工作中表现出来的竞争力、战斗力，才是中国劳模的精神风貌所在。

艰苦奋斗是劳模精神的本色，是中华民族的优良传统，也是中国共产党一直葆有的优秀品质。劳动模范在生产实践活动中所显现出来的排除万难、自强不息、始终保持奋斗的热情和激情，正是劳动模范身上忘我奉献、艰苦奋斗的精神风貌。事实也充分证明，只有不断奋斗，才能成长成才成功。艰苦奋斗这一精神贯穿于中华民族发展史，从流传至今的上古神话故事到今天广为人知的成语箴言，都蕴含着艰苦、奋斗、勤俭的优良美德。这些美德深深融入中国人民的基因血脉之中，激励着中国人民奋勇向前、勤俭节约。艰苦奋斗一直是中国共产党人的政治本色，在各个时期所取得的历史性成就，都是依托艰苦奋斗取得的成果，锐意进取、攻坚克难的优良品格在不同时代彰显着不同价值。而当代劳动模范主动接下先辈们奋进的接力棒，践行在艰苦奋斗中奉献社会、服务人民。

勇于创新是劳模精神的动力，是劳动模范身上的必备特质，是社会发展的现实需求。劳动模范之所以能成为劳动者的榜样，在一定程度上源于他们的创新意识、创新勇气和创新成果。劳动模范的创新意识就表现在他们能关注社会发展需求，应时而变、主动求变，同时又能在劳动实践中发现新问题、开创新思路、践行新理论，能够想人所未想，敢于主动承担、积极作为，迎难而上、挑战极限，以锲而不舍的精神进行创新创造。与时俱进是马克思主义的理论品格，同时也是实现中华民族伟大复兴的现实需求。社会发展需要创新创造，需要劳动者秉持新发展理念，投身创新创业事业，发挥创新驱动作用，不断增强我国经济发展的创造力。

淡泊名利是劳模精神的底蕴，是中华民族的优秀传统美德，是中国共产党人无私奉献的精神追求。劳动模范始终坚持付出奉献，几十年如一日默默耕耘，把个人名利置之度外，视名利如粪土，注重精神上的享受，投身自己喜爱的事业之中。淡泊名利这一思想可以追溯到早期各派思想，儒家、道家的思想都表达出对名利的克制与淡薄。此外中国佛教文化也反复强调追名逐利会损害他人的利益甚至造成严重的后果。中国共产党人始终把人民的利益放在首位，将个人利益与集体利益、国家利益相结合，追求的名利是为人民和社会做贡献，以正确平和的心态来看待权、名、利，以踏实肯干的实际行动，以功成不必在我、功成必定有我的心态做实事。

甘于奉献是劳模精神的价值，是对事业全心付出、全情投入的精神状态。每个时代下的劳动模范，都胸怀党和国家大局，服务社会、奉献人民，用行动书写着对祖国和人民甘于奉献的爱意。甘于奉献是劳模精神的鲜明标志，是优秀传统美德，更是我党一直倡导和践行的，表现在焦裕禄、雷锋等劳动模范身上，体现于延安精神、井冈山精神等精神内涵之中，见证着劳动模范为党和国家事业贡献一切的光荣印记。

劳动模范是时代发展中的先锋力量，能够紧跟时代发展步伐，勇于担当时代使命，为党和国家事业发展贡献了重要力量。劳模精神在实现中华民族伟大复兴事业、践行社会主义核心价值观、展现劳动人民的精神风貌上都做出了重要贡献。劳模精神反映了一个时代的先进精神，甚至是一个时代的标志性文化符号，引领激励一批批劳动者不断向优秀劳动模范看齐，提升劳动技能，激发广大劳动者的劳动热情，带动劳动者将个人梦同中国梦紧密联系到一起，为建设社会主义现代化强国而努力奋斗，推动中华民族伟大事业奋勇向前。

（二）劳动精神的内涵与时代价值

2020 年 11 月，习近平在全国劳动模范和先进工作者表彰大会上的讲话中指出，"崇尚劳动、热爱劳动、辛勤劳动、诚实劳动"是劳动精神的内涵。[1]

崇尚劳动就是要有劳动最光荣、劳动最崇高、劳动最伟大、劳动最美丽的思想观念，表现为对劳动者、劳动过程和劳动成果的尊重。劳动推动人类社会的发展进步，历史由人创造，劳动成就当下、开创未来。劳动没有高低贵贱之分，劳动是光荣的，是平等的，一切对劳动的歧视和偏见都是不可取的。要维护劳动者的尊严，让劳动者体面劳动、共享劳动成果，要尊重劳动者，崇尚劳动，始终发挥劳动服务社会的根本力量。劳动是一切社会发展的现实路径，离开了劳动，物质财富和精神财富无法创造，社会难以发展，也不可能实现中华民族伟大复兴的梦想。

热爱劳动就是让劳动者热爱自身的本职工作，养成积极的劳动习惯。劳动对个人、集体、社会和人类的发展都具有重要价值，热爱劳动理应是水到渠成、顺其自然的事情，是情之所系、人之本分。热爱劳动就是要干一行爱一行，把工作当作重要的事来做，勇于担起工作中的重担，敢于直面岗位上的难题难事，努力成为自身工作的行家里手，让自己的生存问题得以解决，在生活更加幸福的同时为党和国家甚至是人类事业贡献一分力量，创造一分价值。热爱劳动实质上是一种责任、一种担当、对工作的认真负责，同时也是对社会有责任感、有主人翁精神的体现，所创造的劳动成果也必将回报自身、服务社会、奉献人民。

辛勤劳动就是劳动者能够不畏艰苦，勤奋劳动。事业靠本领成就，天上不会掉馅饼，今天国家取得的历史性成就都是源自全体人民的辛勤劳动，成绩的背后离不开广大劳动者的默默付出，要想实现我们的奋斗目标和民族梦想，归根结底要依靠辛勤劳动。辛勤劳动要吃得了苦，面对艰难险阻各种困难和风险挑战都不能退缩逃避甚至是停滞不前，要敢于吃苦，越是艰险越向前，方可收获心满意足的劳动成果。辛勤劳动要勤奋上进，要长期坚持，长时间努力与付出，一以贯之、坚定不移坚持自己的奋斗方向，自己的幸福与未来源于长期的辛勤劳动。

诚实劳动就是脚踏实地劳动，诚实做人做事。诚实劳动，是一种劳动精神，是一种劳动态度，是一种劳动品德。诚实劳动就是广大劳动者以诚实的态度做人做事，不在劳动上弄虚作假，不在做人上弄虚作假，以真诚的态度和行动做人做事，真诚对待他人，能够做到表里如一、言行一致，做一个诚实的劳动者。

劳动精神是对广大劳动者劳动实践的充分肯定与凝练总结，是对马克思主义劳动观的继承与发展，对于建设社会主义现代化强国有着重要政治价值、经济价值和文化价值。弘扬劳动精神会激发劳动者的积极性，推动劳动者的劳动实践，促进劳动者素质和能力的全面提升，优化劳动者队伍结构，强化劳动者队伍建设，同时也会引导广大青年尊重劳动、热爱劳动，培养践行劳动精神，养成劳动习惯，这对我国的经济增长、社会发展和精神传承具有重要促进作用。

（三）工匠精神的内涵与时代价值

习近平总书记在全国劳动模范和先进工作者表彰大会上指出，工匠精神是"执着专注、精益求精、一丝不苟、追求卓越"的先进精神。[1]

执着专注是工匠精神的本分。执着专注指的是工匠在做事时专心致志的工作状态，对工作有着执着的追求、认真的态度，把自己的精力投入专业领域的学习和发展之中，持之以恒地保持钻劲。所谓大国工匠，都是在某一领域内甘坐冷板凳，对事业保持几十年如一日的坚持、坚守和热爱。优秀的大国工匠皆是如此，我们所熟知的居里夫人、屠呦呦等皆是如此，他们始终抱着一生只做一件事的坚定信念，不受外物干扰和影响，一心只专注于自己的工作和目标。

精益求精是工匠精神的态度。精益求精指的是工匠对于作品品质的不懈追求，力求完美，始终秉持"要做就做最好的"的态度，以更高的标准、更高的追求来打磨自己的作品，同时不断磨炼自己的技艺，在追求完美的过程中苦练基本功，不断提升自己。精益求精是当代中国工匠重要的道德规范和行为品质，更是当今新时代对高质量产品的客观要求。以中国的制造业为例，华为、中车、海尔、格力等一大批先进的高质量制造企业，它们在意满足客户的共性需求，注重追求生产效率，在意产品的一致性，力争让产品之间的差别更加细微、产品质量更加高精。此外，当今新时代下供给和需求矛盾日益变化，注重在供给侧进行结构性改革，正是这种精益求精的态度，才会提升产品质量，在供给上创新发展，强化工匠精神。

一丝不苟是工匠精神的作风。一丝不苟指的是工匠做事严谨认真、细致入微，对待事物丝毫不马虎，是一种做人做事的思想觉悟和态度。它表现在工匠全身心投入干事创业中，以严格严谨的态度把工作做好，确保每次操作、每个步骤都是严格把握，力求让产品做到零误差、零次品，同时激励自己学有所得、思有所悟，按照制度要求办事，并落实好短中长期目标规划，让一丝不苟成为一种生活方式和生活习惯，在学习中不断提高自身的综合素质。

追求卓越是工匠精神的目标。指的是工匠不断追求卓越目标的精神状态，有着崇高的使命感，不断进行自我超越，注重细节的把控，不断寻求技艺上的突破和才能上的提升。其本质内涵是创新，工匠将创新作为自身的价值追求。以全国劳动模范袁隆平、黄旭华为例，他们都是不断攻克一个又一个难关，追求一个又一个卓越目标，不断创新创造，在坚守中逐渐突破细节，在实践中不断改进产品。以社会发展为例，中国制造能够走进千家万户，走出国门，走向世界，其背后都是工匠们的精耕细作、卓越创新，如此才会有嫦娥探月、蛟龙探海、神舟飞天等一个个国之重器的发展。

工匠精神源自对企业的发展要求，后扩大至大国工匠的现实需求，工匠精神对于提升企业的品质精神、品牌竞争力，对于强化供给侧结构性改革、建设质量强国、实施制造强国战略具有重要意义。弘扬工匠精神有利于打造一流的企业、一流的制造业，有利于建设具有知识性、创新性的劳动者队伍，提升劳动者的职业素养，营造精益求精的敬业风尚。

三　劳模精神、劳动精神、工匠精神的辩证关系

劳动精神、劳模精神和工匠精神都是以爱国主义为核心的民族精神和以改革创新为核心的时代精神的生动体现。三者是相互联系、辩证统一的。三者在被提起强调时经常是一起出现的，厘清三者之间的逻辑关系，要从理论逻辑、系统思维和时间范畴上来梳理，这对于深入弘扬三种精神具有重要的现实意义和时代价值。

（一）理论逻辑中看内涵有侧重

劳模精神、劳动精神、工匠精神在内涵和本质上是一致的，只是侧重点各不相同。三种精神反映的是一个事实，劳动创造了人、创造了人类社会、创造了价值，没有劳动就没有今天的一切，没有劳动就没有劳动者，更不会有劳模精神、劳动精神和工匠精神。三种精神都反映着劳动人民的优秀精神品质和卓越精神追求，其内涵都来源于马克思主义劳动观，汲取中华优秀传统文化，在社会主义实践中不断形成发展。劳模精神侧重于阐述劳动的目标，劳动者要坚守爱岗敬业的基础，争创一流的核心，艰苦奋斗的本色，勇于创新的动力，淡泊名利的底蕴，甘于奉献的价值。劳动精神侧重于阐述劳动的实质，对待劳动要有崇尚的高度、热爱的态度、辛勤的力度和诚实的深度的基本标准。工匠精神侧重于阐述劳动的品质，劳动者要有执着专注的本分、精益求精的态度、一丝不苟的作风，追求卓越的目标。

（二）系统思维里看全面有交融

劳模精神、劳动精神和工匠精神是劳动者精神风貌的重要展示，要以系统思维来全面看待三者之间的紧密关系，注重整体与部分、内在与外在、一般与个别等方面。一是劳模精神和劳动精神是整体与部分的关系。首先，两种精神在主体上有区分，劳动模范和劳动者，劳动模范是劳动者

中的先进分子，在劳动者中产生，是劳动者学习的模范和榜样，从这个逻辑来看，劳模精神理应是劳动精神的一部分，没有劳动者自然不会有劳动模范，没有劳动精神自然不会有劳模精神，劳动者包含劳动模范，劳动精神自然是劳模精神的前提和基础，劳模精神是劳动精神的进一步发展。二是劳模精神和工匠精神是外在动力和内生动力的关系。劳模精神是激励所有劳动者向劳动模范学习看齐的精神，是激发劳动者向先进模范学习的外在动力；工匠精神则是激励每一位劳动者不断提升自我、挑战自我、超越自我的内生动力。两者一个强调外在动力的引领，另一个强调内生动力的超越；一个注重的是追求卓越、超越别人，另一个注重的是直面问题、战胜自己。劳模精神和工匠精神都对劳动者明确价值追求和奋斗目标具有重要作用，激励劳动者向着优秀前进，似蜡烛一般点亮自己，照亮别人。三是劳动精神和工匠精神是一般与个别、共性与个性的关系。劳动精神是每一位劳动者都应该具备的精神，而工匠精神则是优秀劳动者的必备品质，是一个优秀劳动者的核心竞争力，不仅代表着对个人的严格要求，更代表着出色的成就和奋进的精神状态。劳动精神是劳动者的应有之义，讲的是劳动者的共性问题，工匠精神是优秀劳动者的应有之义，讲的是劳动者的个性问题。总而言之，三者之间的关系始终围绕劳动、围绕劳动者，劳动者追求卓越、超越自身才能成为工匠，优秀的工匠才能成为劳动模范，才能成为人人学习的榜样，三种精神就体现在劳动者劳动这一实践过程之中。

（三）时间范畴内看传承有发展

劳模精神、劳动精神和工匠精神三者的提出时间不同，在时间范畴上有差别，在内在传承上是层层递进的紧密关系。三种精神中劳模精神的提出时间最早，从革命战争时期直到今天，劳模精神一直是我党所大力弘扬和倡导的精神，激励着中华儿女在革命、建设和改革时期，在中国特色社会主义新时代各个时期奉献青春，奋发有为。劳动精神最早提出是在2014年习近平总书记同劳动模范、先进工作者和先进人物代表座谈会上，自此习近平总书记多次号召广大党员、干部，甚至是全社会要传承和弘扬劳动精神。工匠精神最早被提出是在 2016 年我国的《政府工作报告》之中，此后面向对象由企业到全社会各行各业广泛传播。学习和理解劳模精神、劳动精神和工匠精神要从时间范畴上梳理，也要从传承发展上去理解。从马克思主义劳动观的本质内涵出发，劳动是人类社会必不可少的实践活动，劳动创造了人本身，将人与动物相分离，推动着人类社会的发展。因此，劳动精神是工匠精神和劳模精神的基础，劳动精神是成为人的精神，工匠精神是成为优秀的人的精神，劳模精神是影响别人的人的精神。

深入学习三种精神，不难发现三者之间相互联系、相互统一。大力弘扬三种精神就是为了让每一个人热爱劳动、辛勤劳动，成为一个自力更生的劳动者，成为一个卓越奋进的劳动者，甚至成为一个影响和激励广大劳动者的先锋榜样，为建设社会主义现代化国家而贡献力量。

四　劳模精神、劳动精神、工匠精神的价值意蕴及实践意蕴

三种精神是民族精神和时代精神的生动体现，是培养高素质劳动者、促进人的全面发展的现实需求，是推动供给侧结构性改革、增强文化自信的客观要求，是推进建设社会主义现代化强国建设、实现民族复兴的重要方式。

（一）是培养高素质劳动者、促进人的全面发展的现实需求

中国特色社会主义进入新时代的发展离不开劳动者的鼎力支持，劳动者是建设社会主义现代化强国的依托所在，是最根本的依靠力量。当今世界综合国力的竞争与劳动者的关系紧密，一个国家若想在激烈的国际竞争中占据主动、奋勇争先，就要发挥劳动者的积极力量。只有拥有并培养越来越多的高素质劳动者，所创造的财富和价值才会越来越多。同时，劳动者素质事关劳动者自身发展，提升劳动者素质的同时就是在促进劳动者自身全面发展。

大力弘扬劳模精神、劳动精神和工匠精神，有利于提升劳动者素质，

吸引和激励广大劳动者提升自身的知识技能水平和思想意识精神，培养具有全球竞争力的一流劳动者，建设具有知识性、技能性和创新性的劳动者大军；有利于促进劳动者全面发展，让劳动者的劳动意识、劳动观念、劳动能力和劳动习惯得到提升，让人的需求得到满足，人的发展得以实现，不断增强劳动者的劳动获得感、幸福感和价值感，从而促进人的全面发展。

（二）是推动供给侧结构性改革、增强文化自信的客观要求

党的二十大报告指出，高质量发展是全面建设社会主义现代化国家的首要任务。要坚持以推动高质量发展为主题，把实施扩大内需战略同深化供给侧结构性改革有机结合起来，推动经济实现质的有效提升和量的合理增长。大力弘扬劳模精神、劳动精神和工匠精神，有利于推进企业深化改革，从粗放型发展向内涵型发展转变，培养具有核心竞争力的一流人才，激发他们的创新意识，促使他们转变观念、改进工艺和提高效率，在思想、工作和技术上实现多重突破，生产更多适销对路、物美价廉、具有更强竞争力的产品和服务，从供给侧推动劳动者素质提升，从而深化供给侧结构性改革。

三种精神寓于社会主义核心价值观、职业道德等文化范畴的方方面面，对于繁荣发展社会主义先进文化、推进文化产业发展都具有重要引领作用。在《新时期产业工人队伍建设改革方案》中曾提及大力弘扬劳模精神、劳动精神、工匠精神，引导产业工人爱岗敬业、甘于奉献，培育健康文明、昂扬向上的职工文化。由此可见，职工文化是弘扬三种精神的重要载体和抓手，努力讲好劳模故事、劳动故事、工匠故事，形成热爱劳动、尊重劳动的社会文明风尚，对于建设文化强国，增强劳动者的文化自信具有重要作用。

（三）是推进社会主义现代化强国建设、实现民族复兴的重要方式

大力弘扬三种精神是党和国家的政治要求，是贯彻落实《中共中央

关于加强和改进党的群团工作的意见》、《新时期产业工人队伍建设改革方案》、党的二十大精神等政策文件精神的具体体现。党的十八大以来，习近平总书记多次就劳动模范、劳动者和工匠发表重要讲话，强调要大力弘扬劳模精神、劳动精神和工匠精神，倡导大家辛勤劳动、诚实劳动、创造性劳动，发挥主人翁精神和主力军作用，用实际行动投身社会主义现代化强国建设之中，更好地从制造业大国向制造业强国转变，完善产业工人技能培养体系，提升产业工人的素质技能，培养更多的高科技人才，为社会发展创造更多的财富。

弘扬三种精神过程中所评选出来的大国工匠、劳动模范、改革先锋、最美劳动者等人物，包含各个行业领域的杰出代表，他们是实现民族复兴路上的中坚力量，他们身上所反映出的先进精神，为实现中华民族伟大复兴凝聚奋进力量，团结带领人民在实现中华民族伟大复兴的宏伟征程上劈波斩浪，攻坚克难，奋勇直行。

第二节　大学生职业道德概述

职业道德在规范劳动者职业行为、提高劳动效率、提升劳动者素质等方面具有举足轻重的作用。[5] 人们的职业活动是社会存在以及社会发展最基本的实践活动——人类的社会生活区分为家庭生活、公共生活和职业生活。因此，职业道德作为社会道德的重要组成部分，在社会道德中占主导地位。职业道德是对从业人员在履行职业责任过程中的特殊道德要求——指从事不同职业的人在自己的职业活动中所应遵循的行为准则。在社会主义核心价值观的引领下，全面加强职业道德建设，有助于激发劳动者工作热情，为广大劳动者投身岗位工作提供新的动力支持。大学生正处于进入职业环境的准备阶段，提升职业道德，对未来职业发展和职业幸福有重要意义。

一 职业道德的内涵

（一）职业道德的含义

要把握职业道德的含义，首先必须将道德的含义理解透彻。所谓道德，是由社会政治经济关系决定并符合时代特征的，用善与恶、光荣和耻辱、正义和非正义等作为标准进行评价的，依靠社会舆论、传统习惯和内心信念来维系，调节人们之间以及个人与社会之间利益关系的行为规范的总和。[6]

人生活在社会中，总是要通过一定的职业促使自己对社会和他人履行责任。那么必然，与自身所处职业相适应的职业要求和准则，任何从业者都必须遵守。职业道德与人们的职业生活紧密相连，缺一不可。所谓职业道德，指符合自身职业特点要求的职业行为准则和规范的总和，从事一定职业的人在职业活动的整个过程中都应该遵循。[6]每个行业都有自己的职业道德所在，医生的救死扶伤、法官的秉公执法、教师的为人师表、商人的诚实守信、工人的质量与安全等，这些都体现了一定行业自身要求的职业道德特征。职业道德是人们通过学习与实践养成的忠于职守、对社会负责的优良职业品质，是一般社会道德在职业活动中的体现。职业道德既是职业对社会所负的道德责任和道德义务，也是对从业人员在职业活动中的行为要求。

（二）职业道德的具体内涵

职业道德内涵丰富，具体表现在以下三个方面。

第一，职业道德是职业规范的一种。通常是对从业者义务的要求，需要在长期的职业活动中形成，一般体现为观念、习惯、信念等。

第二，职业道德是职业人应具有的基本素质。缺乏职业道德的人，在职业活动中，无法形成行为规范和行动的内驱力。

第三，职业道德对于企业凝聚力的形成有着深远的影响，因为其与每个从业者内心信念和职业习惯的形成关系紧密。[7]

将外化的职业道德要求内化纳入自身价值观体系，养成良好的职业道德品质，对大学生顺利就业以及在职业中获得正向评价、增强职业认同至关重要。

（三）职业道德的核心思想

在社会主义道德体系中，以"五爱"（爱祖国、爱人民、爱劳动、爱科学、爱社会主义）为社会主义道德的基本要求，以为人民服务为核心思想，以集体主义为指导原则，全面推进社会公德、职业道德、家庭美德、个人品德建设。与社会公德、家庭美德、个人品德密切相关的社会主义职业道德，也是以此为基本要求、核心思想和指导原则的，即社会主义职业道德的核心思想是为人民服务。[6]

1. 为人民服务是中国共产党的宗旨 [6]

中国共产党历经百年，始终践行着全心全意为人民服务的宗旨，把人民的利益放在首位。党的二十大修改通过的《中国共产党章程》明确指出：党的建设必须"坚持全心全意为人民服务"。[8] 党没有自己特殊的利益，只有工人阶级和最广大人民群众的利益。为人民服务是为实现第二个百年奋斗目标、实现中华民族伟大复兴的中国梦美好愿景，中国共产党必须始终坚持的根本宗旨，也应是社会主义各项事业需要牢牢遵守的行动纲领。

2. 为人民服务是与其他社会形态"职业道德"区别的本质特征 [6]

社会主义职业道德以为人民服务为核心思想，首先要明确为谁工作的问题，着力解决职工与集体、职业与职业、职工与职工之间的利益关系问题。大家都知道，马克思在学生时代就立下了高远志向——"为绝大多数人谋利益"。社会主义职业道德以为人民服务为核心思想是由社会主义的本质决定的，为人民服务与共同富裕，两者之间目标是一致的。所有的职业活动在建设新时代中国特色社会主义市场经济的过程中，都要以为人民服务为宗旨，都要把为人民服务放在第一位。广大劳动群众在中国特色社会主义市场经济中占有主人翁地位，我们每个从业者既作为服务的对象，也要尽服务者的义务。每个劳动者在享受他人服务的同时，也要主动为他人服务。因此，"我为人人，人人为我"的道德风尚应该成为主流职业价值，大力倡导。[6]

（四）职业道德的指导原则

集体主义是社会主义职业道德的指导原则。目前大学生在多元化价值观的影响下，集体至上的价值观受到冲击。无论是大学生还是未来从业者，首先都必须清楚集体主义是什么，集体主义作为职业道德的指导原则应该怎么做，这是十分必要的，由此才能在职业活动中体现集体主义的职业道德指导原则。

1. 集体主义的含义

可以通过以下三个方面把握集体主义。一是社会主义性质和个人与集体的关系决定了集体利益要高于个人利益，强调把集体利益作为基础。二是集体利益要统筹兼顾个人、集体、国家三者，强调三者利益和谐发展。原因是：几十年来社会主义建设的经验总结告诉我们，在社会主义社会中，个人利益、集体利益、国家利益在根本上具有一致性，只有三者统筹兼顾、和谐发展，才能把各方面的积极性调动起来，健康地发展生产力。三是集体主义强调，要以维护和发展好国家利益、集体利益为前提，使个人正当利益得到充分满足。这是因为满足人们日益增长的美好生活需要是社会生产的目的，解放和发展生产力，实现共同富裕是社会主义的本质。[6]

2. 怎样坚持集体主义的指导原则

首先，倡导正确的义利观念。"义"即为人民服务，体现为集体主义，体现为忘我的无私奉献；"利"即通过劳动获得合理回报。两者的关系要处理好。在职业活动中，我们充分尊重公民合法权益下的社会主义义利观，但前提是必须把国家和人民的利益放在首位，必须坚持通过正当性的劳动获取正当利益，既要做到不损人利己，又要不损公肥私。

其次，对个人主义与个人利益、个人努力奋斗，集体主义与小团体主义要做到正确认识和区分。第一，要把个人主义与个人利益的区别理解透。个人主义认为个人利益是高于一切的，把党和人民的利益置于个人利益之后，这与集体主义是恰恰相反的。而个人利益则是劳动者生活的需要，也是劳动者发展的需要。个人在遵守法纪、遵守社会道德和职业道德的前提下，通过诚实劳动、科学经营获得的个人利益是被社会主义市场经济允许和倡导的。个人利益与国家利益和集体利益发生矛盾时，国家利益和集体利益优先于个人利益，所以大大区别于个人主义。第二，要把个人主义与个人努力奋斗正确区分。从业者通过个人的刻苦学习钻研，付出超常的艰苦劳动，攻克各种难关，在职业活动中取得巨大成绩、成果，这是个人努力奋斗的结果。奋斗的劳动者是最美的，全社会都在大力倡导每个人努力奋斗。但我们必须清醒地认识到，个人努力奋斗也需要不断汲取集体的智慧和力量，一个人在职业领域获得优异的成绩，取得更大的成功，是离不开集体的。因此，要坚决反对追逐个人名利的个人主义，应将提倡个人努力奋斗与提倡为集体服务紧密结合。第三，要把集体主义与小团体主义正确区分。小团体主义与集体主义有着本质区别，通常是不顾国家利益，为了本地区、本单位、本部门或一伙人的利益将国家利益抛之脑后的行为。

最后，要用集体主义的观点和集体主义的精神，正确认识、处理职业人际关系。第一，要发扬集体主义和人道主义精神，一方有难，八方支援。中华民族的传统美德中历来都提倡扶危济困，尤其在新时代，集体主义是传承文明的具体体现之一。第二，人是生活在各种关系之中的，互相尊重、理解、配合及和睦相处是单位同事之间关系的正确模式。遇到矛盾时，工作和集体利益应该是第一位的，要以团结为目标，及时反思、自我批评，高效沟通解决问题、化解矛盾。第三，单位与单位、企业与企业之间的关系也至关重要，需要我们共同努力建立起符合职业道德规范的良好的职业关系大格局，要把国家利益置于首位，通过和谐相处，互相支持和支援，协调各种矛盾和冲突，实现互惠共赢。

二　职业道德的内容

在《新时代公民道德建设实施纲要》中明确提出，要大力倡导以爱岗敬业、诚实守信、办事公道、热情服务、奉献社会为主要内容的职业道德，鼓励人们在干事创业中遵守职业道德，努力做好一个建设者。[9] 因此，职业道德的主要内容是爱岗敬业、诚实守信、办事公道、热情服务、奉献社会。

（一）爱岗敬业

1. 爱岗敬业的内涵

爱岗敬业是一种崇高的职业精神，是一种端正的工作态度，是职业道德的首要规范。热爱本职工作岗位，安心本职工作，干一行爱一行，就是爱岗。

爱岗是对从业人员道德要求的第一准则。只有在自己的职业活动中兴趣浓厚、热情饱满，才能全身心地投入，尽心尽力履职，才能勤勤恳恳、埋头苦干、努力创造。

敬业就是要在尊敬的基础上恪尽职守。一是对自己所从事的工作怀有敬重之心，并引以为傲；二是对每一项工作都尽心尽力、刻苦钻研、精益求精。爱岗与敬业联系紧密。热爱自己的工作岗位，热爱自己的本职工作就是爱岗；以极端负责的态度对待自己的工作就是敬业。只有爱岗才能敬业，敬业才能促进爱岗。敬业是我们中华民族的优良传统，敬业才能更好地从业，这也是职业对从业者的必然要求。爱岗与敬业两者是统一且互相促进的。

关于爱岗敬业的意义，可以从个人与工作两个方面理解。一是爱岗敬业是人类生存本能的需要，这是从个人生存和发展角度来认识。任何人都需要在一份职业、一个工作岗位中生存和发展，职业是人的基础性环境空间和展示平台，每个从业者应该加倍地珍惜工作，充分发挥工作岗位的生存和发展作用。二是爱岗敬业是人类社会化分工和发展的需要，这是从工作岗位的客观存在角度来认识。各行各业都要有人去做，都要有明确的标准去把工作干好。现代化程度越高、社会化分工越细的社会，要求从事工作的人员素质越高。因此，爱岗敬业既可以满足个人生存和发展的需要，也可以满足社会存在和发展的需要。

2. 爱岗敬业的要求

爱岗敬业要求从业者做到乐业、勤业、精业。乐业是指应当带着积极的情绪投入工作，工作因兴趣而有快乐的体验感。勤业是指工作精力投入的程度，也是一种认真负责、勤奋努力的态度，"勤"要求能够坚守岗位职责勤勤恳恳，"业"要求把岗位责任视为自己的职业道德责任。精业是对应职业成果的，指熟练地掌握职业技能，精通本职工作业务，成为本职岗位上的行家里手，并不断钻研超越，力求精益求精。因此，爱岗敬业的前提是乐业，爱岗敬业的保证是勤业，爱岗敬业的目标是精业。我们要从以下三个方面践行爱岗敬业。

（1）树立职业理想

职业理想是指人们对未来工作部门和工作种类抱有何种向往，对现行职业的未来发展水平、程度怀有何种憧憬。我们可以通过职业理想的初级、中级和高级三个层次来更好地理解其内涵。初级层次职业理想是以维持自己和家庭的生存为目标；中级层次职业理想是从事适合个人能力和爱好的工作，能在工作中因多样性挑战充分发挥并提高自己的综合素质，以实现个人价值为目标；高级层次职业理想是把工作的目标定义为承担社会义务，把自己的职业理想同为社会、为他人服务紧密联系。这三个层次的内容和要求在一个人的身上是可以同时存在的，也可以是一个人职业理想的不断升级进步。大学生树立个人职业理想，必须充分结合社会发展的需要和个人内在的条件，避免不切实际和自我认知偏差导致职业理想因不具备实现的可能性而抱憾。总体而言，职业理想通常决定着从业者的主观能动性，职业理想在切合实际的前提下层次越高，就越能挖掘自己的潜力，对社会的贡献也就越大。

（2）强化职业责任

职业责任是由社会分工决定的，通常是以行政甚至法律的方式加以确定和维护，是人们在一定职业活动中所承担的特定职责，也是人们应该承担的工作和义务。对于从业人员而言，忠于职守是任何职业都看重的最基本的职业道德要求。

（3）提高职业技能

职业技能是爱岗敬业的具体要求，由体力、智力、知识、技术等因素构成，是人们在进行职业活动、履行职业责任中需要的能力和手段。通常要具备三个条件，才能获得良好的职业技能。一是人的先天生理条件，二是人的职业活动实践，三是职业教育。正如我们目前加强大中小学劳动教育和劳动实践，就是培养具有较强职业技能的职业预备队的重要渠道。

（二）诚实守信

1. 诚实守信的内涵

诚实守信是做人的基本准则，也是社会道德、职业道德的基本规范之一。表里如一，说老实话，办老实事，做老实人，是诚实的表现，也是为人处世之道。讲信誉，重信用，信守诺言就是守信的表现，守信在职业生活中还体现为忠实履行自己应承担的义务。

诚实守信作为社会主义最基本的道德规范之一，是社会中各阶层、各行各业都要遵守的行为准则，也是做人做事的基本准则。

2. 诚实守信的要求

（1）诚实守信对个人是立人之道

诚信是诚实和信用的合称，作为公民的第二张"身份证"，要求日常行为和正式交流的诚实、信用，属于道德范畴，即与他人相处要真诚、老实、讲信誉，做到言必信、行必果，一言九鼎，一诺千金。

诚实守信是中华民族的传统美德，是立人之道，要求劳动者从事职业活动时，做到言行一致、表里如一、重信履诺。诚信在职业活动中的具体体现是：诚实劳动，做到不消极怠工，不推诿责任，不偷奸耍滑，尽己所能，履职尽责；在业务活动中，诚信的具体表现是：遵守契约精神，不弄虚作假，不说谎骗人，不偷工减料，不以次充好，严守信用，说到做到。

（2）诚实守信对企业是修业之本

市场经济的发展越来越重视信守契约，这是其内在要求决定的。以诚实守信为道德规范，践行诚信为先的准则，能够积极促进市场经济的健康发展，为市场经济健康有序地发展奠定坚实的道德基础。无论个人还是企业，在职业活动中都必须将诚实守信置于首位。

诚信建设不仅是每个公民的义务，还是全社会的道德建设之基。

（三）办事公道

1. 办事公道的内涵

在职业活动中，办事公道有以下两层含义。一是指人与人之间要一视同仁、平等相待，提供优质服务要做到不论高低、不分贵贱。二是指每个人在工作期间都有自己的职业权力，公平、公正、公开是共性要求，无论其职务高低，更无关于事情的大小。公平的具体表现就是平等对待人和事，摒弃私心。公正的具体表现就是要用公平正义之心办事。公开的具体表现就是让职业权力在阳光下运行，让办事公开成为常态，自觉接受群众的监督。

由于社会的分工，我们所处的环境中时时处处都有责、有权、有利的存在和诉求，不管是权力部门还是服务行业，都要践行职业道德规范，为民办事公道。尤其是当代青年大学生，对职业的生命意义以及职业价值感、成就感更为重视，更加希望自己与别人一样受到同等的对待。今后进入职业世界，与人打交道是我们每日每时的必修课，我们要面对和处理各类人际关系，时刻都在考验我们是否办事公道。每个从业人员都应遵守做人做事的原则，做到为人公道、处事公平。

2. 办事公道的要求

想要处理好职业内外的各种关系，办事公道是重要的行为准则。在从业过程中，要求从业者坚持工作原则，做到办事公平、公正、公开，有法可依、有情可依、有理可依，以追求公平的精神，充分维护公共利益。

（1）坚持原则

从业人员要敢于坚持真理，按照国家法律法规、党的方针政策、职业纪律和规章制度办事，切实维护国家利益、集体利益和个人的正当权益。要树立正气，抵制歪风邪气，自觉遵守行业秩序，维护行业基本制度。习近平总书记在关于改进工作作风、密切联系群众会议上做出过明确指示"定规矩，就要落实一些已经有明确规范的事情，就要约束一些不合规范的事情，就要规范一些没有规范的事情。规矩是起约束作用的，所以要紧一点。紧一点自然就不舒服了，舒适度就有问题了，就是要不舒服一点、不自在一点，我们不舒服一点、不自在一点，老百姓的舒适度就好一点、满意度就高一点，对我们的感觉就好一点。"[10]这里的"规矩"就是原则，定"规矩"就是定原则，就是要坚持原则。

（2）明辨是非

分清楚哪些是真、善、美，哪些是假、恶、丑，要出于公心、具有良知和良心，办事不偏不倚。

（3）自我约束，严防私心干扰

无私心杂念是办事公道的首要条件，也是公平、公正、公开的基础。从业人员应该有不徇私情、不谋私利、不畏强权的魄力和操守。

（四）热情服务

1. 热情服务的内涵

热情服务，首先要明确服务对象是谁。我们党的群众路线的重要内容是一切为了群众，一切依靠群众，从群众中来，到群众中去。为群众服务是社会主义道德比其他社会形态道德优越的显著标志，是党的群众路线在社会主义职业道德中的具体体现，是公民道德建设的核心。

所谓热情服务，就是以极端的热忱，积极、周到为人民群众服务。

热情服务是职业行为的基本要求，职业离不开它的服务对象，服务对象对职业的共同需求，是该职业存在的本质。各行各业生存发展的前提条件就是广大人民群众的不同服务需求。因此，在社会主义社会中，所有职业有其共同的服务对象，那就是人民群众。总体而言，职业行为的本质就是服务群众。

热情服务就是要把服务群众作为事业目标和人生目标。及时听取群众意见，更好地了解群众的真实需求，才能想群众之所想，急群众之所急，才能以服务为先的职业态度推动服务的方法创新，从而提高服务的针对性，提升服务的质量。

2. 热情服务的要求

（1）优质服务

优质服务是基于服务质量提出的要求，关乎服务的层次水平，要求以最佳状态服务群众。为人民服务是社会主义职业道德的核心思想，所以从服务对象的需求角度出发，整个服务业讲服务质量，就是要在明确为谁服务、如何服务的基础上提供优质服务。也就是在观念方面，要以服务对象为中心，践行以人为本。在服务态度方面，要做到亲切友好，举止端庄。要注重提高服务素质，即提高服务质量意识、职业道德、文化素养、服务的专业知识和技能。全心全意践行为人民服务的宗旨，树立服务质量第一的信念，是为人民群众提供优质服务的关键。

（2）热情周到

热情周到是热情服务的核心内容之一。在特定的服务行业中，服务工作者应秉持热情周到的工作态度，这是从业人员对工作热爱程度的直接反映，也体现出对顾客和服务对象重要性的认识高度，还体现出遵守职业纪律、职业道德的自觉程度。因此，从某种意义上讲，热情周到是服务人员优良的职业道德综合素质的集中反映。优质服务与热情周到是相辅相成的，做到优质服务，必然要以热情周到为起点。

（3）遵守职业纪律

遵守职业纪律，也是服务行业热情服务之必需。职业纪律是保障服务活动顺利进行的前提，不遵守职业纪律，热情周到和优质服务也无从谈起。例如，贪腐的"官员"，渎职、对学生漠不关心的教师，踢假球的运动员等，触犯了法律和职业纪律，损害了人民群众正当利益，还何谈服务群众呢？

（五）奉献社会

1. 奉献社会的内涵

从服务的理想境界出发，奉献社会是社会主义职业道德的最高要求，它是一种高尚的社会主义道德规范和要求。奉献社会的精神是一种忘我的全身心投入精神，会促使从业者不惜牺牲个人的利益，努力为社会做贡献，为社会长远的利益服务。

国家利益、公众利益、行业利益与从业者个人利益的交汇往往是以职业形式展现的。行业作为社会分工的产物，如果失去了服务社会的作用，那么它也就无须存在，对应行业的从业者也将失去用武之地。每一种职业，都因其承载的特殊社会功能而产生和存在，表现为通过其职业劳动特定的内容和作用来满足社会发展某一方面的需要。对劳动者来说，服务社会是其应承担的义务，是各种职业发挥社会功能的基本条件。我们以承担职业责任并做出职业贡献来履行对社会应尽的义务，推动社会进步和发展，因此，服务社会是从业者必备的职业道德。

2. 奉献社会的要求

坚持把公众利益、社会效益摆在第一位，是每个从业者职业行为的宗旨和归宿，是奉献社会的基本要求。社会效益是社会生活和生态环境各方面效果的总和，它是通过人们的行为或活动创造的。

（1）自觉把公众利益、社会效益放在首位

从业人员在职业生涯中，无论在何种情况下，都应拒绝有损于公众、有损于国家、有损于社会的职业行为，抛弃单纯为谋生、为从业的态度，始终不忘奉献社会。首先，每个人要时刻牢记全心全意为人民服务的宗旨，从自我做起，培养奉献意识。其次，要把个人"小我"融入国家"大我"，将个人理想与为人民谋幸福、为民族谋复兴的实践结合起来，通过奉献的行为，满腔热情地为群众解难题、办实事。

（2）自觉处理好"义"和"利"的关系

新时代要做到奉献社会，必须处理好社会效益和经济效益的关系，处理好个人利益和单位利益的关系，处理好个人利益和社会效益的关系。

新的伟大征程对从业者的职业道德素质提出了更高的要求，这是中国式现代化的本质特点决定的。践行"爱岗敬业、诚实守信、办事公道、热情服务、奉献社会"的职业道德规范，是为人民服务的行动体现，也是将实现个人人生理想与国家前途命运紧密联系的表现，关乎以经济高质量发展实现中国式现代化，进而加快中华民族伟大复兴的行进速度。

三　加强大学生新时代职业道德培育的重要意义

坚持和发展中国特色社会主义，需要物质文明和精神文明全面发展、人民物质生活水平和精神生活水平全面提升。加强公民道德建设，提高全社会道德水平，是全面建成小康社会、全面建设社会主义现代化强国的战略任务，是适应社会主要矛盾变化、满足人民对美好生活向往的迫切需要，是促进社会全面进步、人的全面发展的必然要求。这在《新时代公民道德建设实施纲要》中已明确指出。[9]

学校是公民道德建设的重要阵地。高校大学生作为重要的青年人才，其职业道德水平关乎党的事业后继有人。立德树人是高校的根本任务，职业道德培育是高校思想政治教育的重要内容。加强大学生职业道德培育，对民族复兴、社会和谐稳定发展、大学生自身成长成才与实现人生理想都具有重要意义。

（一）加强大学生职业道德培育有利于提高个人职业道德素质，是大学生立业之本

近年来，大学毕业生数量逐年增加，从 2012 年的 680 万人，发展到 2023 年，已经超过 1000 万人。大学生就业难与企业招工难问题并存，就业竞争压力愈演愈烈，用人单位对应聘者的要求越来越高，就业难问题频

频登上网络热搜。大学生能否符合用人单位准入条件顺利就业，能否胜任今后从事的工作稳定就业，并实现职业成长和发展，既与其自身的专业知识和专业技能有关，又与其是否具有高尚的职业道德和端正的职业态度紧密关联。从职业的长期规划角度出发，获得职业认可的关键因素是从业者的职业操守、职业表现、职业品质，即职业行为所反映出的职业道德水平。小胜靠智，大胜靠德，高度概括了人立业立身于社会，高尚品德的重要性。加强职业道德培育，促使大学生塑造正确的职业观、成长观、人才观，前沿地了解自己未来的职业权利和义务，认知自己所要扮演的社会角色，能够很有效地将现在与未来建立关联，激发大学生自觉学习专业知识的内驱力，进而积累扎实知识学识、锤炼过硬道德素质，为投身社会职业、更大化实现社会价值做好充足准备。

任何人的职业道德品质都不是先天带来的，也不会在日常生活中不加以注意、培育便水到渠成。大学生职业道德素质的提高没有捷径，只有一方面接受职业道德教育，另一方面在实践中增强对职业道德培育的自觉意识，以自我学习、自我教育、自我锻炼、自我改造和自我反省为路径，激发个人职业道德素质提升的动力系统，经过长期持续、反复循环的过程，形成稳定的且能正确区分职业行为中善良与丑恶、诚信与虚伪、高尚与卑鄙、自私与奉献、光荣与耻辱等方面的内心信念，在职业生活中以正确的职业道德观念不断修正自己的职业行为，从而达到职业道德原则和职业道德规范的要求。

（二）加强大学生职业道德培育是事业成功的保证，是职业发展之路

职业道德在人们事业中所发挥的作用，表现得日益凸显。美国曾经有一项关于员工被企业开除原因的研究，得出的结论是排在前十名的开除原因都与职业道德有关，涉及敬业精神、责任心、服务态度等。"人才与企业发展最关键的结合点在于，企业要有良好的用人战略，而人才要有良好的道德品质。我们选拔人才的标准是能够吃苦耐劳、有韧性、上进心强，能够自我激励、迎难而上。"[11] 联想集团人力资源部负责人接受采访时曾这样

直言。职业表现的好坏直接受职业道德的影响，也直接关系到职业的发展。每一个工作岗位都有其特定的道德操守要求，而所有工作岗位最基本的要求都是职业道德。

1. 良好的职业道德品质能够引领人成长和发展的方向

各行各业对从业者的要求都包含具有良好的思想道德修养，我们必须摒弃精致的利己主义者思想，把"小我"融入企业、民族发展的"大我"中，形成个人发展与企业发展、社会发展的共同体意识，舞台才会更广阔、施展平台才会不断产生交互作用。只有树立高远的职业目标，具备高标准的职业要求、高尚的职业道德品质，才能在择业竞争中胜出，才能在精业发展中保持强劲动力和维护良好关系，才能在胜任事业中获得正向评价和成就感，进而将职业经营为事业，形成事业发展的良性循环，促进事业发展与人生攀峰。

2. 高尚的职业道德情操有助于激发个体职业发展的潜能

一个人成长和发展的内在因素包括智力水平、思想道德、心理素质等，它们共同构成职业人成长和发展的潜在动能，而其中思想道德起着主导作用。作为思想道德在职业世界的集中体现，职业道德是以职业要求引领从业者不断成长和发展的加速器，对从业者的职业行为起着至关重要的指引作用。

（三）加强大学生职业道德培育有利于调节职业中的人际关系，有效发挥职业道德的社会功能

职业道德有以下社会功能，具体表现为：对全社会职业秩序和劳动者的职业行为进行规范；通过提高劳动的质量、效益，确保职业安全，促进生产力发展；提高劳动者的职业素质；提高党和政府的执政能力；促进企业文化建设；促进社会良好道德风尚的形成。从业人员的道德实践是职业道德发挥社会功能的基础，职业道德的社会功能要通过人们的职业道德行为来实现。[6] 而职业实践活动是群体性社会行为，交织着各种社会关系，构成群体的每一个个体都需要良好的道德素质、品德修养，才能构建和谐共

进的职业发展空间，极大地发挥每个个体的价值效能，更好地履行社会职责。因此，加强大学生职业道德培育，规范其作为职业人的职业行为，在工作中充分发挥职业道德的调节功能，形成从业人员内部关系、企业与从业人员关系、从业人员与服务对象关系等各种职业关系相互配合协调的职业环境，有助于大学生获得职业幸福感和价值感，这也是发挥职业道德社会功能的重要前提。

（四）加强大学生职业道德培育是经济社会高质量发展的助推力，有利于以中国式现代化推进中华民族伟大复兴

党的二十大报告中指出：从现在起，中国共产党的中心任务就是团结带领全国各族人民全面建成社会主义现代化强国、实现第二个百年奋斗目标，以中国式现代化推进中华民族伟大复兴。[12] 全面建设社会主义现代化国家是一项伟大而艰巨的事业。高质量发展是全面建设社会主义现代化国家的首要任务。培养造就大批德才兼备的高素质人才是国家和民族长远发展大计。新目标呼唤知识型、创新型从业者，既要求从业人员具有丰富的学识知识和较强的职业能力与动手能力，又要求其具有高尚的职业道德、端正的职业态度、严明的职业纪律和严谨的职业作风，成为能吃苦、技能强、善创新的综合人才。

一方面，职业道德涉及从业者个体以怎样的职业态度践行职业行为、产出职业价值；另一方面，职业道德也是一个职业集体，甚至行业全体人员的行为表现，与中国企业、行业能否提供高质量产品、高质量服务联系紧密。全社会职业道德层次的高低，关乎面向世界科技前沿、国内经济主战场、国家重大需求、人民生活幸福攻坚克难的战斗力和企业、行业以强大的竞争力推动经济的活力、创新力建设成效。面对世界经济格局的复杂形势，经济如果缺乏竞争力，就不会创造坚实的物质技术基础，就不可能全面建成社会主义现代化强国，人民共同富裕的美好生活愿景就如镜中花、水中月。大学生肩负中华民族伟大复兴的历史使命，其良好的职业道德是经济社会高质量发展所需求的品质。加强大学生职业道德培育，是经济社

会高质量发展的迫切需要，有利于为以中国式现代化推进中华民族伟大复兴提供强大的人才支撑。

（五）加强大学生职业道德培育是新时代公民道德教育的内在要求，有利于弘扬中华民族优良道德传统

源远流长的中华文明，培育了中国人民的崇高价值追求，孕育了中华民族的宝贵精神品格。中国共产党在继承中华民族优良传统美德基础上，创造形成了以社会主义核心价值观为引领的社会主义道德体系，全面推进社会公德、职业道德、家庭美德、个人品德建设。[9]我们每个人的生存空间基本是由公共场所、职业岗位和自己家庭三部分构成的。职业道德作为社会道德的重要内容之一，是社会主义核心价值观在职业活动中的具体体现。公共场所应具备的社会公德、以职业生活为基础形成的职业道德、在家庭生活中应有的家庭美德和个人品德一脉相承、共同作用、相互影响、共同发展，组成了社会主义道德体系。例如，我们在职业道德基本行为规范中遵循遵纪守法、办事公道等，这同样也适用于社会公德的要求。因此，加强职业道德培育，既可以促进职业道德本身的提高，也是对社会公德和家庭美德、个人品德修养的促进和加强，进而对新时期铸就中华民族的精神典范，继承和发扬中华民族优良传统，彰显道德之魂、树立民族文化自信、提振民族精神起到非常积极的推动作用。

第三节　劳模精神、劳动精神、工匠精神与大学生新时代职业道德培育

劳模精神、劳动精神、工匠精神充分彰显了以爱国主义为核心的民族精神和以改革创新为核心的时代精神，是各行各业先进模范精神品质的总和，是新时代劳动者职业道德的价值概括，是中国共产党人精神谱系的重要组成部分。每个劳动者梦想的实现、成就的获得都与在秉持劳动精神、

心怀"国之大者",精益求精、自觉遵守职业道德规范基础上树立积极的职业追求有关。

从职业的劳动本质以及劳动者与劳模、工匠的关系出发,加强大学生职业道德培育,要以劳模精神为引领,以劳动精神为基础,以工匠精神为职业发展动力,不断提升职业技术水平、职业道德素质,做到德才兼备、以德为先。大学生要将劳模精神、劳动精神、工匠精神贯穿于日常学习生活,把弘扬劳模精神、劳动精神、工匠精神和培育自身职业道德作为一个有机整体,获取实际路径方法指导自己自觉提升职业道德水平,实现职业道德向更高境界发展。

一 劳模精神、劳动精神、工匠精神与职业道德的联系

(一)劳模精神为职业道德的培养提供方向和目标

1. 劳模精神与职业道德基本内容高度契合

劳模之所以成为劳模,是因为他们在平凡岗位上做出不平凡业绩,其所坚持坚守的基本信念、价值追求、人生境界以及展现出的集体精神风貌,生动诠释了劳模精神内涵。劳模精神内涵与以"爱岗敬业、诚实守信、办事公道、热情服务、奉献社会"为主要内容的职业道德高度契合。[13]弘扬劳模精神可以引领职业道德,良好的职业道德对弘扬劳模精神有促进作用。

2. 劳模精神为职业道德的培养提供方向和目标

劳模精神是人格化的社会道德。劳模精神以劳动模范为主体,代表着社会主流道德的价值取向,是社会对劳动者所要求的价值观的体现,具有肯定性和导向性。[13]习近平总书记在 2020 年全国劳动模范和先进工作者表彰大会上的讲话中指出:劳动模范是民族的精英、人民的楷模,是共和国的功臣。[1]劳动模范身上承载和彰显的劳模精神一直发挥着引领作用,丰富和拓展了中国精神内涵,充分展现了我国新时代工人阶级和劳动群众的高度自信,已成为社会主义核心价值体系的重要组成部分。劳模精神和职业道德均是形成于社会劳动过程基础之上的,劳模精神是所有劳动者以劳

模为榜样共同奋斗的精神指引。职业道德是成为合格劳动者的必要条件。一个不合格的劳动者，就更不可能成为劳模。劳动者中先进模范所具有的劳模精神是所有劳动者的追求目标，为劳动者以职业道德为基础创先争优、成为先进模范提供鲜明导向。每位从业者都应在遵守职业道德的前提下，以劳模精神为方向，向劳模学习，努力成为社会主义建设的先进模范。

3. 劳模精神促进职业道德的养成

学习职业道德理论知识是提升职业道德品质的基础，但仅有职业道德认知，并不代表能够养成职业道德，职业道德的养成要通过规范的职业行为强化，并且通过自觉内化将外在感触到的职业道德纳入自身道德体系。职业道德的养成必须将职业道德与工作岗位实践相结合。[5] 劳模在工作岗位上表现出的艰苦创业精神、强烈的劳动热情、忘我的奉献精神、不断超越的开拓意识，生动且具体地体现了职业道德规范，将书本上的模范带到所有劳动者面前，成为鲜活的学习样例。全社会都需要大力弘扬劳模精神，以劳模的高尚人格和动人事迹来教育和感染劳动者，使劳动者能够真懂真悟职业道德修养的重要性。

（二）劳动精神是职业道德的基础

职业是社会分工的产物，是特殊的劳动形式。每一位劳动者为创造美好生活，在劳动过程中持有的劳动态度、劳动理念及其展现出的劳动精神风貌，形成了劳动精神，劳动精神是所有劳动者的共性。2020 年 11 月 24 日，习近平总书记在全国劳动模范和先进工作者表彰大会上的重要讲话中，首次正式概括了"崇尚劳动、热爱劳动、辛勤劳动、诚实劳动"是劳动精神的主要内容。[1] 从业者也是劳动者，作为社会分工下的劳动者，要树立劳动最光荣的理念，热爱劳动，以崇尚劳动的价值观和热爱劳动的态度，在实际劳动中养成辛勤劳动、诚实劳动的劳动习惯和劳动品质。从职业是社会分工特殊产物的意义来讲，从业者符合一定职业特点的职业行为规范，即职业道德，要以劳动精神为基础和前提，这是职业的劳动本质属性决定的。

（三）工匠精神是促进职业道德养成的内在动力

职业道德的养成是"自律"和"他律"因素共同作用的结果。自律强调内力的自觉自省和自我约束，他律是指借助外力进行监督、引导、约束。从这个角度出发，要把握工匠精神与职业道德的联系，可以从工匠精神与劳模精神内力与外力关系入手。2020 年，习近平总书记进一步明确工匠精神是"执着专注、精益求精、一丝不苟、追求卓越"。[1] 当代中国，工匠精神具有爱岗敬业、执着专注，勇于创新、精益求精，态度严谨、一丝不苟，爱国爱企、追求卓越的时代特点。[5] 工匠精神与劳模精神都是劳动者基于职业道德的更高奋斗目标和方向，对职业道德都具有指引作用。区别在于，劳模精神是从外部影响每一位劳动者学先进、做先进，是影响和引领每一位劳动者从平凡走向不平凡的外力；而工匠精神是激发和激励每一位劳动者不断挑战自我和超越自我的内力。[14]

工匠精神是从内部唤醒劳动者追求做到更好的自觉，注重在精神层面对从业者进行规范和要求，其蕴含的优秀职业品质与社会主义职业道德具有契合性。不同点是职业道德的范畴包含职业理想、职业目标、职业纪律等，职业道德承载的主体是所有从业者，但工匠精神不一定所有从业者都具备，是从业者中一部分对职业技术精益求精、不断钻研超越、追求高品质业绩与成果的优秀者所具备的。二者对学生未来的职业行为都具有规范与约束作用。将工匠精神与职业道德培育结合，职业道德的内涵被优秀的匠人品质丰富，这是对社会主义职业道德的一种补充，[15] 对于学生个人、高校和社会发展具有重要价值和意义。

二 将三种精神贯穿人才培养，提高大学生职业道德的路径方法

劳模精神、劳动精神、工匠精神是中华民族宝贵的精神财富，是鼓舞全党全国各族人民风雨无阻、勇敢前进的强大精神动力。在全社会大力弘扬劳模精神、劳动精神、工匠精神，对于培育具有全球竞争力的世界一流劳动

军和世界一流企业有着重大的战略价值，是顺应时代发展的需求。

培养大学生劳动最光荣、劳动最崇高、劳动最伟大、劳动最美丽的高尚职业道德情操，提高职业道德水平，既是建设和谐社会、实现中国梦的基本要求，也是形成个体和群体美好形象、促进行业兴旺发达的内在要求。作为建设社会主义现代化强国的宝贵人才力量，将劳模精神、劳动精神、工匠精神融入大学生职业道德培育，具有深远而重大的现实意义和历史意义。[7]

职业道德内化为优秀的职业道德品质是一项长期复杂的工程，是"知情意行"有效衔接的有机整体。高校将劳模精神、劳动精神、工匠精神贯穿于大学生培养全过程，提升职业道德培育的实效性，既需要从大学生主体出发，培养大学生内在的自觉自律修养，按照职业道德基本原则和规范，促进大学生不断自我教育、自我内化、自我完善，也需要以热爱劳动和崇尚劳动的精神基础为前提，营造良好的校园道德风尚，用新时代劳模精神引领校园文化建设，激发大学生不断增强敢于超越、追求卓越的工匠精神，形成大学生职业道德培育的多维合力，促使大学生在职业行为中践行职业道德。

（一）夯实课堂专业知识技能学习，瞄准目标提升职业道德理论认知

只有学习和掌握了科学理论，才能坚持职业道德的正确方向。要提升劳模精神、劳动精神、工匠精神融入职业道德培育过程中的有效性，必须充分发挥课堂教学的重要作用。把课堂上传达和弘扬劳模精神、劳动精神、工匠精神作为培养和厚植青年学生职业价值追求和职业操守的第一步。通过优化课堂内容和载体形式，促使大学生内心深处真正领悟和认同劳模精神、劳动精神、工匠精神内核，提升个人职业素养和对职业道德操守重要作用的认知。不仅如此，课堂是淬炼学生深厚的专业知识、精湛的专业技能的第一阵地。大学阶段正是不断丰富自身学识见识、培养全面综合素质的黄金期，也是职业生涯规划的关键期，将劳模精神、劳动精神、工匠精神有机融合到大学生专业课堂和科创生活中，做到学有方向，赶有目标，将当下大学生活与未来职业有效链接，以职业需求目标为导向促使大学生

加强学习，增强职业道德自觉性和职业能力积累，才能满足今后作为职业人的期待和要求，将其所蕴积的职业道德情感、意识和信念淋漓尽致地发挥出来。

（二）增强职业道德自育意识，养成良好职业道德习惯

职业道德的养成具有自觉性和习惯性两个特点，是一个周而复始、循环往复、不断强化的过程。大学生的自我管理和约束能力虽然尚不稳定，但有很强的可塑性和可引导性。

1. 增强生活中的自觉意识，培植职业道德土壤，建立长效自我约束机制

任何人一旦有了觉察意识，就能时时提醒自己，处处留心约束自己，投入更多注意力和精力提升自己的职业道德水平，良好的职业道德习惯一经养成就是终身受用的资本；反之，不良的习惯则会成为一生的羁绊，阻碍自己的发展。

2. 要做到内省与慎独

内省就是经常以职业道德规范标准为自查指标检验自身言行和观念，内心上善于认知自己，行为上善于反思自己，促进知行合一，不断在实践中提升自己的职业道德水平。慎独就是在无人监督的情况下依然能谨慎遵守道德原则，是自我约束力的最直接表现，也是修身自育的最崇高境界。当代大学生面临各种思潮和各种诱惑，慎独是衡量是否坚持自我修养以及在修身中取得成绩大小的重要标尺，是经受各种考验依然保持清醒头脑和自我原则的重要保证。

3. 立足小事身边事持之以恒，以良好职业行为习惯养成职业道德品质

职业道德养成源于日常生活的长期坚持。我们要把道德品质养成内化于心、外化于行，与现实生活紧密结合起来，从身边事做起、从小事做起，播种一个行为，收获一种习惯，养成一种品质，避免好高骛远、不切实际。职业道德品质培养需要自觉自育、持之以恒，将良好的职业道德习惯强化巩固。事实上，培养任何观念、道德品质都不是一蹴而就的。

（三）优化职业道德楷模引领，营造健康向上的职业道德文化风尚

在我国各行各业的职业实践中，涌现出许多爱岗敬业、争创一流，心怀国之大者，潜心服务人民的劳动模范和在平凡岗位上践行工匠精神的优秀劳动者，他们树立了鲜活的榜样形象，为我们加强社会主义职业道德修养厚植了基础。高校要将劳模精神、劳动精神、工匠精神融入校园文化建设中，通过浓厚的校园文化为学生的认知、情感和行为提供养分，在思想和精神上进行滋养。[15] 要通过文化潜移默化、润物无声地滴灌教化学生，通过请进来、走出去的方式构建立体型常态化的楷模引领载体，提升职业道德培养的影响力和感染力。大学生要在全社会大力弘扬劳模精神、劳动精神、工匠精神的道德文化环境中，展现人人皆想学劳模、人人皆可学劳模的奋进姿态。

1. 走近楷模，以劳模精神为引领树立高远职业理想

劳模绝不平凡，不是人人都能成为劳模，但每个平凡的劳动者都可以学习劳模精神，实现最好的自己，成就更美好的职业人生。劳模精神以及劳模在职业实践中的生动事迹，为我们的职业理想描绘了可视化的规划图。大学生要摆正学习心态，虚心了解职业模范的典型事迹，不但要主动寻求机遇向典型模范学习，还要虚心向身边优秀的老师、同学、工人等学习，抓住机遇不断将自身职业道德境界提升到更高水平。

2. 学习楷模，定位自身差距科学做好成长规划

改变一定是跳出自我认知"舒适圈"，在价值认同前提下做出的自觉行为。我们要积极学习劳模身上宝贵的精神品质，以劳模为榜样，主动找出自我差距，通过认真领会、认真践行、长期坚持、不断调适的路径，知不足而后进，做好个人成长的路线图，不断完善自我，挖掘潜能实现持续的成长进步。普通劳动者也会取得不平凡的成绩，逐渐成为行业的佼佼者，实现最大的人生价值。

（四）拓展职业实践活动，在践行中内化职业道德品质

要实现职业道德知行合一，最重要、最关键、最根本的途径是参加社

会实践、职业实践。职业道德品质是在长期的职业生活和社会关系互动中逐步形成和发展的，任何人的职业道德品质都不是与生俱来的。职业实践是大学生职业道德培育的目的和归宿。我们要立足课堂、放眼社会，注重学生的实践教育和行动体验，形成一种精神风尚激发思想和行动自觉，推动大学生在亲身职业实践中适应行业的从业标准和道德规范，正确审视自己的不足，感知和体悟行业先进模范的魅力和价值，并不断锻炼自己、陶冶自己、完善自己，将具体的职业要求自觉接纳为自身职业价值，不断塑造良好的职业道德品质。[16]

✍ 思维导图

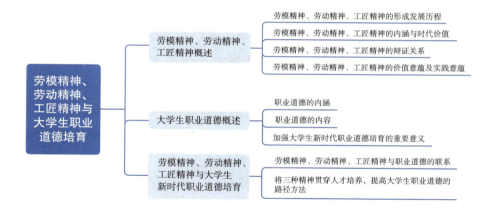

❓ 思考题

一则 20 世纪早期的招聘启事被英国一家媒体刊登，很快便得到各大公司的"青睐"，争着套用或直接搬用它为本公司招才纳贤。

该招聘启事是这样写的：

现招聘男生一名——他要坐立笔直，言行端正。

他的指甲不能乌黑，耳朵要干净，皮鞋要擦亮，要清洗衣服，梳头发，保护好牙齿。

别人和他讲话时，他要认真倾听，不懂就问，但不要过问与自己无关的事情。

他要行动迅速，不出声响。

他可以在大街上吹口哨，但在该保持安静的地方不吹口哨。他看起来要精神愉快，对每个人都笑脸相迎，从不发火。

符合文中招聘要求的男生曾被企业誉为"一百年都需要的人"，请分析文中所列的各种精神品质特征。

1. 文中所列的这些品质特征体现了劳模精神的哪些内涵？又和职业道德之间有着怎样的内在联系？

2. 文中所列的这些品质特征你目前具备哪些？缺少哪些？你准备通过何种途径、何种方法来努力完善自己使自己也能够成为文中那种企业"一百年都需要的人"？

🔑 实践探索

实践主题：我的职业道德规范寻访

实践目标：通过实践了解把握本专业对应行业的特定职业道德规范要求，进一步分析梳理自身与相应行业职业道德规范之间的差距，从而引导学生聚焦当下、面向未来，以目标为靶向制订合理的职业道德培养计划。

实践过程：

1. 请同学们结合所学内容，寻找你所学专业对应行业的职业道德规范。寻访方式依据实际情况自行确定，可以采取电话采访、实地调研或者网络收集资料等方式。

2. 梳理总结当前个人品质、能力等具体情况，认真思考你与职业道德规范要求存在哪些差距，制订并践行职业道德培养的可行性计划。

行业职业道德规范	自己与规范要求的差距	训练计划

《我的职业道德规范寻访》劳动实践记录表

主题		时间	
地点		参与人	
实践过程			
照片粘贴			
实践效果及感悟			

评价

评价项目	评价主体		
	自我评价	小组评价	教师评价
参与积极性			
团队协作			
态度认真			
准备充分			
过程有序			
效果显著			
体悟真实			
总体评价等级	（教师填写）		

📑 参考文献

[1] 习近平:《在全国劳动模范和先进工作者表彰大会上的讲话》,《人民日报》2020 年 11 月 25 日,第 2 版。

[2] 《宁波舟山港集团桥吊班竺士杰——百尺高空"穿针引线"》,《人民日报》2020 年 11 月 5 日,第 10 版。

[3] 中华全国总工会编《中共中央关于工人运动文件选编》(中),北京:档案出版社,1985,第 182 页。

[4] 习近平:《在知识分子、劳动模范、青年代表座谈会上的讲话》,《人民日报》2016 年 4 月 30 日,第 2 版。

[5] 党印主编《职业与劳动——大学生劳动教育十讲》,北京:人民交通出版社股份有限公司,2021,第 71~74 页。

[6] 人力资源社会保障部教材办公室组织编写《职业道德》(第 4 版),北京:中国劳动社会保障出版社,2018,第 8~15 页。

[7] 人力资源和社会保障部教材办公室组织编写《职业道德》(第三版),北京:中国劳动社会保障出版社,2017,第 18~41 页。

[8] 《中国共产党章程》,《前线》2022 年第 11 期。

[9] 《中共中央 国务院印发〈新时代公民道德建设实施纲要〉》,人民网,http://politics.people.com.cn/GB/n1/2019/1028/c1001-31422612.html。

[10] 《深入落实中央八项规定精神,坚持不懈纠正"四风"》,中国共产党新闻网,2015 年 1 月 21 日,http://theory.people.com.cn/n/2015/0121/c392503-26425628.html。

[11] 张守琴、宫麟丰主编《大学生职业道德教育》,北京:中国农业出版社,2010,第 66~67 页。

[12] 贾程秀男:《以中国式现代化全面推进中华民族伟大复兴——论学习宣传贯彻党的二十大精神》,《奋斗》2022 年第 22 期。

[13] 张小小:《劳模文化育人视角下大学生职业道德教育现状调查与路径分

析——以上海第二工业大学为例》，《高教学刊》2020 年第 12 期。

[14] 乔东、李海燕编著《劳模精神 劳动精神 工匠精神学习读本》，北京：中国工人出版社，2021，第 10~13、68~74 页。

[15] 石雅丽：《工匠精神融入大学生职业道德教育研究》，《现代商贸工业》2022 年第 15 期。

[16] 尹凤霞主编《职业道德与职业素养》，北京：机械工业出版社，2012，第 62~70、77~81 页。

➲ 拓展阅读

1. 乔东、李海燕编著《劳模精神 劳动精神 工匠精神学习读本》，北京：中国工人出版社，2021。

2. 夏一璞：《劳模精神》，北京：人民日报出版社，2021。

3. 刘向兵等：《新时代高校劳动教育论纲》，北京：社会科学文献出版社，2019。

4. 人力资源社会保障部教材办公室组织编写《职业道德》（第 4 版），北京：中国劳动社会保障出版社，2018。

5. 张守琴、陈德奎主编《大学生职业道德教育》（第三版），北京：中国农业出版社，2019。

第五章

劳动实践与大学生职业能力培养

名人名言

劳动使人建立对自己的理智力量的信心。[1]

——高尔基

内容概要

《中共中央 国务院关于全面加强新时代大中小学劳动教育的意见》中提到，"劳动教育是中国特色社会主义教育制度的重要内容，直接决定社会主义建设者和接班人的劳动精神面貌、劳动价值取向和劳动技能水平"。[2]本章通过介绍日常劳动中的家务劳动、学校生活劳动，引导大学生开展劳动实践，并从中感受劳动实践的重要意义，为职业能力培养奠定基础。大学阶段是人生发展的关键时期，开展劳动实践可以使他们以实践为基础，探索真理，了解世界，提高自我价值和自身修养，同时从劳动中获得生活、学习和工作的经验，提高综合能力，敢于承担责任，勇于直面困难。

学习目标

1.掌握大学生劳动实践的类型。

2.了解大学生劳动实践的途径。

3.理解大学生劳动能力培养的必要性及重要意义。

4.掌握大学生职业能力的识别方法。

5.了解大学生职业能力的培养方法。

📖 案例导入

家务中的发明创造

生活源于创造。每个人都在不知不觉间，在日复一日的劳动中，悄然进行着创造活动。日常生活中的创造性劳动最常见的表现是生活"小窍门"或者"小妙招"，它们能高效解决日常生活中遇到的不便或烦恼之处，让日常生活更方便、快捷、科学。这样的"小妙招"通常涵盖衣、食、住、行等日常生活的方方面面。比如，针对家居空间中衣物、日常用品和厨房用品等物品摆放容易杂乱无序的困扰，衍生出许多家庭整理收纳的创意"小妙招"，包括衣物叠放方法及由此衍生出的衣物收纳袋等创意产品；日常用品的整理创意产品，如电源线的收纳；食材的分类存放方法和相应的收纳罐创意产品；等等。

新时代大学生劳动教育要注重在劳动实践中增强劳动意识和培养劳动能力，不拘泥于书本，不脱离大学生的日常生活，紧密结合高等教育学段特点，加强学生创造性劳动能力和公共服务能力培养。在劳动实践中使得新时代的大学生进一步了解和理解劳动的本质以及价值，正确理解劳动与现代社会发展之间的关系，使学生在潜移默化的劳动实践中认同劳动观点、端正劳动态度、形成劳动习惯、培养劳动感情、提高劳动能力。

第一节　大学生劳动实践类型与途径

习近平总书记高度重视劳动教育，多次发表重要讲话强调："要在学生中弘扬劳动精神，教育引导学生崇尚劳动、尊重劳动，懂得劳动最光荣、劳动最崇高、劳动最伟大、劳动最美丽的道理，长大后能够辛勤劳动、诚实劳动、创造性劳动。"[3] 这为学校开展劳动教育，倡导学生参与劳动实践指明了具体方向。大学生在校期间积极进行家务劳动、学校生活劳动，积极参与实习实训、学科竞赛、社会实践，积极参与义务劳动、志愿服务等，是个人劳动实践的具体体现，有助于促进新时代大学生树立正确的劳动观，有利于推动劳动教育与德育、智育、体育、美育融合发展，更好发挥劳动育人功能，促进新时代大学生奋斗成长、报效祖国、奉献社会。

一　日常生活劳动

（一）日常生活劳动能力内涵

大学生日常生活劳动能力多指在日常生活范围内涉及个人的日常起居，生活、学习、工作等环境日常清扫劳动等形成的与生活相关的能力。[4] 日常生活劳动能力聚焦学生个人生活事务处理能力、自立自强意识、自我服务能力，以此增强就业过程中的适应能力。

（二）大学生日常生活劳动类型

大学生日常生活劳动通常可以分为在家庭中的日常家务劳动和在学校中的日常生活劳动。

1. 家务劳动

家务劳动是劳动生活不可分割的一部分，也是培养独立生活能力的重要途径。在原始社会中，家庭成员不论男女老少，都是家庭重要的生产力，都会参与家务劳动，这是因为原始社会的家务劳动与生产劳动几乎融为一体。到了农业社会，"主内"的家务劳动逐渐与"主外"的生产劳动相分离。但人们也认为孩子从事家务劳动有助于形成良好的家庭氛围，对人格养成大有裨益。[5] 比如，《朱子家训》开篇就提出家务是孩子每天要做的第一件事——"黎明即起，洒扫庭除，要内外整洁……"；《弟子规》中也有内外整洁的标准——"房室清，墙壁净。几案洁，笔砚正"；等等。从中我们体会到古代人民非常认可家务劳动对孩子成长的积极意义。现代社会，家务劳动依然是家庭生活的重要组成部分，重在从学生个人生活和自理能力中逐步强化个体劳动及自立劳动意识，使其体验劳动持家、勤俭之道，这同样也是促使学生个性健康向上发展、适应社会生活规律的一项重要实践。

（1）家务劳动的内容

现代社会的家务劳动是新时代大学生最初的劳动经验，大致分为以下几类：打扫或清理好家中重要的个人物品及卫生，保持家庭生活的整体环境整洁，比如洗衣服、叠衣服、刷洗鞋、刷马桶、倒垃圾、擦玻璃、扫拖地、洗杯子及碗盘等；适当且合理地进行整理和布置，比如重新铺床、洗烫一下衣物床单被套、添置必要的生活用品、整理衣橱、整理好家具杂物（像卖废旧报纸、书籍）等；积极主动地承担责任义务，照顾家庭的日常生活及日常起居，比如聆听家人生活工作中各种点滴的烦恼、了解自己和家人一起生活时的各种作息饮食习惯、了解家人的基本生活和身体情况、照顾老人小孩、接送上下学等。这些看似微小的劳动经历无时无刻不影响着我们的行为，也让我们在家庭氛围中潜移默化形成了这样的劳动观念，即家务劳动不仅是我们应尽的义务，也能给我们的生活以丰厚的回报。

（2）家务劳动对学生成长的积极影响

适当的家务劳动，对学生的脑部发育、性格培养具有积极影响。具体表现在以下四个方面。一是成绩更优异。家务劳动有利于增强孩子的动手能力，而越喜欢动手越有利于大脑发育。复杂、精细动作能促进大脑血流量增加，使人思维更敏捷，肢体、手眼更协调。二是更有责任感。"一屋不扫，何以扫天下？"细节看似琐碎，其实折射品质；家务虽细小，却能培养责任感。多项研究结果表明：家庭生活中，如果家长鼓励孩子多参与各类家务劳动，就能对孩子产生积极正面的影响，包括培养孩子的责任心、树立集体观念、产生同理心等。三是更加自信、独立，提高生活自理能力。自理能力是最基本的生存技能，一个能独立解决生活问题的人，必然也能自理好人生。通过参与家务劳动，培养了孩子的动手能力、独立自主能力、规划能力、解决问题的能力、判断与决策力、执行力，从而有助于提升就业竞争力。在家庭生活中，有许多地方可让孩子施展聪明才智，很多发明创造是从家务劳动中产生的灵感。四是提升幸福感。家务劳动使家庭生活更为便捷、舒适、整洁、温馨、美好，和家人一起做家务，可以让我们更真切地理解家人的辛劳，增进与家人的感情，拥有更高的心理健康指数和家庭幸福指数。

（3）家务劳动应遵循的原则

家务活并不是简简单单的小事，做家务时，方法要科学，可以遵循以下几个原则。第一，及时原则。保持干净的秘诀，就是在用过之后马上清洁。油汤滴到灶台上，顺手就用清洁布擦干净；使用完的锅和铲子，马上就清洗出来。家务活刚产生时及时做完，既省时间又省力气。第二，分散原则。对很多人来说，做家务是件繁重的工作，是不得不用大块时间集中做的麻烦事。其实，将家务分散来做每次做一点，就会比较快地做完，可以降低集中做家务的工作量。第三，由简到难原则。做家务时，如果开始的劳动难度较大，会产生烦躁心理。我们可以从较为简单的工作入手，这样就比较容易获得成就感。第四，节约时间原则。做家务时，要注意统筹规划以节省时间。例如，可以先将一些待洗衣物放进洗衣机清洗，利用洗衣机洗衣服的时间再做其他的工作。在清扫时，尽量养成将物品顺手放回原位的习惯。[6]

（4）家务劳动的意义

第一，做好家务劳动，是对陶行知先生生活教育理念的最好诠释。老子曾说："治大国若烹小鲜。"单就做菜而言，孩子们做每一道菜，都要经历选料、加工、烹饪等一系列复杂程序。在整个过程中，他们既要了解各种蔬菜的属性，又要掌握油、盐、酱、醋等各种调味品的使用方法，还要运用统筹方法，熟练掌控整个烹饪流程，这里面既要用到数学知识，也要用到物理、化学、生物等方面的知识。可以这样说，孩子们每做一道菜，每煮一次饭，每修一件家具，就相当于进行了一次综合学习，这就在劳动教育中较好落实了新课程标准倡导的"跨界学习"理念，从而把课本上的"死知识"变成了生活中的"活知识"，而正是这些"活知识"，最终成为学生全面发展的核心素养。

第二，做好家务劳动，有利于逐渐培养孩子们热爱学习、生活、劳动的强烈情感，增进亲子、朋友之间融洽的合作感情。让孩子们亲身参与做饭、做菜、修理家电用品等日常基本家务或劳动，引导他们热爱自己的生活，懂得如何生活，培养他们良好的自理能力和独立生活能力。帮父母做家务，给父母做一顿简单的饭，这不仅是分担劳动，也是从小培养孩子心智美德的关键，有利于增进亲子关系，培养孩子的情商，让孩子更好地融入社会的大环境。

2. 学校生活劳动

大学是青年独立生活的开始，脱离了家长的照顾和庇护，是青年实现自我管理的一个过程。进入大学以后，大学生要适应集体生活，没有自己独立的空间，没有父母的照顾，没有舒适的生活环境，与来自各地的、生活习惯迥异的室友同处一室四年，可以说，对于当代大学生，学校生活劳动的意义重大。在此过程中，他们适应集体生活，学会了自理与自立，学会了合作与分享，懂得了体谅与付出，懂得了分担与责任。所以，高校要将学校生活劳动作为劳动实践的主要场所，让学生广泛参与其中，它将使大学生迅速增长知识，拥有最丰富宝贵的人生经验。

（1）学校生活劳动的内容

学校生活劳动包括大学生在学校的日常自我管理、教室和宿舍日常卫生清扫等活动。比如校园大扫除，为了让学校更加洁净美丽，同学们会把校园环境来一次彻底大清理，每个人都会有不同的分工，在经过一番辛苦之后，校园焕然一新，学生体会到自己作为劳动者的辛苦，从而懂得尊重每一个劳动者，同时也学会要做一个爱惜别人劳动成果的人。再如，在校园日常生活中，学生接触最多的就是宿舍，宿舍环境就是最需要去劳动的重要环节。在宿舍里要及时清扫卫生，做好个人卫生清洁，注重维护宿舍居住环境等，在这个过程中体会为宿舍奉献，快乐自己。这些劳动经历让大学生有了更好的成长，学到新的劳动技能、劳动知识，在劳动上有更好的提升。

（2）适应大学生活的建议 [7]

第一，热爱生活。例如，及时整理床铺、主动收拾宿舍、定期清洗衣服、学会照料自己等。同时，要和同学产生积极的互动，对在劳动中学到的小技巧、小妙招进行交流分享，这样有助于进一步增进同学间的感情，在互相学习中提高生活自理能力。

第二，学习理财。大部分家长是一次性给学生一个学期的生活费。这么多的钱，学生缺少计划性，身边又缺少父母监督，导致盲目、冲动消费太多，经常出现前半个月"山珍海味"，后半个月"馒头青菜"的现象，"经济危机"屡见不鲜。所以，在进入大学后，学生应该逐步开始学习理财，对手中的钱进行合理的安排，把钱花在"刀刃"上，还要结合家庭经济状况和自身实际来安排自己的日常消费。

第三，培养习惯。良好的生活习惯是顺利度过大学生活的必要保障，因此，大学生应该将过去的一些好习惯保留下来，例如，高中学习养成的早起习惯、及时完成作业的习惯、合理安排各门课程学习计划的习惯、合理膳食的习惯等。同时，为了适应步入社会后的快节奏生活，还应进一步加强身体锻炼，保持正向积极的人际交往，尤其要预防高考后长期放空养成的频繁聚会饮酒、沉迷于电子游戏等不良的生活习惯。

第四，尊重劳动。在打理好个人日常生活卫生前提下，在教室、宿舍主动承担劳动，养成干净整洁的卫生习惯，尊重他人劳动成果。能够体会"谁知盘中餐，粒粒皆辛苦"的劳动付出，明白换取的成果得来不易，要倍加珍惜。学校生活劳动不仅有助于学生学会恪尽职守，而且有利于学生学会尊重他人和集体的劳动。

（3）学校生活劳动的意义

第一，促使学生形成勇于学习、积极合作、拼搏斗争、克服困难的奋斗精神，进一步有效地培育和强化广大学生科学先进的劳动文化观念，充分培养广大学生创新的科技精神与实践能力，促进学生全面和谐健康地发展，为学生搭建好实践和体验科学生活方式的生动舞台。

第二，学校生活劳动实践使学生可以在交流合作中学会一些为人处世之道，锻炼其多方面的综合分析思考能力，也将使学生的思维在持续不断的思考交流中得以进一步升华。

（三）开展日常生活劳动的重要意义

日常生活劳动是最基本的劳动实践形式，是大学生处理好个人生活事务的重要环节。

第一，有利于培养集体生活观念。集体生活是大学生活的重要组成部分。无论是班集体还是以宿舍为单位的小集体都需要不同程度的劳动，尤其是在宿舍中，日常生活劳动显得尤为重要，不仅要注重劳动的合理分配，更应该注重适当维护他人的劳动成果。无论是个人卫生还是宿舍卫生，都极其需要每一名大学生的日常生活劳动，这既是大学集体生活正常进行的日常保障，也是大学生劳动教育的价值需要。

第二，有利于大学生全面发展。培养德智体美劳全面发展的社会主义建设者和接班人是高校教育工作的重要内容，大学生日常生活劳动也是最基本、最重要的实践活动。部分大学生尤其是大一新生，由于之前日常家务劳动的缺失，缺乏独立自主的能力，在面对生活琐事时，不能较好地应对大学生活，甚至有些学生在刚上大学时生活无法自理，自己的基本生活都无法保障，例如，不会套被子、不会洗衣服等，这也从侧面反映了一个很基本的问题，即在家中的劳动教育明显不足。除此之外，有些大学生艰苦奋斗的精神品质不够，相关调查数据显示，多数毕业生找不到工作或者不愿在基层就业在一定程度上是因为"条件艰苦"和"待遇不好"。出现这些现象最基本的原因是日常生活劳动不足。所以将日常生活劳动作为每一个高校学生的必修课，既是培养大学生完整人格的教育体系的重要一步，也是新时代劳动教育的必然要求。

第三，有利于完善日常生活劳动的管理机制。我们应该将所学习的教育理论运用到每一名学生日常生活劳动之中，由此加深青年学生对于相应理论的认识。应教育引导学生认真体验每次劳动实践，及时了解学生对本次劳动实践的反馈，并且在劳动过程中遇到问题应该及时解决并做相应的记录，及时整理问题找出问题关键并寻找解决方法。要进一步丰富劳动教育的形式，调动学生的积极性和参与性，从而建立相应机制来更好地将劳动教育推进到大学生的日常生活中。

二　生产劳动

（一）生产劳动能力的内涵

生产劳动是唯物史观的基本范畴，是劳动价值论的理论基础，是人类最基本的实践活动，是决定其他一切实践活动的根本前提。大学生生产劳动能力指大学生在参与社会生产性劳动过程中形成的与专业、职业相关的能力。[8] 大学生生产劳动能力可以通过参加实习实训、学科竞赛、社会实践等途径得到提升，在过程中培养自己的综合能力，进而逐步适应社会。

（二）大学生生产劳动的类型

1. 实习实训

（1）实习实训概念

实习，就是在实践中学习，把求学阶段学习的专业知识运用到实际工作和问题解决中，以达到提升工作能力的目的。实训，即"实习（践）"加"培训"，源于 IT 行业的管理实践和技术实践，是职业技能实际训练的简称，[9] 这里指在学校统筹安排下，按照高校及相关专业的人才培养目标和培养方向，对大学生进行有针对性、计划性的专业技能训练。实习实训的目的在于提高学生的专业技能和综合能力，培养学生运用所学知识充分开展实际工作的能力，实习实训是学生能够顺利毕业的重要环节。

（2）大学生实习实训的渠道

第一，学校组织。根据相关专业教育要求，按照学校分配，开展实习实训。例如，师范类学生一般对应中小学校；生物专业更可能侧重于食品药品相关单位等。

第二，自荐或推荐。已经有了初步的职业规划，并有计划地寻找实习单位时，可有针对性地到求职单位的官方网站搜索或通过求职单位中熟悉的人员进行内部推荐。

第三，高校就业指导网站的求职板块。目前，大部分高校的就业指导网站开辟了专门的实习实训板块，上面发布的岗位针对性很强。校园论坛也会发布一些招聘实习生的信息，有些有一定的实用价值。

第四，实习招聘网站。国家大学生就业服务平台是由教育部主管、教育部学生服务与素质发展中心运营的服务于高校毕业生及用人单位的公共就业服务平台，针对性较强。应届生求职网的目标群体是在校大学生，信息更新快，实习资源多。前程无忧、智联招聘是较为知名的第三方招聘网站，建立了专门的实习板块，一目了然。实习僧是一个主营实习招聘的平台，为在校大学生实习、兼职、社会实践等提供了很好的信息汇总。海投网是一个信息汇总的平台，各大院校和各大企业的校招实习信息都会及时更新整理且内容详尽。

第五，利用校友资源、人脉关系。例如，有些专业的老师会收到一些针对本专业的实习需求，可以与老师沟通获得相关信息；有些校友从事的工作也需要招聘实习生，这样的资源也可以很好地利用。尤其像金融、建筑、法律等专业，发布信息快，招聘需求大，通过校友可及时知道相关信息。

（3）大学生实习实训的作用

第一，增加收入。顶岗实习是有薪实习，可以达到一边增长本领，一边获取工资的双赢开局，而赚取工资会极大地刺激学生更投入地工作和积极就业，为步入社会打下良好的基础。

第二，增强自信。有的同学感到自己性格内向，和别人交流有困难，不敢在公共场合讲话，为了以后进入职场能更好地与人交流，或者至少是在面试时敢于和面试官对话，可以通过实习来"练胆"，增强自信。

第三，增加体验。好多学生在求学阶段认为自己的专业不对口、出路不明确，通过实习实训可以让学生提前在真实职场环境中体验，了解所从事的工作，进一步明确就业方向。

第四，增加经验。为了能在将来求职时添上一笔区别于他人的色彩，去知名企业实习一段时间是个不错的选择。争取一个名企的实习机会，最好是世界 500 强的企业，一定会让大学生的简历吸引 HR 的眼球。但是需要注意的是，用人单位更关心的是大学生在那里具体承担了什么工作任务，它和大学生要求职的工作有何关联，如果这个工作从行业到具体工作内容都与大学生求职的岗位完全不相关，那么通常也没有什么帮助。

第五，增加机会。好多单位喜欢在实习生中择优录取并着重培养。这是因为仅仅几轮面试是无法真正了解一个人的，而表现优异的实习生已经在单位工作了一段时间，对工作内容有一定的了解，也让单位看到其真实的工作状态，对于有用人需求的单位来讲，是非常适合的人选。

第六，积累资源。大部分实习生属于职场小白，经常需要从最底层的工作做起。也正是这样琐碎的工作，会让他们接触到更多不同岗位、不同领域的人。好的实习生就在这样的过程中积攒了自己的人脉资源，同时让更多的人认可自己的能力，为自己争取更好的工作机会。

第七，提升水平。从雇主的角度考虑，刚刚走出校门的学生，拥有的书本知识很丰富，但实际操作能力比较差，很难立即上手工作，需要较长时间训练和适应。如果大学生已经确定了职业目标，那么参与到相关的实际工作中去，进行专业化的训练，积累工作经验是非常重要的。到了毕业时，即便部分大学生的成绩不是最好的，但有实践经验，也会让他们在求职中胜出。

第八，职业训练。通过实习实训，实习生可以了解个人的职业水平，有针对性地提高和完善，同时在团队中感受集体协作的重要性，合理地调整自我预期，更好地适应职场。

第九，掌握信息。一些专业带有特别明显的专业属性和行业特征，如果可以提前实习实训，就有助于学生接触到这个行业的人，了解这个行业的真实状况，进一步明确自己的定位。也就是说，可以把实习作为一个掌握职业信息的过程，以便更好地服务自己的职业发展。

有调查表明，超过 60% 的大学应届毕业生认为在实习实训中得到的相关经验是真正有价值的。[10]通过实习实训，他们了解了自己的定位，明确了工作方向，明确了职业发展目标，同时深入体会了社会现状。实习实训作为大学生必须经历的学业阶段，真正帮助他们提升了能力，实践了理论，积累了经验，认清了不足，找准了方向，对于大学生职业生涯的发展发挥了肉眼可见的巨大作用。

2.学科竞赛

（1）学科竞赛的概念及项目

学科竞赛，是超出课本范围的锻炼人智力的一种特殊的考试和竞赛，是大学生创新实践能力提升的实践平台。我们所讲的学科竞赛指高等教育阶段的高校学科竞赛。2021 年 3 月 9 日，高校竞赛评估与管理体系研究专家委员会会议采取无记名投票方式，新增 13 项竞赛纳入《2020 全国普通高校大学生竞赛排行榜》。[11] 纳入排行榜的全部竞赛项目共 57 项（见表 5–1）。

表 5-1　2020 全国普通高校大学生竞赛排行榜内竞赛项目名单

序号	竞赛名称
1	中国"互联网＋"大学生创新创业大赛
2	"挑战杯"全国大学生课外学术科技作品竞赛
3	"挑战杯"中国大学生创业计划大赛
4	ACM-ICPC 国际大学生程序设计竞赛
5	全国大学生数学建模竞赛
6	全国大学生电子设计竞赛
7	全国大学生化学实验邀请赛
8	全国高等医学院校大学生临床技能竞赛
9	全国大学生机械创新设计大赛
10	全国大学生结构设计竞赛
11	全国大学生广告艺术大赛
12	全国大学生智能汽车竞赛
13	全国大学生交通科技大赛
14	全国大学生电子商务"创新、创意及创业"挑战赛
15	全国大学生节能减排社会实践与科技竞赛

续表

序号	竞赛名称
16	全国大学生工程训练综合能力竞赛
17	全国大学生物流设计大赛
18	外研社全国大学生英语系列赛——英语演讲、英语辩论、英语写作、英语阅读
19	全国职业院校技能大赛
20	全国大学生创新创业训练计划年会展示
21	全国大学生机器人大赛——RoboMaster、RoboCon、RoboTac
22	"西门子杯"中国智能制造挑战赛
23	全国大学生化工设计竞赛
24	全国大学生先进成图技术与产品信息建模创新大赛
25	中国大学生计算机设计大赛
26	全国大学生市场调查与分析大赛
27	中国大学生服务外包创新创业大赛
28	两岸新锐设计竞赛·华灿奖
29	中国高校计算机大赛——大数据挑战赛、团体程序设计天梯赛、移动应用创新赛、网络技术挑战赛、人工智能创意赛（2020 年新纳入）
30	世界技能大赛
31	世界技能大赛中国选拔赛
32	中国机器人大赛暨 RoboCup 机器人世界杯中国赛
33	全国大学生信息安全竞赛
34	全国周培源大学生力学竞赛
35	中国大学生机械工程创新创意大赛——过程装备实践与创新赛、铸造工艺设计赛、材料热处理创新创业赛、起重机创意赛、智能制造大赛（2020 年新纳入）
36	蓝桥杯全国软件和信息技术专业人才大赛
37	全国大学生金相技能大赛
38	"中国软件杯"大学生软件设计大赛
39	全国大学生光电设计竞赛
40	全国高校数字艺术设计大赛
41	中美青年创客大赛
42	全国大学生地质技能竞赛
43	米兰设计周——中国高校设计学科师生优秀作品展
44	全国大学生集成电路创新创业大赛

序号	竞赛名称
45	中国机器人及人工智能大赛
46	全国高校商业精英挑战赛——品牌策划竞赛、会展专业创新创业实践竞赛、国际贸易竞赛、创新创业竞赛
47	中国好创意暨全国数字艺术设计大赛
48	全国三维数字化创新设计大赛
49	"学创杯"全国大学生创业综合模拟大赛
50	"大唐杯"全国大学生移动通信 5G 技术大赛
51	全国大学生物理实验竞赛
52	全国高校 BIM 毕业设计创新大赛
53	RoboCom 机器人开发者大赛
54	全国大学生生命科学竞赛（CULSC）——生命科学竞赛、生命创新创业大赛
55	华为 ICT 大赛
56	全国大学生嵌入式芯片与系统设计竞赛
57	中国高校智能机器人创意大赛

（2）学科竞赛的作用及意义

第一，各项赛事对保研、综合测评加分以及评奖评优起着重要作用。研究生阶段的学习侧重于更深入系统的科学研究，导师们更加偏爱有竞赛和项目经历的学生，学科竞赛是复试时绝对的加分项。

第二，完成自我提升。学科竞赛要求对知识的积累远超学校教学内容本身，在这个过程中，学生可以通过查找资料、超前学习等增加专业积累，丰厚专业功底。在此基础上，通过学科竞赛活动获取的知识会进一步促进个人思考，激发学生正面应对各种难题，刺激学生的创造力和抗压力，从而提升个人的经验积累和解决问题的能力。而一次次的创新与积累，不断促使学生提高整体能力，增强自信心，激发创新力，树立理想。

第三，学科竞赛能有效提升大学生的能力品质。竞赛中，学生的科学思维得到挖掘，进而提高研究水平；在解决竞赛问题时，学生逻辑推理和分析能力得到锻炼。这对于培养科研品质至关重要。此外，竞赛环境鼓励学生在挑战面前保持冷静和坚定，这种毅力和抗压能力对科研人员来说非常宝贵。

第四，学科竞赛显著推进大学生科研能力提升。参与竞赛过程中，学生需完成文献查阅、方案设计、实验结果分析等环节，这些活动让学生在时间、空间和科学知识应用等方面得到全方位、多层次的实践锻炼，为未来科研能力发展、独立研究和创新意识奠定基础。通过学科竞赛，学生能够系统学习理论，挖掘知识深度，建立科研体系；有效地开阔视野，拓展科研领域，拓宽知识广度，从而丰富自身素质。此外，竞赛活动还有助于重塑合适的科研能力结构，强化学生的探索精神和创新意识。

第五，学科竞赛对大学生创新能力的培养至关重要。高等院校是培育创新型人才的基地，也是输送人才的源头。学科竞赛在大学生的学习和成长过程中具有重要地位，对大学生的理论积累、思维行动、品质养成等方面有积极的促进作用；对大学生的创新发展、主动作为、敢想敢为等能力养成有积极的推动作用。通过参加各类学科竞赛，学生能将所学知识与实际相结合，将理论知识运用于实际问题的分析和解决，培养主动学习、自主发展和勇于创新的能力。同时，在指导老师有目的的指导、系统的管理、有针对性的强化下，大学生主动实践能力逐渐凸显，综合素质不断提升。

第六，学科竞赛可以培养大学生的团队精神。通过参加各类竞赛活动，学生能够体会团队合作的重大意义，感受竞争与合作、个人与集体之间的相互关系，从而培养团队精神。同时通过培养团队精神，学生还能够提高在与人共事时的团结合作能力，进而养成优秀的个性品质，提高个人综合素质。

第七，学科竞赛可以培养大学生解决实际问题的能力。解决实际问题的能力主要体现在知识转化能力上，即利用专业知识解决具体问题的能力。当前，大学生解决实际问题的能力比较薄弱，学校在这方面对他们的培养比较欠缺，他们在动手实践和把所掌握的理论知识运用于实际方面成效不佳，而毕业进入工作岗位后需较长时间才能逐步适应。引导大学生参与校内外专业的竞赛活动，为他们的健康成长提供了机会，提供了应对现实难题的平台，进一步激发了他们解决问题的能力。

3. 社会实践

大学生社会实践活动是指导学生踏出校门、与社会各界联系、深入了解国家的最佳方式，可以帮助他们把理论和实际紧密结合起来，使他们在进行理论知识学习之余有亲身实践的机会，为步入社会打下基础，同时又有助于进一步丰富大学阶段的活动内容。社会实践对高校学生思想理论教学也有着很大的指导意义，帮助学生逐渐形成正确的世界观、人生观、价值观。

大学生的社会实践活动一般被界定为两种形式：一种是有偿的，另一种是无偿的。有偿的内容主要包括推销、家教、编（翻）译、交易、校园代理、艺术表演、文学宣传、社会宣传张贴等；无偿的有义务工作、志愿工作、社会公益工作等，也称为服务性劳动。

（1）大学生社会实践的途径

第一，业余时间兼职、零工。大学生兼职是利用业余时间，通过提供劳动而获取一定收入的实践方式。可通过熟人、中介等载体获取相应信息，在寻找兼职过程中，大学生要提高辨别能力和增强安全防范意识。从职业生涯规划角度，大学生在选择兼职的行业和领域时，尽量与专业或未来职业定位具有一致性。

第二，"三下乡"社会实践活动。"三下乡"社会实践活动开始于1996年，是由中央宣传部、中央文明办、教育部、科技部、司法部、农业部、文化部、卫生部等部委联合开展的大学生"文化、科技、卫生"下乡活动，是各高校在暑期开展的一项旨在提高大学生综合素质的社会实践活动。[12]它的主要目标是帮助发展乡村的文化教育事业，以"为人民服务"的理念，把学生在校园中所学的教育理论知识与劳动实践经验相结合，并在人民群众身上和实践中学习真知，开展调查调研，真正了解国情、社情和民情。

（2）大学生社会实践的意义

第一，有助于培养大学生适应社会、奉献社会的意识，加深其对社会的了解，增强自身的使命感和责任心。当代大学生社会经验较少，他们对国情和民情所知甚少，通过社会实践，可以最直接地接触社会，与社会有更多的联系，对社会有更多的认识。参加社会实践的过程中，增强人际交往、沟通交流等能力，不断地锻炼和训练职业技能。同时，也能够在工作中认识到自身的优势与不足，从而更加客观地改造和修正自身，逐步调整自己与社会的关系，以便更好地适应未来职业的发展。

第二，有助于大学生更好地适应新的生活环境，更好地发展自己，更快地成长。基础教育学段的教育特点使部分学生的视野限制于简单的常识和概念中，独立思考和自主决策的水平还需更进一步的提高。社会实践则是让学生在劳动实践过程中自己去面对和解决各种各样的问题，切实提高主动性、激发学习的热情、活跃思维，并对他们人生观的建立产生正向作用。

第三，有助于培养大学生的优良品质。劳动实践具有典型的社会性特征。在社会实践中，要与各种不同的人交往。其中有参与的同伴，有参与的社会群众，也有辅导教师，在这样的情境中，他们要学习怎样与同龄人一起工作，怎样与教师、群众一起学习，怎样正确地处理人际关系，与别人和谐地相处，这是非常关键的。而实践活动现场，恰好是检验大学生修养品性的一个很好的环境。面对各类群体，大学生身上所形成的骄娇二气就会被战胜；面对社会实践的艰难与风险，大学生会逐步培养起舍己为人和坚韧不拔的品格。

社会实践是人们实现自身价值的一种有效方式。新时代的大学生是千禧年后成长起来的新一代，价值观更加多元。通过社会实践，大学生学会与人相处，并养成对本职工作的责任心，同时也学习如何挖掘自己的潜力，以便在新的环境下，不断提高自己的综合能力。部分大学生在大学阶段没有明确的发展目标和合理的职业规划，这间接导致了部分大学生"一毕业就失业"的局面。在社会实践中，大学生能够重新审视自身问题，一方面发掘出自己的潜力，另一方面发现自己的缺陷，从而对自己的人生进行科学的规划，并对自己的未来做出合理的定位。社会实践使他们掌握了自身的实际行为的主动权，可以通过自身的聪明才智为社会做出贡献，通过自身的努力得到别人的肯定，进而体现自我价值与自我存在的社会意义。

三 服务性劳动

（一）服务性劳动能力内涵

服务性劳动能力指的是学生在参与校内外公益性义务劳动、志愿服务活动等服务性劳动过程中，与社会有关的能力。[13] 学生在参加服务性劳动的过程中，可以加深对社会的了解，运用自身的专长为别人和社会服务，培养公共社会意识与社会责任心。对大学生来说，可以通过参加学校的义务劳动和志愿服务活动等来提高自己的服务性劳动能力。

（二）大学生服务性劳动的类型

服务性劳动的定义有广义与狭义之分。从广义上讲，服务性劳动是将整个社会中的分工合作看作为我们每一个人提供的服务。从狭义上讲，将服务性劳动与种植业劳动、制造业劳动和商务劳动这些专门劳动并列在一起，这就是现代社会劳动分工的必要成果，因此服务性劳动又可以叫作现代服务业劳动。也就是说，"服务性"工作与普通的工作不同，更多的是提供一种"服务"。因此，服务性劳动就是不能生产任何东西，但能为他人提供帮助，为他人解决实际问题的劳动。参加服务性劳动使大学生在帮助别人的过程中获得一定的社会实践经验，提高自己的社会实践能力，涵养公共服务意识，提高综合素质。

1. 学校义务劳动

义务劳动指不计定额、不需要劳动报酬、无条件自愿地为社会劳动。学校义务劳动，可理解为由校园、班级、宿舍、社团等牵头，或者由学生自觉参加，无偿地进行一些力所能及的、有益于校园环境的劳作。

在学校中，最常见的义务劳动具体内容有教室及教学楼公共区域的卫生清扫、校园内冬季清冰雪等。这些工作都属于有意义、有价值的劳动，不仅能够让学生学习并适应劳动生活，还能够提升学生的劳动能力，体现出学生对校园的维护与热爱，让学生能够学会尊重他人的劳动成果。在为同学服务、为校园付出汗水的过程中，引导大学生真切地感受到义务劳动带来的成长和所创造的丰富价值。

2. 社会志愿服务

社会志愿服务是一种无私地奉献自己的时间和精力，推动社会进步，而不要求任何报酬的劳动。在《志愿服务组织基本规范》中规定了志愿服务的内容，包括公共服务、生活帮扶、支教助学、卫生保健、法律服务、环境保护、科技推广、治安防控、文明引导、群众文化、大型活动、应急救援等。

（1）大学生志愿服务项目[14]

项目一：关爱行动——共青团关爱农民工子女志愿服务行动

"共青团关爱农民工子女志愿服务行动"是由共青团中央和中国青年志愿者协会在2010年共同发起的。多年来，全国各地的基层团组织或青年志愿者，在流动人口相对集中的地区，以摸底的形式，与流动人口进行联系，以"一对一"、"亲情陪伴"、"感受城市"、自我保护教育、爱心捐赠等为主要内容，形成了"一对一＋接力"、"骨干"项目专员队伍、"七彩四点半"活动、"七彩假期"等一系列重要项目。根据中国青年志愿者网信息统计系统数据，截至2010年11月2日，青年志愿者结对的农民工子女较为集中的学校已达11596所，结对农民工子女1794952人。

项目二：西部计划——大学生志愿服务西部计划

"西部计划"，是由共青团中央、财政部、教育部、人力资源和社会保障部共同发起的，在2003年国务院常务会议、全国高校毕业生就业工作会议上联合开展的一项重要工作，是中央部门引导和鼓励高校毕业生到基层工作的五个专项之一，也是"高校毕业生基层培训计划"的一个重要组成部分。

"西部计划"每年从普通高校征召一批大学生，赴西部基层从事1~3年志愿服务，并以此为契机，鼓励、扶持志愿者志愿服务期满后在当地就地就业、创业。"西部计划"按工作具体内容分成七大类，即基础教育、"三农"服务、医疗卫生服务、青年工作、社会管理服务、新疆服务和西藏服务。到 2019 年，全国大学生志愿者队伍共选拔出 33 万多名大学生，到 22 个省份参加了 2100 多个基层志愿活动。

项目三：海外计划——中国青年志愿者海外服务计划

共青团中央在 2002 年发起了一项由商务部、国家国际发展合作署具体实施，由中国青年志愿者协会承办的计划，也就是"中国青年志愿者海外服务计划"。这是国内首个持续向海外派遣志愿者的先导性、代表性、示范性项目。"海外计划"采取公开征召、申请资源、集中选拔、培训派遣等形式，在汉语教育、体育教育、医疗卫生、信息科技、农业科技、土木工程、工业科技、经济管理、综合训练和社会发展等方面，提供为期六个月到两年（通常是一年）的志愿服务。为满足国家对"海外计划"的需要，2005 年，共青团中央和商务部联合开展了"海外计划"的青年志愿活动，增加了对"海外计划"的资金投入，并强化了对其的保障。迄今为止，"海外计划"已派出数以百计的年轻志愿者，前往亚洲、非洲、美洲等的 20 多个国家。

项目四：阳光行动——中国青年志愿者助残"阳光行动"

2014 年，共青团中央和中国残联联合发起了中国青年志愿者助残"阳光行动"，以残疾青年和他们的家人为重点，发动了各级共青团、残联、青年志愿者组织和社会各界的青年志愿者，积极参与到义工活动中来。志愿者为支持残障人士开展的"阳光行动"，从五大领域展开，包括生活照料、就业支持、教育支持、文化活动支持、爱心捐助。

通过遴选示范项目，举办义工项目竞赛，评选出国家优秀义工项目 670 余项，全国范围内有将近 3000 项义工项目参与各级义工项目竞赛，为基层扶助专业义工项目提供的扶助金达 820 万元。目前，根据现有调查，与残疾青少年结成"一对一"配对服务的青年义工人数已超过 237 万人，已有 6.7 万个义工队伍被调动起来参加助残活动。

（2）大学生参加志愿服务的意义

第一，实现个人价值。大学生是一个朝气蓬勃、积极阳光、有强烈的社会责任感和使命感的群体。大多数同学把参加志愿服务活动看作自己应该承担的一种社会责任和义务，他们想要做些有意义的事，以回报社会对他们的付出，并积极推动社会的发展。志愿服务活动所提倡的"奉献、友爱、互助、进步"的志愿精神，契合了大部分大学生的价值取向，使他们的心理需求得到满足。

第二，提升道德水平。新时代大学生的主体意识很强，提倡内在的自我激励和自我完善，以形成与现代社会的主流价值观念相一致的、完整的、独立的人格。志愿服务活动既符合志愿者精神，又符合当代伦理，为社会所认可。志愿服务虽是无偿的，却能在实践中获得心灵的洗礼，获得社会、集体和他人对自身的认可，是弘扬和践行社会主义核心价值观的实践载体。

第三，增加社会体验。高校学生志愿服务的组织与实施，多数是将校园外的社会需要作为服务的主要内容。大学生积极参加各类社会实践活动，是走向社会、积累社会经验的一种方式。新时代大学生不再满足于自己在学校里的"一潭死水"和"孤独寂寞"，他们希望通过与社会的交往，认识社会，实现自身的价值，从而更快地融入社会。

第四，学习知识技能。志愿服务的深入开展，使志愿服务的项目呈现专业化和知识化的特点。大学生参加志愿服务，能够运用他们所学到的专业知识，得到专业技能的训练，还可以掌握一些实用的技能，同时通过实践来巩固他们所学的知识，增强他们分析与解决问题的能力，这些都是大学生从事志愿服务所能期望的直接回报。

（三）服务性劳动的价值与意义

1. 体现社会价值

对社会来说，服务性劳动具有以下积极意义：一是把爱传播到世界各地。志愿者在为社会带来温暖的同时，也在传递着爱和文明。这些爱和文明通过一次又一次的传递，最后形成了一股强劲的社会潮流。二是为构建和谐社会做出贡献。服务性劳动为人们提供了交往和帮助、强化了沟通与交流、缩小了人们的距离、增进了社会的和谐。

2. 实现个人价值

参与服务性劳动的个人同样能够获得自身的成长和价值的实现。一是履行社会责任。在参与服务性劳动的过程中，每个人既是在履行自己的公民责任和义务，也是在为社会出一分力。二是增加生活体验。大学生可支配的空余时间很多，积极参与有意义的工作和活动，不仅能够拓展自身的人际关系，还能够亲身经历社会的种种现象和事件，从而进一步深化对社会的理解和认知。三是提供学习机会。大学生参与志愿工作不仅可以发挥帮助他人的作用，同时还能培养其组织能力和领导才能，学习新知识，增强自信，锻炼人际交往能力等。

3. 创造服务价值

对于被服务的对象来说，通过社会化组织，能够更好地配置志愿服务资源，给服务对象带来更专业的服务。

第二节　大学生职业能力概述

中华民族是一个辛勤劳动、善于创新的民族。正是因为辛勤劳动、诚实劳动和创造性劳动，我们才有了历史的荣耀。习近平总书记多次在讲话中强调，社会主义的伟大成就不是轻易得来的，"是党和人民历经千辛万苦、付出各种代价取得的宝贵成果。得到这个成果极不容易"。[15]新时代也不例外，需要通过不懈的努力和躬身实践去实现。新时代青年要"自讨苦吃"，在劳动实践中磨炼扎实的劳动能力，练就求职就业本领，把自己的命运与祖国的命运紧密相连，为实现中国梦而努力，为实现国家梦而奋斗，在与人民梦的共振中，实现自己的人生价值。

一　职业能力的内涵

职业能力指的是一个人从事自己的工作时所具备的各种技能的总和，它可以将一个人所学习到的知识、技能和态度界定为在一个特定的专业活动或环境中，经过知识的流动和整合而形成的能够完成一个特定的专业任务的能力。职业能力是人在专业活动中产生、发展，并以专业活动的形式体现出来的，它不仅是综合素质的重要组成部分，而且对职业决策具有决定性的作用。大学生的职业能力是其求职就业的核心竞争力。

二　职业能力分类

职业能力一般为后天有意识养成和练习形成。职业能力是简历和面试的语言，是能够胜任某个岗位的证明。根据辛迪·梵（Sidney Fine）和理查德·鲍尔斯（Richard Bolles）对技能的分类，职业能力可分为三种类型。

第一种是与特定的岗位或特定的学科相关的，即专业能力。

第二种是跨学科跨领域的技能，这个能力表现为可以迁移、可以通用，所以把它叫作可迁移 / 通用能力。

第三种是对个人的，一般强调的是个人的品质或者态度，即自我管理能力。

（一）专业能力

专业能力就是个人所学习的科目和所懂得的知识。一般来说，专业能力具有以下特点：一是所掌握的是本专业的知识；二是需要经过有意识的、刻意的、专门的、系统的学习和记忆方能形成；三是通常与所学专业或所从事工作内容直接相关。

专业能力一般用名词表示，比如管理学、体育、文学、数学等。专业性较强的工作岗位，对于专业能力要求较高。一般来说，除了通过正规的学校教育来获得专业能力外，还可以通过培训，参加专业讲座、论坛，考取任职资格证书等途径获得专业能力。专业能力决定着未来可能进入的职业领域。

（二）可迁移能力

可迁移能力是指你所能做的事，可以在工作之外得以发展，并且在不同的工作岗位之间可以通用和转移，因而也称为通用能力。无论工作环境和工作内容如何改变，它们都可以得到应用，是用人单位最看重的能力，决定着你能够胜任什么工作。可迁移能力一般用动词形容，比如写作、组织、沟通、决策、领导、学习等。可迁移能力可以通过日常生活劳动、生产劳动和服务性劳动获得，比如社会实践、志愿服务、实习实训、日常生活等。一般用可迁移能力来说明专业能力是如何使用和运用的，比如你的专业领域是文学，那么你如何使用你的专业能力呢？是"教授"、"写作"还是"研究"，这些词就是可迁移能力的表达。

（三）自我管理能力

自我管理能力就是你所具有的特征和品质。用来描述或说明人具有的某些特征。它往往不被人们认为是一种能力，但事实恰恰相反，自我管理能力在未来社会中，是个人最为重要的能力。良好的自我管理能力可以使个体更好地适应职业环境，以应对问题和困境。一个人是如何使用自己的专业知识、以什么样的态度对待工作的，往往比具体的工作内容更为重要。正是品质、习惯、特征和态度，将一个人和其他竞争者区别开来，并使人能够适应新的环境和规则，在工作中取得成就，获得更多的发展机遇。自我管理能力一般用形容词表示，比如认真、坚忍、创新、细致等，决定着个体可以在职场中走多远。自我管理能力同样可以在劳动实践中习得，比如志愿服务、榜样模仿、休闲娱乐等。自我管理能力的培养，不需要专门的学习，而是在学习、生活和工作中潜移默化地培养出来的。[16]

在职业发展规划中，人们往往过分注重提升专业能力，而忽视了可迁移能力和自我管理能力的培养。其实，就像水面上露出的冰山一角，专业能力是最容易被识别的，也最容易习得，但是知识性技能是如何被使用、使用的效果如何，恰恰取决于隐藏在水面下的更大的冰山底座，也就是可迁移能力和自我管理能力。

三　大学生职业能力培养意义

在学生真正步入职场前，有意识、有针对性地系统培养大学生职业能力，不仅有助于提高大学生职业竞争力，还可以提高大学生职业适应力以及唤起其对工作的热情。

（一）帮助大学生更加客观、理性地自我定位

通过大学生职业能力的培养，可以使其对自身的优势、劣势、潜力进行充分探索和认知，在择业就业中，会更加客观理性地选择与自己能力相匹配的工作岗位，提高求职成功率。

（二）帮助大学生合理规划大学生活

能力是自我探索中最为现实的方面，决定着你能做什么。通过对自我职业能力的探索和剖析，可以帮助大学生切实发现自身不足和需要提高、完善的能力，有着这样清晰的认知，能够使大学生不再迷茫，科学合理制定个人职业能力提升目标和计划。

（三）提高大学生职业竞争力

当今的大学教育已由"精英式"教育转为"大众化"教育，仅仅依靠课本知识的学习，不足以满足大学生求职就业的需要。因此通过职业能力的培养，可以促使大学生结合个人特点，在劳动实践中有意识地提高专业

能力、可迁移能力和自我管理能力，形成具有个人特点、符合岗位要求的有别于其他竞争者的能力体系，不断提高大学生职业竞争力。

（四）提高大学生职业适应力

大学期间，学生要尽快完成由"学生"向"工作者"的角色转变，用人单位也期待大学生能够缩短职业适应期。因而通过培养就业市场所需要的职业能力，增强职业能力的针对性和实效性，可以大大缩短学生步入职场的适应期，从心理和能力上更好、更平稳度过适应期和困难期。

（五）提升大学生职业幸福感

具备与岗位适应的职业能力，可以使大学生更好地胜任工作岗位，当一个人能够轻松应对工作并能够高质量完成时，就会提升其对自我的认可度和职业幸福感，进而愿意花费更多时间和精力投入工作中，在工作中不断提升职业能力，从而形成良性循环。

第三节　大学生职业能力的识别、表达及提升方法

一定的职业能力是胜任某种工作岗位的前提条件和必要条件。了解自己的天赋，并根据职业活动对职业能力进行培养，对于职业发展意义重大。

一　职业能力的识别

只有清楚了解自己职业能力的真实水平及优劣势，才能够更好地规划能力提升方向。因而，职业能力的识别是做好职业生涯规划的基础。

（一）可量化、可考核的工作成绩

通过对自己过往工作成绩的回顾，找到可以量化或考核的成果，进行

梳理，在这些工作成绩中找到所体现的专业能力、可迁移能力和自我管理能力。比如，"组织过 300 人的文艺演出"，"作为负责人带领 10 人团队设计科技创新方案，并获得省级创新创业大赛金奖"，"作为校报编辑，曾采访过某某名师，并撰写稿件，点击阅读量达 1 万 +"，通过"动宾短语"结构，说明大学生做了什么、做得怎么样，并辅之以数据支撑。同时要明确在这些实例中大学生使用了什么样的技能来帮助自己取得好的成绩。

（二）他人的客观评价

为了更加全面、客观识别自身能力结构和水平，也可以参考他人的客观评价。一般来说，可以找到大学生的父母、老师、共事过的同事、朋友、同学等，对其进行书面或口头的评价。在获得评价后，需要进行筛选，看看这些评价是否都是客观、真实的，而不是碍于情面的"主观"评价。大学生需要细心思考，被老师或者上级安排某项工作任务，是否意味着自己在这方面比其他人做得好？所在组织如果离开自己，是否有人会感到吃力或者不适？如果自己的老师、亲人或朋友推荐工作岗位，他们可能会如何推荐自己？[16]

二　职业能力的表达

正如前文所言，职业能力的表达是简历和面试的语言，学会职业能力的表达，能够提高求职的成功率。

（一）三种能力的结合与表达

我们已经知道，专业能力的运用是在可迁移能力和自我管理能力基础之上的。因此，我们可以将三者结合在一起来说明你是以什么态度或品质，怎样运用自己的专业能力的。比如"娴熟地使用 Office 办公软件""认真地学习会计学知识"等。[16]

（二）用 STAR-L 法则讲述成就故事

STAR-L 法则是情境 / 背景 / 困难（Situation）、任务 / 目标（Task）、行动（Action）、结果（Result）、收获（Learning）的缩写，即要讲清楚事件发生时的情境或困难，将要完成的任务或者目标，你采取了哪些行动，取得了什么可量化的结果，如果没有可量化的结果，也可梳理通过这个事件学习了什么、收获了什么。而成就事件的选择，不一定是惊天动地的大事，只要这件事让你自己觉得有成就感就可以。在成就故事撰写和讲述过程中，要涵盖 STAR-L 法则的四要素。

三 大学生职业能力提升方法

大学生职业能力提升一定是在日常生活劳动、生产劳动和服务性劳动实践中完成的，针对不同类别的职业能力，应采取不同的方法策略。

（一）尽早察觉并发展先天优势

一般来说，每个人都具有优于其他人的先天能力，比如有的人先天具有较强的空间思维能力，有的人从小具备较强的运动能力等。先天优势就是你轻而易举地比别人做得好的事情，不要轻视甚至忽视这方面的能力，因为它有可能就是职业能力最为突出的方面。所以提升职业能力，需要尽早察觉并发展这方面的能力，在能力提升起点上领先于其他人。

（二）找到自己的短板，将其提升到平均水平

在发展先天优势的同时，找到自己的短板对于整体职业能力的提升极为重要。根据劳伦斯·彼得提出的木桶短板管理理论，一个木桶能盛多少水，并不取决于木桶上最长的那块木板，而是取决于最短的那块木板。经过评估，即使不能将自己的能力短板提升到一定高度，至少也要达到竞争者的平均水平，只有这样，才能让你的能力更为均衡。就好比考试中，尽

量使擅长的科目拿到较高成绩，同时也要提高自己弱势科目分数，使其达到平均分数。

（三）对标岗位要求，在劳动实践中刻意训练

人的时间和精力是有限的，不可能获得所有的职业能力。这就需要大学生通过生涯人物访谈、网络、实习等方式，进行充分的职业信息探索，梳理和总结目标岗位的职责内容、任职资格和能力要求，将其按照专业能力、可迁移能力和自我管理能力三大类进行划分，以此为目标，积极参加日常生活劳动、生产劳动和服务性劳动，在劳动实践中刻意训练，在创造性劳动中提高创新创造能力，在合作性劳动中提升团队协作能力，在合法性劳动中提升劳动保护能力，使职业能力得以较大程度提升。比如专业能力主要通过生产劳动中的实习实训、学科竞赛获得；可迁移能力可以在家务劳动、兼职、实习实训、学科竞赛、社会实践以及志愿服务中获得；自我管理能力则可以在生活的各个领域中习得。

🖊 思维导图

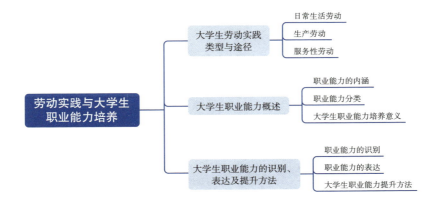

❓ 思考题

1. 劳动实践的类型和途径主要包括哪些？

2. 大学生实习实训的渠道有哪些？

3. 职业能力的类别有哪些，分别具备哪些典型特点？

4. 职业能力与生涯发展的关系是什么？

5. 大学生如何提升职业能力？

🔑 实践探索

实践主题： 撰写并讲述个人成就故事

实践目标： 通过实践，能够掌握职业技能的分类及 STAR-L 法则的要素。

实践过程：

1. 两名同学一组，按照 STAR-L 法则分别撰写个人成就故事。

2. 分别向对方讲述你的成就故事，由搭档总结你的成就故事中所具备的专业能力、可迁移能力和自我管理能力分别是什么。

《撰写并讲述个人成就故事》劳动实践记录表

主题		时间	
地点		实施人	
实践过程			
照片粘贴			

续表

主题		时间	
地点		实施人	
实践效果及感悟			

评价

评价项目	评价主体		
	自我评价	小组评价	教师评价
参与积极性			
团队协作			
态度认真			
准备充分			
过程有序			
效果显著			
体悟真实			
总体评价等级	（教师填写）		

参考文献

[1] 王晓丹：《保罗·弗莱雷批判教育哲学思想研究》，博士学位论文，山西大学，2022。

[2] 《中共中央 国务院关于全面加强新时代大中小学劳动教育的意见》，《光明日报》2020 年 3 月 27 日，第 1 版。

[3] 《习近平出席全国教育大会并发表重要讲话》，中华人民共和国中央人民政府网站，2018 年 9 月 10 日，https://www.gov.cn/xinwen/2018-09/10/content_5320835.htm。

[4] 吴潇霜：《部编本语文教科书中劳动教育内容编选研究》，硕士学位论文，山西师范大学，2022。

[5] 阮金丹:《初中劳动教育现状分析与策略研究——以广州市 L 中学为例》,硕士学位论文,广州大学,2022。

[6] 王丹丹:《家务劳动价值保护制度研究》,硕士学位论文,河北大学,2020。

[7] 骆剑琴:《大学新生适应校园生活的几点建议》,《课程教育研究》2018年第 6 期。

[8] 程实:《大学生劳动素养评价指标体系构建研究》,硕士学位论文,西北民族大学,2023。

[9] 朱懿心:《高等职业技术教育课程体系优化初探》,《教育发展研究》2003 年第 3 期。

[10] 瞿雅峰:《提升大学生就业能力 破解大学生就业困境》,《人力资源管理》2014 年第 5 期。

[11] 吴诗源:《广西高等职业教育人才供给侧结构性改革研究》,博士学位论文,广西民族大学,2022。

[12] 黄倩倩:《高职院校师范生"三下乡"社会实践育人路径探究》,《新课程研究》2023 年第 15 期。

[13] 皮娇林:《新时代高校劳动教育研究》,硕士学位论文,景德镇陶瓷大学,2023。

[14] 白小丽:《新时代大学生志愿服务存在的问题及对策研究》,硕士学位论文,牡丹江师范学院,2023。

[15]《习近平:以时不我待只争朝夕的精神投入工作 开创新时代中国特色社会主义事业新局面》,共产党员网,2018 年 1 月 5 日,https://news.12371.cn/2018/01/05/ARTI1515156259960661.shtml。

[16] 钟古兰、杨开编著《大学生职业生涯发展与规划》(第 2 版),上海:华东师范大学出版社,2016,第 58~66、68~70 页。

➲ 拓展阅读

1. 习近平:《在全国劳动模范和先进工作者表彰大会上的讲话》（2020 年 11 月 24 日），北京：人民出版社，2020。

2. 整理生活学院:《整理生活》，北京：中国纺织出版社有限公司，2020。

3. 古典:《拆掉思维里的墙》，北京：中信出版集团，2021。

4. 阿尔约沙·诺伊鲍尔:《做自己擅长的事还是喜欢的？》，魏琦译，北京：北京联合出版公司，2022。

5. 布赖恩·费瑟斯通豪:《远见：如何规划职业生涯 3 大阶段》，苏健译，北京：北京联合出版公司，2017。

6. 近藤麻理惠:《怦然心动的人生整理魔法》，徐明中译，长沙：湖南文艺出版社，2018。

7. 秋叶:《高效学习 7 堂课》，北京：人民邮电出版社，2019。

8. 比尔·博内特、戴夫·伊万斯:《人生设计课如何设计充实且快乐的人生》，周芳芳译，北京：中信出版集团，2022。

第六章

劳动习惯、品质与大学生职业习惯、品质养成

名人名言

劳动最光荣、劳动最崇高、劳动最伟大、劳动最美丽。[1]

——习近平

内容概要

劳动习惯与品质是较为稳定和自动化的外在行为表现和内在心理特质，反映劳动教育的显性成果。劳动习惯主要指向劳动的主动性、规范性以及长期性三个维度。劳动品质由劳动认知、劳动体悟、劳动品性以及劳动行为四个方面组成。良好的劳动习惯与品质养成是全面建设社会主义现代化强国的重要保证、全面提升青少年劳动素养的关键、实现个体自我价值的重要基石。大学生劳动习惯与品质养成应以正向的劳动情感体验为逻辑起点，以经常性的劳动实践为重要载体，以全员、全程、全方位育人为实施关键。职业习惯与品质是劳动习惯与品质在特定场域的具象化表现，既有相同之处，也有更具体的指向。在职场中，以什么样的态度对待工作、以什么样的准则开展工作、以什么样的能力完成工作，构成了职业习惯与品质的三个维度，即职业态度、职业规范与职业能力。不同的维度由不同内容构成。良好职业习惯与品质养成的关键环节主要包括以下十二个方面：爱岗敬业、精益求精、勤于学习、积极乐观、要事第一、遵纪守法、诚实守信、团队协作、有效沟通、高效执行、创新创造、以终为始。

学习目标

1. 掌握劳动习惯与品质的内涵及主要内容。

2. 理解良好劳动习惯与品质养成的时代意义。

3. 了解良好劳动习惯与品质养成的影响因素及路径。

4. 理解职业习惯与品质的内涵及主要内容。

5. 理解劳动习惯与品质和职业习惯与品质的关系。

6. 能够对现有职业习惯与品质进行盘点。

7. 掌握职业习惯与品质养成方法。

📘 案例导入

全力"保健康、防重症"

自 2022 年 12 月以来，全国多地急危重症患者日渐增多，各地医务工作者白衣为甲、夜以继日，用忘我的工作践行了医者仁心，为群众带来战胜疫情的信心，以实际行动践行人民至上、生命至上的理念。

竭尽全力保障救治工作

在北京大学第一医院太原医院急诊门口，每天超过 30 辆救护车抵达，两院区急诊日接诊总量超过 150 人次，单日最高抢救量几乎是平时的 4 倍，医护人员忙得"脚不沾地"。急诊大厅、抢救室、留观室、输液间里更是摩肩接踵。

一个数据折射出护士们的工作量——每天的步数高达 3 万多步。"我们一般白班是从早上 8 点到下午 3 点，但是这几天，每个白班护士都是忙到晚上 8 点才能休息一下，就是想着快点把患者救治妥当。"府城院区急诊科护士长降瑞说，她已经带领团队在岗位上连续值守了 10 多天。

2023 年元旦当天，在四川大学华西医院重症病房里，连续肾脏替代疗法（CRRT）综合救治团队护士长陈志文没有休息。他和护理团队从早上 7 点半连续工作到晚上 9 点，为将近 50 名危重症患者提供治疗。病房里除了监护仪的嘟嘟声，就是他们推着设备奔波的身影。

每个人都是坚持再坚持

疫情蔓延迅速，各地医护人员冲在一线，感染的不在少数，医疗机构一度出现严重减员，救治工作遭遇严峻挑战。但是许多医务工作者在自身症状稍微缓解后马上返岗，投入救治工作中。

根据国家卫健委通报的数据，元旦期间，全国近900万名医护人员坚守岗位，保障全国各地各级医院医疗工作正常运转，竭尽全力地保护民众的生命屏障和健康。

在北京大学第一医院太原医院汾东院区重症监护室内，重症医学科的38名医护人员在这段时间形成了两个默契：一是"阳康"即返岗，确保24小时守护患者不断档；二是"早到晚退"，最大限度延长工作时间，让患者的呼救第一时间得到回应。从2022年12月10日开始，科室陆续有医护人员发烧，人手紧张。大家互相补位，一旦好转立即回归。

北京同仁医院崇文门院区急诊科医生王晶说："最困难的时候，急诊一天只有两名大夫上24小时，医护们有的发烧，有的咳嗽，为了不给同事增加更多的压力，每个人都是坚持再坚持，大家说得最多的一句话就是'我好了，我能上'。"

"把最重的患者给我们"，首都医科大学宣武医院重症医学科在人力资源严重不足的情况下，顶着巨大的压力，坚持收治重症新冠患者。面对大批转入的重症患者，医院给予了强大的支持，医护支援与呼吸设备迅速到位。

不放弃任何一个患者

自2023年1月8日起，新冠病毒感染由"乙类甲管"调整为"乙类乙管"，这是我国新冠疫情防控政策的一次重大调整，疫情防控工作重心也从"防感染"转向"保健康、防重症"。

中国中医科学院广安门医院ICU床位在原有17张的基础上扩增

至 27 张，全院为急诊及危重患者服务床位共计 232 张，占全院总床位数的 36%。医院急诊科主任齐文升说："只要是危重症的，我们都会尽全力收治。"

"救人是医务人员的天职。当下医护人员更要团结一心、绝不退缩，不抛下任何一个患者。"成都市第六人民医院急诊科副主任向娟说，"我相信我们肯定能闯过难关。只要患者需要我们，我们就会坚持下去不放弃。"[2]

党的二十大报告中提出广大青年要"立志做有理想、敢担当、能吃苦、肯奋斗的新时代好青年"，[3] 这是处在全面建设社会主义现代化国家、向第二个百年奋斗目标进军的关键时刻，党对广大青年的殷切期望，其中"敢担当、能吃苦、肯奋斗"正是良好劳动习惯与品质的行为表现。作为劳动教育总体目标之一的劳动习惯与品质，是其他三个目标的育人结果和效果的体现，良好的劳动习惯与品质以及基于此而形成的职业习惯与品质，对大学生更好地打理自己的生活、磨炼意志品质、实现个人目标以及促进职业发展具有重要的现实意义。本章将对劳动习惯与品质、职业习惯与品质的内容和两者的关系进行说明，并探索具有指导性和操作性的养成路径。

第一节　劳动习惯与劳动品质

党的十八大以来，中国特色社会主义进入新时代，立足新的时代背景，习近平总书记以讲话、座谈、回信等形式对劳动，特别是对青少年的劳动教育进行了指示和论述。习近平总书记在 2018 年全国教育大会上提出的"教育引导学生崇尚劳动、尊重劳动，懂得劳动最光荣、劳动最崇高、劳动最伟大、劳动最美丽的道理"，能够做到"辛勤劳动、诚实劳动、创造性劳动"，[1] 明确了新时代劳动教育的总体目标，提出了党和国家对青少年应养成的劳动习惯与品质的期望。劳动习惯与品质是较为稳定和自动化的外在行为表现和内在心理特质，[4] 它们更多反映劳动教育的显性成果。[5] 随着《意见》、《纲要》以及《义务教育劳动课程标准（2022 年版）》的发布，对于劳动习惯与品质的内容以及要求更加明确和具体，本节将依据以上三个文件，对劳动习惯与品质的内涵和主要内容进行梳理，并以全面建设社会主义现代化国家的历史任务为时代背景，阐明良好劳动习惯与品质的价值，提出青少年劳动习惯与品质养成的方法和路径。

一　劳动习惯与品质的内涵及内容

自新中国成立以来，国家出台了多部关于劳动教育的文件，其中不乏关于劳动习惯与品质的表述。表 6-1 梳理了部分国家层面相关讲话及文件中关于劳动习惯与品质的表述，以期对不同时期的内涵进行纵向对比，更加全面地了解劳动习惯与品质的内涵及内容。

表 6-1　相关讲话及文件中关于劳动习惯与品质的表述

年份	出处	表述内容	发布单位 / 人
1958	第一届全国人民代表大会第五次会议上的发言	劳动生产教育的目的，包括"培养学生的劳动观点、劳动习惯、刻苦耐劳的品质" [6]	教育部副部长董纯才
1982	《教育部关于普通中学开设劳动技术教育课的试行意见》	1. 培养自觉地遵守纪律、爱护公共财物、珍惜劳动成果、勤劳俭朴、艰苦奋斗等优良品质； 2. 教育学生严格遵守操作规程，确保劳动安全 [7]	教育部
1987	《全日制普通中学劳动技术课教学大纲（试行稿）》	培养学生的劳动习惯是劳动技术课的教学目的之一，通过劳动技术课的教学，要使学生"养成艰苦朴素、遵守纪律、关心集体、爱护劳动工具、珍惜劳动成果的优良品质" [8]	中国国家教育委员会
1997	《全日制普通高级中学劳动技术课教学大纲（供试验用）》	教学目的包括培养学生正确的劳动观点，使学生养成热爱劳动、勤俭节约、认真负责、团结协作、遵守劳动纪律的优良品质和行为习惯 [9]	国家教育委员会基础教育司

续表

年份	出处	表述内容	发布单位/人
2015	《教育部 共青团中央 全国少工委关于加强中小学劳动教育的意见》	将"形成良好的劳动习惯"作为劳动教育的目标，并且要在实际体验中养成劳动习惯[10]	教育部 共青团中央 全国少工委
2020	《中共中央 国务院关于全面加强新时代大中小学劳动教育的意见》	1. 劳动教育总体目标包括形成良好劳动习惯； 2. 小学中高年级要注重劳动习惯养成； 3. 实施劳动教育重点包括培养学生良好劳动品质[11]	中共中央 国务院
2020	《大中小学劳动教育指导纲要（试行）》	1. 关于主要内容：劳动教育的总体目标包括养成良好的劳动习惯和品质。能够自觉自愿、认真负责、安全规范、坚持不懈地参与劳动，形成诚实守信、吃苦耐劳的品质。珍惜劳动成果，养成良好的消费习惯，杜绝浪费。 2. 关于学段要求：当前实施劳动教育的重点包括培养学生良好劳动品质；初中阶段要教育学生养成认真负责、吃苦耐劳的劳动品质，进一步培养生活自理能力和习惯；普通高中阶段要指导学生养成吃苦耐劳、精益求精的品质，持续开展日常生活劳动，增强生活自理能力，固化良好劳动习惯；普通高等学校要巩固良好日常生活劳动习惯，自觉做好宿舍卫生保洁。 3. 关于养成途径：普通高等学校专业类课程要强化劳动品质培养；学校要将劳动习惯、劳动品质的养成教育融入校园文化建设之中；在淬炼操作环节，要强化专注品质，注重引导学生对操作行为的评估与监控，做到眼到手到心到，有始有终；项目实践中强化身体力行，锤炼意志品质，敢于在困难与挑战中完成行动任务；榜样激励中指导学生从榜样的具体事迹中领悟他们的高尚精神和优良品质；实践锻炼中重在形成良好的劳动习惯。 4. 关于学段评价与监测：对劳动习惯和品质等劳动素养发展状况进行综合评定；注重学生劳动习惯和品质等的监测[12]	教育部

续表

年份	出处	表述内容	发布单位／人
2022	《义务教育劳动课程标准（2022年版）》	1. 义务教育劳动课程重点包括培养学生良好的劳动品质。 2. 评价中要关注劳动习惯和品质。 3. 劳动课程核心素养内涵包括劳动习惯和品质，劳动习惯和品质是指通过经常性劳动实践形成的稳定行为倾向和品格特征。主要表现为：学生具有安全劳动、规范劳动、有始有终等习惯；养成自觉自愿、认真负责、诚实守信、吃苦耐劳、团结合作、珍惜劳动成果等品质。 4. 劳动课程总目标包括养成良好的劳动习惯，塑造基本的劳动品质，即能自觉自愿地劳动，养成安全规范、有始有终的劳动习惯；体悟劳动成果的来之不易，珍惜劳动成果；能辛勤劳动、诚实劳动、协作劳动和创造性劳动，养成吃苦耐劳、持之以恒、责任担当的品质。 5. 不同学段对劳动习惯和品质的目标要求：第一学段（1~2年级）要在劳动过程中遵守纪律，不怕脏、不怕累，具有初步的劳动安全意识，初步养成有始有终、认真劳动的习惯；第二学段（3~4年级）要养成良好的个人卫生习惯，珍惜劳动成果，初步养成有始有终、专心致志的劳动习惯和品质；第三学段（5~6年级）要初步养成持之以恒的品质；第四学段（7~9年级）强化诚实劳动的劳动习惯和品质[13]	教育部

从以上讲话和文件梳理来看，都将养成良好的劳动习惯与品质作为教育教学的总目标及重点，且不同学段对劳动习惯与品质的要求各有侧重，内容表述虽具有时代性特征，但其总体方向一致。

（一）劳动习惯

1. 劳动习惯的内涵

在总结劳动习惯的内涵前，我们有必要对习惯的内涵、特点以及形成过程进行廓清。在总结什么是"习惯"之前，我们不妨通过一个小实验看一下习惯的力量。

一个人的习惯，会影响他的思维行和为，即使在中乱混，习惯也会驱使他按照惯性做出断判和动行。比如，当你读完句话这后，发文现字都混乱是的，但这并不响影你的解理。

相信每一个人都会轻易地正确理解上面一段文字的意思，但是细看会发现这段文字的顺序都是乱的，但由于长期对文字阅读的程序化思维会变成习惯，即使面对混乱或者模糊的情况，也能够按照习惯去辨别和做出判断。再比如，当你晚上休息时，回想这一天的学习、工作和生活，你可能会感到诧异：去了不同的教学楼上课，面对琳琅满目的食堂档口可以快速选择一家，路上遇到了那么多人和车，自己对这些却好像毫无印象，没有走错路，也没有"兵荒马乱"，这就是"习惯"的牵引，是你在一天中这种不自觉、无意识的行为和选择。"习惯成自然"讲的也正是这个道理。习惯在《新华字典》中的释义是长期重复地做，逐渐养成的不自觉的行为。[14] 可见，习惯是在实践中对某一行为不断重复，经过强化而产生的一种自觉的行为，习惯也会形成固定的思维模式和比较稳定的品格，对个体的生活、学习和工作产生深远影响。有学者研究发现："一个人每天的活动中，有将近90%的动作是通过不断地重复而在潜意识中产生的程式化的惯性行为。"[15] 也就是说，我们的很多行为不需要思考，就会自然而然地发生。概括来讲，习惯的形成过程就是行为或思维经过不断地重复，而成为潜意识中的一部分，从而变成不自觉的、无意识的行为和思维。

综上，劳动习惯是指通过大量不间断的劳动实践活动而形成的行为和思维的稳定倾向。年过90岁的追梦人袁隆平院士，依然保持着"泥腿子科学家"的作风，长期走到农地观看稻田的长势。袁隆平从参加工作开始，便有下田观看稻苗的习惯，身边时常备着下田的雨靴。随着年岁渐长，行动日益不利索，他便将住宅安置到了试验田旁边，力求"躺在床上侧个身子就能看到（农田）"。[16] "下田观看稻苗"就是袁隆平院士的"劳动习惯"。从劳动习惯的内涵中，可以看出劳动习惯具有以下特征：一是劳动习惯不是一朝一夕形成的，而是在经常性、持续性、重复性的前提下产生的；二是劳动实践是劳动习惯形成和检验的重要场域；三是劳动习惯具有极强的稳定性，不会轻易改变或消失，形成和消失都是长期性的；四是劳动习惯不是先天产生的，而是后天通过重复性实践而习得，是可以培养的；五是劳动习惯不能窄化为劳动行为，劳动行为只是劳动习惯中的一部分，还包括对劳动问题的思维方式。

2. 劳动习惯的主要内容

学术界从不同角度对劳动习惯的内容进行分析，并形成丰富的成果。王晖等梳理了各国际组织和国家劳动素养评价指标体系，提出劳动习惯包括主动劳动和安全劳动两个维度，从不同指标对两个维度进行分解。[17] 蔡瑞林、花文凤基于文献梳理出了劳动素养评价指标体系，其中将劳动习惯和品质合并在一起，包括诚实守信、爱岗敬业、珍惜劳动成果、劳动责任感、劳动法律与规则意识。[5] 陈斌认为要养成热心参与、脑体并用、持续改进的劳动习惯。[18] 从表 6–1 中可以看出，《纲要》中也明确指出要"自觉自愿、认真负责、安全规范、坚持不懈地参与劳动"，[12] 《义务教育劳动课程标准（2022 年版）》对劳动习惯的内容进行了明确表述，即"能自觉自愿地劳动，养成安全规范、有始有终的劳动习惯"。[13] 刘向兵等在已有文件基础上，增加了"注重效率"。[19]

综上，劳动习惯的内容主要指向劳动的主动性、规范性以及长期性三个维度。第一，劳动的主动性，即自觉自愿、积极主动地参加劳动。也就是通过培养劳动兴趣、激发劳动动机、厚植劳动情感，而产生由"被动劳动"变为"主动劳动"、由"抵触劳动"转为"热爱劳动"的思维和行为结果，脱离外在监督与约束的劳动的主动性是良好劳动习惯的前提和基础。第二，劳动的规范性，即安全劳动、规范劳动。随着劳动领域的合作越来越广泛，劳动环境和劳动关系也越来越复杂，为切实保障大学生走入职场后，能够保护其合法权益、人身安全，使其守住法律底线、遵守劳动纪律、恪守职业守则，教育者有责任和义务传授学生熟练掌握劳动安全、劳动法律相关知识，引导学生具备尊重法律、遵守纪律的思维，进而养成在法律允许范围内以及安全保障下认真、规范、高效完成任务的劳动习惯，这是良好劳动习惯的重要保障。第三，劳动的长期性，即要有始有终、坚持不懈地劳动。一时的劳动很容易，难在长期的坚持进而内化成为思维和行为习惯，劳动的长期性集中体现着劳动教育目标的实现程度，没有了劳动的长期性，也就不能称之为"劳动习惯"，因为劳动习惯本就是长期实践形成的，有鉴于此，劳动的长期性是良好劳动习惯的本质和关键。

（二）劳动品质

1. 劳动品质的内涵

品质有两个引用解释：一是人的行为、作风所表现的思想、认识、品性等的本质；二是物品的质量。[20] 在本书中，取义第一种解释。从概念中可以看出，品质是一个人对待客观事物的情感体悟、理性认知及品格特征的集中反映，具有稳定性，属于内在素养范畴，通过行为和作风外在表现出来，同时也决定和影响着行为和作风的表现形态，品质是介于内在素养与外在行为之间的纽带。良好的品质是一个人成功的重要基石。

有鉴于此，劳动品质是指在经常性劳动实践中形成的，通过劳动者的行为和作风表现出的对劳动的情感体悟、理性认知、道德品性的本质。劳动品质由劳动认知、劳动体悟、劳动品性以及劳动行为四个方面组成。其一，劳动认知是劳动者通过课程学习以及劳动实践对劳动的基本看法和理解，客观、理性、深刻的劳动认知是良好劳动品质养成的前提；其二，劳动体悟是指劳动者在劳动实践体验中形成的对劳动的情感与态度，"尊重劳动、热爱劳动"的劳动体悟是良好劳动品质养成的动力；其三，劳动品性是劳动者在劳动实践中遵守的道德准绳，合乎道德规范的劳动品性是养成良好劳动品质的根本；其四，劳动行为是劳动者劳动观念、精神、品质等的外在表现，良好的劳动行为以及习惯是良好劳动品质的落脚点。

"品质是精神记忆了的习惯。个体的品质存在于习惯之中，且须通过习惯表现。"[21] 劳动品质与劳动习惯旨归相同，为此，劳动品质也具备劳动习惯的典型特征，即在实践中形成，一经形成便具有稳定性，可通过实践、教育等载体进行后天培养。

2. 劳动品质的主要内容

学术界关于劳动品质的主要内容的研究结果具有较强的趋同性。陈斌、朱志勇提出要培养"吃苦耐劳、精益求精、创新进取"的劳动品质。[18][22] 王晖等认为劳动精神与品格主要涉及服务奉献、勤俭节约、公民意识等。[23] 有学者认为要引导学生尊重、热爱、创新、欣赏劳动的品质。[24] 也有学者提出要培养学生吃苦耐劳和热爱劳动的品质。[25]《纲要》明确要形成"诚实守信、吃苦耐劳"[12] 的品质，《义务教育劳动课程标准（2022 年版）》则对劳动品质的内容规定更为广泛，即"认真负责、诚实守信、吃苦耐劳、团结合作、珍惜劳动成果、持之以恒、责任担当"[13] 的品质。从内容上看，劳动品质与劳动习惯具有重叠性，学者们对劳动品质的内容观点基本一致。

从以上文件规定以及研究结论，可以总结劳动品质包括诚实守信的品德、吃苦耐劳的意志和责任担当的使命。诚实守信是指不造假、不说谎、讲信用、守承诺，既是中华民族的传统美德，也是做人的根本，习近平总书记指出："人世间的美好梦想，只有通过诚实劳动才能实现。"[26] 吃苦耐劳是指身体和精神能经受得住困苦和劳累，体现的是意志品质。党的二十大报告寄语青年人要"立志做有理想、敢担当、能吃苦、肯奋斗的新时代好青年"；[3] 习近平总书记在河南安阳红旗渠青年洞前讲道："年轻一代要继承和发扬吃苦耐劳、自力更生、艰苦奋斗的精神，摒弃骄娇二气，像我们的父辈一样把青春热血镌刻在历史的丰碑上。"[27] 在物质丰裕的今天，吃苦耐劳仍具有时代价值，是劳动的本色，只有吃得了苦、经得了累，才能够真正脚踏实地、磨炼意志、砥砺品格、增长本领。责任担当是通过个人行为践行承担起自己对国家、社会、组织应做之事，只有各行各业劳动者对待自己的工作能够尽心尽责、勇于担责，才能够达到精益求精、开拓创新的更高标准，既能够在责任担当中实现个人价值，也能够创造社会价值。

二 良好劳动习惯与品质养成的意义

劳动习惯与品质是后天通过实践、教育而形成的内在思维、品格以及外在行为表现的劳动素养。如果把劳动教育总体目标比作冰山，那么劳动技能无疑是显现在水面之上的、较容易获得的，而劳动观念、劳动精神、劳动习惯与品质则是处在水面以下、不易获得又发挥巨大作用的部分，且劳动习惯与品质是劳动教育总体目标的根本落脚点和主要监测点，故而良好的劳动习惯与品质养成具有重要的时代价值和现实意义。

（一）良好的劳动习惯与品质养成是全面建设社会主义现代化强国的重要保证

党的二十大报告明确了当前中国共产党的中心任务，即"团结带领全国各族人民全面建成社会主义现代化强国、实现第二个百年奋斗目标，以中国式现代化全面推进中华民族伟大复兴"。习近平总书记在报告时铿锵有力地讲道："新时代的伟大成就是党和人民一道拼出来、干出来、奋斗出来的！"[3] 未来全面建成社会主义现代化强国同样要依靠亿万劳动者的辛勤劳动、诚实劳动和创造性劳动。而劳动习惯与品质的养成直接决定和反映着未来劳动者对待劳动的价值观念、精神面貌、情感体悟、思维及行为范式，只有养成良好的劳动习惯与品质，劳动者才能够自觉自愿地弘扬和践行劳模精神、劳动精神和工匠精神，发挥全面建设社会主义现代化强国的主力军作用，积极主动投身到实现中华民族伟大复兴的实践中，为全面建设社会主义现代化强国提供有力的人力资源保障。

党的二十大报告中明确提出，"在全社会弘扬劳动精神、奋斗精神、奉献精神、创造精神、勤俭节约精神，培育时代新风新貌"，[3] 与良好劳动习惯与品质的主要内容相辅相成。为此养成良好的劳动习惯与品质，也是社会文明程度提高的重要载体，能够在全社会范围内营造"崇尚劳动、热爱劳动、辛勤劳动和诚实劳动"[28] 的氛围，是亿万劳动者投身全面建设社会主义现代化强国的强大精神动力。

（二）良好的劳动习惯与品质养成是全面提升青少年劳动素养的关键

劳动素养是个体通过劳动实践、劳动教育所形成的与劳动相关的品行修为。[29]根据《纲要》内容，劳动素养主要包括"劳动观念、劳动能力、劳动精神、劳动习惯和品质"等内容。[12]正如前文分析，劳动习惯与品质是内在素养与外在行为之间的纽带，在劳动素养构成体系中发挥关键作用，良好的劳动习惯与品质是劳动观念和劳动精神的集中反映和表现形式，对于劳动观念和劳动精神的认知、认同和践行程度，需要依赖于劳动习惯与品质的监测。如果具备良好的劳动习惯与品质，也就意味着个体具备正确的劳动观念和积极的劳动精神。此外劳动习惯与品质和劳动能力呈正相关，积极主动、认真负责、持之以恒的良好劳动习惯与品质，可以使个体在劳动过程中积极主动、精益求精、创新进取，而这些行为与品质无疑会促进劳动能力的提升。

（三）良好的劳动习惯与品质养成是实现个人价值的重要基石

习近平总书记讲道："人世间的一切成就、一切幸福都源于劳动和创新。"[30]自幼养成良好的劳动品质和劳动习惯，有助于学生对待事情有较强的责任心。一个人之所以能够成功，是因为具备良好的习惯和品质，而其中的劳动习惯与品质最具通用性和可迁移性，即劳动实践中产生的劳动习惯与品质，能够广泛地应用于各劳动领域和非劳动领域。具备了良好的劳动习惯与品质，学生能够激发劳动动机、唤起劳动兴趣、提升劳动能力，在经常性的劳动实践和教育中，不断地创造价值和财富、体验收获的快乐和幸福，从而获得自身的成就感和满足感，实现个人的人生价值。

三　劳动习惯与品质养成的影响因素

劳动习惯与品质主要是后天养成的，其受到多种因素影响，既包括学校、社会、家庭等外在因素，也包括个人价值观、知识与技能等内在因素。全面、客观地了解劳动习惯与品质养成的影响因素，可以为探究良好劳动习惯与品质养成路径提供思路。

（一）家庭因素

习近平总书记曾指出："孩子们从牙牙学语起就开始接受家教，有什么样的家教，就有什么样的人。"[31] 家庭中的日常生活劳动是劳动习惯与品质养成的天然场域，儿童关于劳动的最初认知、情感、态度、习惯以及品质形成离不开家人的教育、引导和言传身教。《意见》中明确指出在劳动教育中发挥着基础作用的是家庭，如果家庭成员能够培养孩子发自内心喜爱劳动的习惯，经常性地参加家务劳动，引导其在家务劳动中不怕苦、不怕累的品质，那么孩子在成长过程中，一定会耳濡目染地具备良好的劳动习惯及品质。

（二）学校因素

学校承载着"立德树人"的时代使命，因其具备系统化、科学化的课程安排及实践活动的优势，故而在劳动教育中发挥主导作用。在学校劳动教育中，一方面，通过专门课程或课程融合的方式，使学生深刻理解马克思主义劳动观，从理性和情感上认知、认同劳动的价值和意义；另一方面，通过规范化的劳动实践，系统学习劳动技能，通过实践的体验及反思，在已有认知的基础上，养成良好的劳动习惯与品质。

（三）社会因素

社会关于劳动的舆论导向以及整体氛围直接影响着学生对劳动的态度和行为，进而影响劳动习惯及品质的养成。学生群体特别是青少年正处于人生观、世界观、价值观的形成阶段，尚未完全具备理性辨别的能力，加之网络信息的迅速传播，学生群体的观念及行为极易受到社会现象的影响。为此，需"在全社会弘扬劳动精神、奋斗精神、奉献精神、创造精神、勤俭节约精神", [3] 营造"崇尚劳动、热爱劳动、辛勤劳动、诚实劳动"[3]的良好社会氛围，使学生耳濡目染地养成良好劳动习惯与品质。

（四）个人因素

尽管劳动习惯与品质的养成受外在因素影响较大，但其决定因素还在于个人的价值观以及关于劳动的知识和技能水平。个体在成长过程中，会逐渐形成对客观事物总的看法和评价，形成什么是好、什么是坏的评判准则，如果个体能够树立正确的价值观，必然会选择正确的行为和思维结果。此外，劳动技能和劳动品质的皮尔逊相关性测试显示，两两均呈现正相关。[32] 当个体具备较高劳动技能时，会在其中收获成就感和幸福感，进而激发劳动兴趣，使个体愿意重复这种劳动行为，形成一个良性循环，养成良好的劳动习惯与品质。

四　大学生良好劳动习惯与品质的养成路径

良好的劳动习惯与品质可以通过系统、持续的教育、实践后天养成，这一论断已经得到理论与实践的验证。有学者从积极心理学视角推论每个人在劳动中都具有潜在的积极情感和积极人格，可发现、可激发、可利用，论证了劳动品质培养的可行性。[32] 也有实验研究发现，习惯是可以养成的，而且养成一个习惯需要 21 天。[33] 成功学专家易发久认为，习惯的形成大致分为三个阶段。前 7 天为第一个阶段，行为表现为"刻意，不自然"，个体需要不停有意识、刻意提示自己应该做什么；第二个和第三个 7 天为第二阶段，行为表现为"刻意，自然"，但意识上没有养成习惯；从第 22 天开始至第三个月为第三阶段，行为已经表现为自然发生，此时在意识上已经养成习惯，[15] 也就是养成了重复、无意识的行为习惯。由此可见，基于良好劳动习惯与品质养成的影响因素，探索养成路径具有可能性和可行性。

（一）逻辑起点：正向的劳动情感体验

凯兴斯泰纳教育理念认为："学生的习惯取决于他们的劳动体验和内在劳动兴趣的生发。"[34] 兴趣和动机是重复性行为产生的前提，只有在劳动教育和实践中，产生对劳动的认知认同和情感共鸣，有着愉悦、喜爱、自愿等正向的劳动情感体验，才能够激发个体的兴趣和动机，进而驱动个体重复性行为，养成劳动习惯与品质。然而，在实践中劳动往往被视为"惩罚""吃苦"的代名词，缺少正向劳动情感体验的引导和创设，加之良好劳动习惯与品质是一个由他律到自律的过程，甚至有些时候需要强大的意志力不停地与"好逸恶劳""不劳而获"人性弱点对抗，因此很多青少年对劳动"敬而远之"，认同劳动的价值，却不愿意承担劳动责任，特别是脏累的劳动任务。

基于上述逻辑关系以及现存问题，在劳动教育与实践中，一是要关照正向劳动情感体验，从正面正确看待劳动的过程及价值，从简入难，在劳动过程中挖掘团结协作、个人潜能激发、劳动成果价值体现、劳动对于他人的意义，在劳动过程中关照并强化正向的劳动情感体验；二是劳动的过程必然伴随着辛苦、辛劳等消极体验，这是我们不容忽视和回避的，但同样我们也应该懂得"一分耕耘一分收获""种瓜得瓜，种豆得豆"的道理，只有经历过辛苦的过程，才会有劳动成果的收获，也才会有精神上的丰裕与回馈。现在网络上有一个热门词语"沉浸式……"，本源来自美国芝加哥大学心理学教授 Mihaly Csikszent 的研究，他发现当人们自愿主动地全身心投入某种活动时，就会忘记所处的时间和空间，以及周围事物，这个时候是他们感到最为愉悦的时刻。他将这种状态称为"flow"（流动，是一种"聚精会神"或"忘我"的状态）。[35] 只有当一个人做事情达到"flow"状态时，才能够使个体自愿重复该行为，进行积聚成为习惯，从而形成品质。所以大学生在劳动习惯与品质养成过程中，要找到"flow"状态，不断重复和强化，进而养成良好的劳动习惯与品质。

（二）重要载体：经常性的劳动实践

在经常性的劳动实践中养成良好的劳动习惯与品质得到了学者们广泛认同。曲霞、李珂提出，"良好劳动习惯与品质的培养需要在学科专业教育与综合劳动实践中着力落实"；[36] 詹青龙等也认为"要以劳动实践巩固驱动劳动习惯的养成"；[37] 毕文健等同样认为"劳动品质的培养需要基于劳动实践，如果缺乏实践机会，劳动品质无法得到激发和强化"[32]。由以上研究可以看出，经常性的劳动实践不仅仅是良好劳动习惯与品质养成的重要载体，同时也是劳动习惯与品质的检验场所。虽然实践性是劳动教育最为显著的特征，但是劳动教育实践尚未得到应有的重视，有学者在调研中发现劳动实践内容更侧重于日常生活劳动实践，活动之间缺乏关联性和递进性，容易使实践内容浅层化、方式简单化，缺乏劳动育人的深度，[38][39] 浅表化、零碎化、活动化的劳动实践不仅不能养成良好劳动习惯与品质，反而因为过于随意而使人失去对劳动实践的兴趣，造成良好劳动习惯与品质养成的中断。

为此，从教育者视角要系统化编排和规范化组织劳动实践，按照课程设计标准，科学合理设置劳动实践的目标、内容、实施以及评价。特别是劳动实践目标和内容设置要合理，既要有教育价值，又要难度适中，过于简单的实践任务无法激发学生的情感共鸣和投入，凯兴斯泰纳认为"要让学生经常性地吃苦流汗，才能够不畏艰辛地独立思考和解决问题……随着任务难度的不断增加，学生能够逐渐养成精确、细心、善始善终和持之以恒的良好习惯"。[34] 在实施过程中，教师要避免"包办代替""一言堂""满堂灌"的现象，既要在实践过程中将主体让位给学生，又不要缺位；既要对实践环节进行精心设计，又要把握实践过程中干预的尺度和时机。从大学生角度，要自觉自愿、身心投入地经常性参加劳动实践，从"走过场"转为"积极认真"、从"偶发行为"转为"经常性行为"，在日常性劳动中养成自觉自愿、坚持不懈的劳动习惯；将专业知识、创造性思维与劳动相融合，在复杂的劳动场景中养成创新进取的品质；在辛苦的劳动环境中磨炼意志，养成吃苦耐劳的品质；在服务性劳动中培育责任担当的劳动品质。

（三）实施关键：全员、全过程、全方位育人

良好劳动习惯与品质的养成，并不是一蹴而就、一朝一夕就能够完成的，需要经年累月的有意识的重复才能形成。在长期养成过程中，需要系统化思维推动实施。一是家庭、学校、社会全员协同发力，创造良好劳动习惯与品质养成的环境和氛围。不同育人主体需要同心同行、同频共振，在不同场域承担起各自责任。家庭要教育引导孩子从小参加家务劳动，承担家庭成员责任，培养孩子生活自理意识和能力，养成主动劳动、坚持劳动、责任担当的习惯和品质。学校要分学段、有侧重地通过科学的教育方法全面、系统地培养学生良好的劳动习惯与品质，实现"立德树人"的根本任务。社会要弘扬劳模精神、劳动精神、工匠精神，营造辛勤劳动、诚实劳动、创造性劳动就是风尚的良好氛围，搭建校外实践、实习平台，使学生在更真实的职场世界中意识到良好劳动习惯与品质的重要意义。二是"大中小幼"全过程衔接，连通劳动习惯与品质养成各时段。良好劳动习惯与品质的养成不是某一学段的任务，而是贯穿于个体成长成才全过程。《纲要》和《义务教育劳动课程标准（2022年版）》均对不同学段劳动习惯与品质养成的内容和标准进行了明确的说明，有学者同样提出"小学3~6年级定位为行为习惯塑造阶段，中学阶段定位为劳动习惯巩固阶段，大学阶段定位为劳动习惯自觉阶段"。[40] 依据人格的社会心理发展理论，学龄期是品质培养的恰当时期，[32] 但由于"中小幼"学段学生的劳动习惯与品质稳定性不强，并且缺乏经常性的行为检验，这就需要在高等教育阶段持续发力，为此大学生的劳动习惯与品质应在基础教育学段初步形成，大学阶段的养成教育着眼于更深层面的理解和认同以及更高层阶的强化实践。三是全方位融合，构建良好劳动习惯与品质养成的网络空间。劳动教育无处不在，劳动实践形式多种多样，如果零敲碎打、单打独斗，只能浪费教育资源，却无法达成育人目标。为此必须对有利于劳动习惯与品质养成的各环

节、各要素全面梳理、系统规划，比如劳动教育专门课程与专业课程、思政课程相互支撑，校园文化活动与劳动实践相互融合，打好"组合拳"。

第二节　职业习惯与品质

无论是在求职中还是已经步入职场，将你与其他人区分开来的关键因素不是专业能力，而是良好的职业习惯与品质，因为专业能力可以通过学习、培训等方式相对容易获得，而良好的职业习惯与品质则需要长期养成，且一经养成，对个体职业能力提升、职业发展具有正向促进作用。可以说，良好的职业习惯与品质是职业素养的综合体现，是个体在职场中的"通行证"。大学是学生走向职业世界的最后一站，在劳动教育中培养职业意识、职业能力、职业习惯与品质是高等教育与其他学段劳动教育的根本不同之处，为此基于劳动习惯与品质理解职业习惯与品质的内涵和主要内容，对于大学生为走入职场做好充足准备、提升职业素养、推动职业发展具有指导意义。

一　职业习惯与品质的内涵

根据前文的论述，已经廓清了习惯与品质的基本内涵，职业习惯与品质是劳动习惯与品质在特定场域的具象化表现，既有相同之处，又有更具体的指向。

（一）职业习惯的内涵

在电影《摩登时代》中，卓别林成功塑造了一个在流水线上拧螺丝的工人经典形象，卓别林为机器日日驱使，形成了一种行为习惯——拧螺丝，见到螺丝就要上前拧一拧，甚至时时带着扳手，把路人衣服上的纽扣也当成了螺丝帽，义无反顾地冲上去就拧，这一幕也成为影片中的经典画面。

影片中主角的行为，也体现了劳动分工对人的行为的塑造，影片主角在流水线上每天高强度地重复和持续工作，自然而然地形成了一种习惯，而"拧螺丝"也正是职业上的习惯的一种艺术表达。[33] 尽管电影中主人公的行为运用了较为夸张的艺术表达形式，但也让我们更加形象地感受到职场中同一个动作不停地重复后，就会变成一种职业习惯，且这种职业习惯还会从职场中延展到你的生活中，甚至会从行为延伸到思维和观念。

概括来说，职业习惯就是在不同职场环境和岗位中形成的行为和思维的稳定倾向。在这个概念中需要特别注意的是，职业习惯是基于不同的职场环境和岗位而形成的，且受职场环境影响较大，即使当环境和岗位发生改变，已形成的职业习惯也难以消除，这也是不同职业的人有着不同的思维和行为习惯的原因。比如同一家公司，行政人员相对注重规则和制度，对进度的掌控要求比较严格，而销售人员则更加善于沟通、热情、喜欢竞争、敢于冒险；科研人员与艺术家的职业习惯也不尽相同。可见，工作单位的文化环境、工作环境、社会环境等都会影响职业习惯养成，甚至细心观察，还能够初步判断一个人的职业。

（二）职业品质的内涵

航天员王亚平在《出舱，拥抱浩瀚太空》一文中讲述神舟十三号乘组出舱活动时写道："出舱活动圆满的背后是长达十几年的刻苦训练。12 年前，我光荣地加入中国航天员队伍，时刻准备为祖国出征太空。……挑战生理极限的训练项目接踵而至：让人晕头转向的前庭训练，泰山压顶般的离心机训练，接近真空的低压训练……耗时很长、耗力最多的水下训练……反反复复不厌其烦地训练，为的就是出舱那一刻能够得心应手、操作自如。……为了实现人类拥抱星辰大海的梦想，我们这些太空探索者，时刻准备着！"[41] 在这段讲述中，我们能够深刻体悟到"特别能吃苦、特别能战斗、特别能攻关、特别能奉献"[42] 的载人航天精神，同时这也是航天员的职业品质。

职业品质是从业者在职业行为和实践中表现出来的观念、认知、品性等相对稳定的倾向和特征。良好的职业品质具有较强的迁移性和通用性，即能够从工作领域迁移到学习和生活领域，同时在不同职业和岗位中，这些品质可以通用。能够基业长青的成功人士，根本上也是因为具备了良好的职业品质，将行为和作风内化为思想、认识和品性，且具有较强的稳定性。因而良好的职业品质不仅仅是个体获得职业成功的根本因素，也能够使个体在学习、生活等领域得心应手。

二　劳动习惯、品质与职业习惯、品质的关系

（一）相同之处：二者价值旨归耦合统一

劳动习惯、品质与职业习惯、品质都是在经常性实践中形成的行为和思维的稳定倾向以及行为、作风所表现的思想、认识、品性等的本质，都是在实践中后天有意识养成的。无论是劳动习惯与品质还是职业习惯与品质的养成，都既是个人生存和发展的需要，同时也是社会发展和国家进步的基石。旨在通过劳动习惯与品质和职业习惯与品质的养成，形成良好的劳动精神面貌、正确的劳动价值取向和较高的劳动技能水平。

（二）不同之处：劳动习惯、品质是职业习惯、品质的本质要求，职业习惯、品质是劳动习惯、品质在职场的具象化表现

从劳动与职业的概念和关系来看，劳动是人类所特有的创造物质财富和精神财富的社会实践活动，包括日常生活劳动、生产劳动和服务性劳动。职业是指人们参与社会劳动分工，利用专业知识和技能，为社会创造物质财富和精神财富的有偿的实践活动。劳动与职业是包含与被包含的关系，职业是劳动的组成部分，因而劳动场域比职业场域更为广泛。基于劳动场域而养成的劳动习惯与品质具有普遍性和通用性，是职业习惯与品质的本质要求。职业习惯与品质更具差异性和具体化特征，表现为不同职业、岗位的职业习惯与品质略有差异，因而职业习惯与品质是劳动习惯与品质在不同职业和岗位的具象化表现。

三 良好职业习惯与品质的主要内容

良好的职业习惯与品质是一个集合体，由不同维度的多个习惯与品质组成，在职场中表现得较为多样和多元。比如制作表格这件小事，有的人会规范调整字体、字号、格式并绘制边框等，按照规范命名表格。这是一种良好的职业习惯与品质——认真、规范。还有的人只会输入内容，其他一概不予调整，这也是一种习惯——敷衍了事。职场中无论重要的事情还是非重要的事情，不同的人因为有着不同的职业习惯与品质，所呈现的效果截然不同。所以，掌握良好的职业习惯与品质包括哪些内容，如何选择最有效的方法和路径去养成，对于即将走向职场的大学生来说尤为重要。

在职场中，以什么样的态度对待工作、以什么样的准则开展工作、以什么样的能力完成工作，构成了职业习惯与品质的三个维度，即职业态度、职业规范与职业能力。不同的维度由不同内容构成（见表6-2）。

表6-2　职业习惯与品质的维度

维度	内容
职业态度	爱岗敬业
	精益求精
	勤于学习
	积极乐观
	要事第一
职业规范	遵纪守法
	诚实守信
职业能力	团队协作
	有效沟通
	高效执行
	创新创造
	以终为始

（一）职业态度

克莱门·斯通曾说："人与人的差别只是一点点，但这一点点的差别却有极大的不同。小小的差别是思维方式，极大的不同是，这思维方式究竟是积极的还是消极的。"[43] 真正职业化的个体，无论面对什么样的工作、是否对当前工作感兴趣，都能够积极乐观、高效完成，而不是抱怨、拖延，这便是职业态度在起作用，反映出来的是一个人对待工作的一以贯之的状态，以及一个人的思维方式、承压能力、耐力等重要品质。[44] 可以说，职业态度维度的各项指标是良好职业习惯与品质养成的驱动力，具有积极的职业态度，是良好职业与品质养成的核心。

1. 爱岗敬业

爱岗敬业是劳模精神的主要内容，是职业道德最基本的要求，是个体在职场走向成功的必由之路。从字面理解，爱岗敬业就是对所从事的岗位和职业怀有热爱之情和尊敬之意，以敬重认真的态度对待自己的工作，无时无刻不在琢磨工作是不是可以更加优化，爱岗敬业是个体职业习惯与品质外化行为表现的内在标尺和价值标准。主一无适便是敬，只有对所从事的工作怀有热爱和敬重之心，才能够心无旁骛、全身心投入其中，感知并自觉承担工作赋予的使命感。与之相反的行为表现包括敷衍了事、明哲保身、得过且过。爱岗敬业不仅是个体职业发展的需要，也是社会发展和国家进步的需要，正是因为各行各业有着爱岗敬业的劳动者，才能够汇聚起实现中华民族伟大复兴的磅礴力量。

2. 精益求精

精益求精是工匠精神的主要内容，是一个人从优秀到卓越的宝贵习惯和品质。精益求精出自南宋朱熹对《论语》的注释。《论语·学而》："《诗》云：'如切如磋，如琢如磨。'其斯之谓与？"朱熹注："言治骨角者，既切之而复磋之；治玉石者，既琢之而复磨之，治之已精，而益求其精也。"[45] 指事物完成得已经达到非常高的标准，却还要追求更加完美。唐代诗人贾岛的"两句三年得"、同仁堂"炮制虽繁必不敢省人工"的理念、"航空工匠"

胡双钱"慢一点、稳一点，精一点、准一点"的执着追求，都展现了精益求精、追求极致的职业习惯与品质，要有把简单的事情做到极致的毅力和意志，切不可不求甚解、浅尝辄止。精益求精是对待职业的一种态度和行为方式，关注的是个体所能带来的社会价值。

3. 勤于学习

习近平总书记曾指出："应该把学习作为首要任务，作为一种责任、一种精神追求、一种生活方式。"[46]无论处在什么年龄段、何种工作岗位，都要把学习视为同吃饭、穿衣一样的习惯，要将勤于学习作为一种态度和品质。学习是不断进行知识和能力创造、提高和更新的过程，是一种状态。作为职场人，勤于学习不仅是为了适应和满足现阶段工作的要求，更是为了实现未来职业目标和发展的储备。当今社会，知识和技术日新月异，没有任何知识和技术能够一成不变地应对瞬息万变的环境，唯有勤学乐学善学是个体在职场中持续保持核心竞争力的基本前提。

4. 积极乐观

面对繁重的工作任务、复杂的工作环境、枯燥的工作内容，有的人会畏难、抱怨、应付，也有的人会积极乐观应对。心态会影响一个人的性格、习惯及品质。在职场中，对待工作的心态是拉开人与人差距的重要因素，积极乐观的职业心态，就是重主观能动性，特别是遇到困难和压力时，能够以积极态度把精力集中在如何将工作完成好，而不是"等、靠、要"。只有具备良好的心态，才能够使我们快乐工作，促进身心健康，增强工作幸福感，变消极为积极、变悲观为乐观、变自卑为自信、变抱怨为进取，进而创造幸福的职场人生。

5. 要事第一

"一寸光阴一寸金，寸金难买寸光阴"，相信每个人都能体会到其中意义，然而在职场中，有很多人在面对繁杂的工作时，习惯"眉毛胡子一把抓"，不会合理分配时间和精力，导致时间一点点流逝，工作效率低下，自己还很疲惫，若想高效工作，特别是管理者，首要工作就是通过决策找到"重要的事"，用80%的时间和精力去做20%的重要的事，通过有效的时间管理，控制时间的"流向"，让时间流向有意义且重要的地方，摆脱"忙而无果"的状态。

（二）职业规范

"不以规矩，不能成方圆。"职业规范是个体在职场的道德和行为准绳，是每一个职场人都应该严格遵守、不能触碰的底线。职业规范是保证社会、行业、单位、岗位正常运行的基础和保障，也是个体之间，个体与群体、组织、社会和环境和谐共处的标尺。

1. 遵纪守法

法律是国家制定并认可的、由国家强制力保证实施的行为规范的总和。纪律是人们遵守秩序、执行命令和履行职责的一种约束和规范。[47]法律和纪律明确了什么可以做、什么不可以做，具有强制性，一旦违背就会受到惩戒。遵纪守法是指自觉学习、遵守法律和纪律，学习、遵守法律并合理使用法律保护自身权益是每一个公民的责任和义务，作为职场人，还要遵守与行业相关的法律法规和纪律规定，自觉防范任何形式的犯罪行为，严格遵守从业规范。遵纪守法不仅是做人的底线，同时也是社会和组织有序运转的根本前提和保障。

2. 诚实守信

习近平总书记曾强调要"让诚实劳动、勤勉工作蔚然成风"。[48]诚实守信包括实事求是、信守承诺，诚实是侧重于一个人行为之后的言语表达是否真实，而守信则是反过来，重点看人是否能遵照自己此前的言语表达来践行行为。[49]诚实守信是我们中华民族的优秀传统美德，在社会主义核心价值观中也有表述。诚实守信既是约束个人行为规范的道德准则，也是一种法律原则，是每个人都应该具备的行为规范和道德修养。然而当人们面对诱惑和利益时，却容易以谎话、造假、欺骗等手段获得短暂的利益，破坏秩序维护的准绳，无非是急功近利、不劳而获思想作祟，长此以往养成不良习惯和品质，将失去在社会上立身处世的根本。

（三）职业能力

职业能力我们并不陌生，是个体所具备的知识和技能，回应"能做什么""能做好什么"的问题，是个体进入职场的敲门砖。职业能力在实践中经过不断重复使用和训练，就会形成职业习惯，这时的职业习惯更具专业性，可以使个体快速高效地完成工作任务。

1. 团队协作

关于团队有一种比较有意思的解释：从字面来看，团是由"口"和"才"组成，队则由"耳"和"人"组成，团队就是由会沟通、有谋略、善倾听和能协作的人组成的。只讲不听的组织是团伙，很冲动，这不是真正的团队，充其量只是一个群体。这种解释虽然有些片面，但在某种意义上也对团队的特点进行了解读，这里的"口"就是要沟通，"耳"就是要聆听。[44]美国管理学家斯蒂芬·P.罗宾斯则更加规范地对工作团队进行了界定："是一种为了实现某一目标而由相互协作的个体组成的正式群体。"[50]一般来说，构成团队的要素有目标、人、规则、组织。团队协作之所以可能和必要，是因为现代社会分工越来越细化，不同行业、职业、个体之间联系更为紧密，加之每个人各有所长也各有所短，单打独斗已成为过去，只有与目标趋同的个体按照一定规则组成团队，才能获得成功。在职场中，每个人都处在一个团队中，只有团队中的人各司其职、齐心协力，依靠团队的默契和协作形成强大的合力才能有所突破和成就。

2. 有效沟通

沟通是人与人之间传递和反馈语言以及非语言信息的活动。有效沟通就是通过语言及非语言的形式将感受和意图准确、恰当地表达出来，并使对方能够更好地接受的过程。有研究表明，一个正常人每天60%~80%的时间用在"听、说、读、写"等沟通上，沟通能够产生其他能力所不能替代的力量。[47]有效沟通既是团队成员彼此联络的有效方式，也是获取有用信息的捷径，此外还能够化解矛盾冲突。人们在职场中每时每刻都需要与他人进行沟通，然而作为职场人重要的职业品质之一——有效沟通并不是一件容易的事。从沟通过程来看，沟通是指个体的思想、观点、态度、要求等要为他人所接受，就要将这些信息转化为他人所感知、理解和可接受的信号，再通过一定方式和渠道把信号表达出来，从而影响对方的思想和行为，以达到沟通者的期望。[47] 在此过程中，沟通会受到诸如选择性接受、情绪、非语言提示等障碍因素影响，因此找对有效沟通方法、提高沟通能力，对于促进职业发展具有重要作用。

3. 高效执行

《把信送给加西亚》一书中主人公中尉罗文在接过总统的信时，尽管他并不清楚目的地在哪里，但是他清楚地知道自己的任务，并且具有极强的执行力，没有提出困难和要求，而是即刻行动，凭借着坚定的意志，想办法达成目标，反映了一种执行力和执行文化。[51] 当然，这里所讲的高效执行不是盲目屈从他人的决策和意志，而是在综合判断基础上，自身行动力的表现，是对组织承诺的践行、对团队的高度认同。任何一个组织都需要高效执行的员工。然而现实是执行效果往往事与愿违、目标达成度不高，很大原因在于员工缺少高效执行的职业习惯与品质，习惯了对工作拖拖拉拉、马马虎虎、得过且过，这不仅不利于组织战略目标的实现，还使得个人职业形象大打折扣。

4. 创新创造

创新创造是人们为了适应未来多变发展的需要，运用已有的知识和信息，发现或创造出新颖、独特的有社会价值或有个人价值的新事物、新思想的活动。[52] 党的二十大报告明确提出"创新是第一动力……加快实施创新驱动发展战略"[3]，无论是国家的发展战略、组织的基业长青还是个体的持续发展，都离不开创新创造。随着人工智能的普及，越来越多简单、重复性强的工作正在被机器人所替代，在新知识、新技术、新智能不断涌现的时代，创新创造已经是个体必不可少的职业习惯和品质，是否具有创新创造思维和能力，也成为获得职业成就的关键。

5. 以终为始

以终为始是一种逆向思维，指个体在明确自己的职业目标和理想前提下，再厘清并制定实现终极目标的规划和计划，即先有目标，再有行动，这也是职业生涯规划的基本理念。以终为始的职业习惯与品质，使个体更加关注未来愿景，目标更加清晰、明确，不是被动地适应环境，而是集中精力和资源去主动利用、影响和塑造环境，使当下的工作更具长远意义。

第三节　良好职业习惯与品质的养成方法

习惯与品质渗透在我们学习、工作和生活方方面面，直接决定和影响着思维和行为。一个人能否在职场中保持核心竞争力，根本上取决于是否具有良好的职业习惯与品质，并且能否在职场中持续性地保持和行动。良好的职业习惯与品质可以使个体迅速成长和进步，成就职业理想；而不良的职业习惯与品质则会成为个体走向成功的障碍。正如前文所述，职业习惯与品质养成是在教育和职场实践中有意识、长期培养的结果，为此，社会、学校、家庭以及大学生要有意识地在学习、工作和生活中培养良好的职业习惯与品质，掌握其中方法和关键要素，为走入职场做好充足的准备。

一　现有职业习惯与品质盘点

尽管同学们还未真正走入职场，但通过实习、兼职、志愿服务、学生工作等途径，很多同学已经初步具备了一定的职业习惯与品质，不妨先对现有的职业习惯与品质进行盘点。在填写表 6-3 前，有几点说明。

（一）具体事例

在对标职业习惯与品质内容进行盘点的过程中，要客观、全面，不能想当然，特别是要找到具体的实例或数据支撑你的结论。在具体事例撰写过程中，要写清楚当时的情境 / 任务、你的行为 / 态度、事后产生的效果 / 感悟三个基本要素。同时还要辨别该事例是偶发的，还是在不同领域经常性发生的，以此判断是否为职业习惯与品质。

（二）综合评价

对不同内容的职业习惯与品质达成程度进行综合评价，评分为 0~10 分不等。在评价时要关注两点：一是通过具体事例的梳理，判断事例的发生频率和范围，是否经常发生，且在学习、生活及工作领域均有渗透，如果是肯定答案，则可以初步判定该内容具有一定的稳定性和通用性，评分可略高，反之评分略低；二是要看达成度，即能做到什么水平，是否还有提升的空间。

（三）影响因素及方法

逐条分析养成或尚未养成该职业习惯与品质的影响因素是什么，可从内在因素、外在因素综合考量，并归纳总结不同内容的职业习惯与品质可以通过哪些方法养成、过程中需要注意的关键点有哪些。

（四）行动计划及调整

根据盘点与分析，针对尚未形成的以及达成度不高的职业习惯与品质，制订养成行动计划，在制订计划时，要遵循 SMART 原则。S——Specific，即计划要明确，不要用含糊笼统的语言，比如，不要说"我的目标是更好地利用时间"，应该说"我一天只能花不超过一个小时的时间用来玩手机"。M——Measurable，即计划要可量化，这样你才有一个可以衡量计划是否被有效执行的标准。比如，"勤于学习"，应改为"在这个月内，参加一个英语社团，每天练习英语听力不少于半个小时"。A——Achievable but challenging，即计划能够实现但有一定难度和挑战，也就是说，在你的能力范围内，实现这个目标是现实的、可能的但又有一定难度，要制订蹦一蹦可以实现的计划，而不是伸手就能实现的计划。R——Rewarding，即实现这个计划有意义、有价值，并根据计划的实现情况制定相应的激励措施。也就是说，实现这个目标能带给你成就感、愉快感；反之，则会使你有所损失。T——Time-bounded，即有明确的时间限制，没有时间限制的计划不能称为计划，不能将目标通通定为"在大学毕业前完成"，而要有计划分步骤地在限定的时间内完成，既有长期计划，也有中期和短期计划。以一周、一个月或一学期为单位制订计划。

尽管盘点的过程较为复杂，但是经过这一过程，同学们可以对自身职业习惯与品质以及达成路径有全面、客观的认识和理解。

表 6-3　现有职业习惯与品质盘点

维度	内容	具体事例	综合评价	影响因素及方法	行动计划及调整
职业态度	爱岗敬业				
	精益求精				
	勤于学习				
	积极乐观				
	要事第一				
职业规范	遵纪守法				
	诚实守信				
职业能力	团队协作				
	有效沟通				
	高效执行				
	创新创造				
	以终为始				

二　良好的职业习惯与品质养成方法及关键环节

（一）爱岗敬业

1. 选择职业和岗位前，充分认知自我，进行人职匹配

如果一份工作能令一个人产生浓厚兴趣，能做自己喜欢的事情，那么无疑他会自觉自愿地将时间和精力投入其中，发挥个人最大效能，发自内心地热爱工作。所以在选择职业和岗位前，充分进行自我认知，了解自己喜欢做什么，这些兴趣经验为人们寻找未来的职业提供了非常重要的线索，人们可以按照兴趣选择未来的职业方向。

20 世纪 70 年代，职业心理学家霍兰德对兴趣做了深入研究，霍兰德的兴趣类型理论至今在探索职业兴趣中仍被广泛应用。在不断的大样本调查中发现，大多数人的职业兴趣可以归纳为六种类型：实用型（Realistic Type，简称 R）、研究型（Investigative Type，简称 I）、艺术型（Artistic Type，简称 A）、社会型（Social Type，简称 S）、企业型（Enterprising Type，简称 E）和事务型（Conventional Type，简称 C）。[53] 可以通过兴趣岛、霍兰德职业兴趣测试量表练习进行探索，充分了解个人职业兴趣，并以此为方向，找到与之匹配的职业方向。除了兴趣探索之外，也可以从性格、能力和价值观维度进行自我认知，充分了解自己喜欢做什么、适合做什么、能做什么以及看重的是什么。

2. 带着使命感去工作

爱因斯坦曾明确阐明"人是为劳动而生的，人只有把自己奉献在工作中才是有意义的"。[51] 作为即将走入职场的大学生，要深刻理解工作对于个体而言，不仅仅是谋生的手段，更是实现自我价值和创造社会价值的不可或缺的环节。工作本身不是吃苦受累，任何职业和岗位对于社会正常运转来说都是必不可少的。因而爱岗敬业的基本前提是职业认同——认同职业的使命和意义，富有职业使命感的人，才能够目光更加长远，有更高站位地自觉自愿地出色地完成工作，克服眼前的困难，获得职业上的成功。

3. 不妨试试"爱我所选"

如果因为一些因素未能选择自己喜欢的职业或岗位，也不要怨天尤人、消极怠工，而是要调整心态，试试"爱我所选"。首要的就是提高职业技能，技能提升了，能够得心应手完成工作，也会提高职业幸福感和成就感。此外，要去寻求工作的社会意义和价值，赋予工作以价值，进而激发对职业和岗位的热爱和尊敬之情。

（二）精益求精

1. 刻意重复练习

《卖油翁》中记述了卖油翁自钱孔滴油技能，"我亦无他，惟手熟尔"，说明了熟能生巧的道理。著名心理学家安德斯·艾利克森以及科学、技术和医学作家罗伯特·普尔提出：明确的练习目标和标准、导师指导、行为反馈等刻意练习，是提高技能的方法。[54] 也就是说，通过刻意重复练习可以激发我们的潜力，各行各业的佼佼者，无一不是通过刻意重复练习让自己的知识和技能达到无人企及的高度和水平。因而，凡事做到"精"的基础就是要让自己沉淀下来刻意重复练习。

2. 全力以赴做事

精益求精不仅仅需要精湛的技术，更要有凡事追求完美和极致的态度，这种态度就是全力以赴做事，在自己能力和精力范围之内竭尽全力。只有全力以赴，才能想尽一切办法克服困难、解决问题，将工作做到尽善尽美、精益求精。

3. 常怀批判思维

精益求精是指已经很出色了，还要更好。那么现在还有哪些问题和不足？还有哪些地方可以完善和提高？要找到"更好"的努力方向，就要对待自己完成的工作常怀批判思维，找到不足和问题，只有这样才能实现"更好"的目标。

（三）勤于学习

1. 乐于学习

乐于学习是培养学习的乐趣，钻研感兴趣的专业和知识，只有对学习有了浓厚的兴趣，才能够发自内心地主动学习，由"要我学"变为"我要学"。激发学习的主动性，首先，要找到自己感兴趣的学习领域，确定自身学习方向；其次，要找到学习的动机，真正把学习当成迫切的、有价值的事情去做；最后，找到学习的发展区，即有一定难度但通过努力可以学懂的难度，既可以激发挑战性，又有利于成就感的获得。

2. 善于学习

善于学习就是掌握学习的策略和方法，学习策略和方法需要遵循学习规律、具备科学的思维，每个人的学习方法不尽相同，可以尝试从专注力训练、强化记忆力、合理分配学习时间、制定学习目标及计划、养成阅读习惯、训练逻辑思维、养成自我监控与评价的习惯七个方面着手，[44] 查摆自己学习力的不足，寻求符合自己实际情况的学习策略和途径，提高学习效率。

3. 终身学习

坚持不懈地终身学习是一种学习习惯。养成终身学习的习惯与品质，首先，要从观念上认识到科技、知识、信息日新月异的现状，把学习当作生活方式；其次，在工作后，要制订学习计划，主动、坚持参加行业内的培训，提高工作竞争力；最后，要实时对自己的知识和技能进行监控和评价，根据个人发展和工作需要，明确学习目标和任务。

（四）积极乐观

1. 减少抱怨

职场中充满挑战和压力，当在工作中遇到困难、不公和压力的时候，要警惕抱怨、压抑、悲观等消极情绪。工作中遇到困难和压力时要想办法沟通和解决，而不是抱怨，同时也要学会与自己和解，以平和的心态和积极的态度对待职场中的一切。

2. 保持自信

保持积极乐观的心态，必须先学会自信，自信是对自我认知和评价的一种积极、正向的反馈。自信的态度，可以提高工作的积极性，像永动机一样充满干劲，特别是在困难和压力面前，自信的人不会去紧盯困难，而是紧盯目标、找寻方法。

3. 劳逸结合

连续高压、高强度的工作会使人产生疲劳、烦躁、焦虑等情绪。保持良好心态的前提是要劳逸结合，使大脑和情绪有舒缓和调适的时间。劳逸结合就是要做到合理分配工作与休息的时间，坚持早睡早起、科学合理运动、营养均衡饮食、健康娱乐的良好习惯。

（五）要事第一

1. 区分重要的和紧急的事

大量研究表明，工作中人们总是按照下列准则决定事情的优先次序，测一测你遵循哪一种排序准则。

- 先做喜欢做的事，再做不喜欢做的事。
- 先做熟悉的事，再做不熟悉的事。
- 先做容易做的事，再做难做的事。
- 先做不费时间的事，再做耗费时间才能做好的事。
- 先处理资料齐全的事，再处理资料不齐全的事。
- 先做已排定时间的事，再做未排定时间的事。
- 先做经过筹划的事，再做未经筹划的事。
- 先做别人的事，再做自己的事。
- 先做紧迫的事，再做不紧迫的事。
- 先做有趣的事，再做枯燥的事。
- 先做容易完成的事，再做不能轻易完成的事。
- 先做与自己有关的人（比如领导、关系密切的人、有利益关系的人）所委托的事，再做与自己无关的人所委托的事。
- 先做易发生的事，再做未发生的事。[51]

事实上，以上准则是很多人的职业习惯，然而从工作效能角度来看，这些准则并不符合工作优先排序的要求。"按照事件的重要程度来排序"应该是我们养成的职业习惯。如何区分重要的事件，可以运用"重要－不紧急法"，它是时间管理领域最重要的法则，可以帮助人们正确区分事项类型，决定事项的优先顺序。按照重要性和紧急性，可以将工作分为四个象限：重要又紧急的，重要但不紧急的，紧急但不重要的，既不重要也不紧急的。其中，重要性工作就是个人或组织觉得有价值或对优先目标贡献度大的活动，这类工作一旦去做就会产生巨大回报。而紧急性工作是自己或别人认为需要立刻完成的事项。[15]

在开始工作之前，我们要习惯于判断哪些工作是重要的，哪些是次要的，而不管它是否紧急，只有持续去做重要的事情，才会让我们在繁杂和忙碌中找准方向。然而做起来好像并不容易，因为上述准则中的第九条"先做紧迫的事，再做不紧迫的事"往往支配着我们的选择，我们往往用 80% 的精力在做着紧急但不重要的事情，从而影响我们的工作效能，特别对于管理者来说更是如此，因为紧急但不重要的工作在日常工作中所占比例最大，如果管理者将主要精力放在这类工作上，势必影响工作的效能，还容易将重要但不紧急的工作演变成重要又紧急的突发事件。所以按照"重要－不紧急法"，一定要把焦点放在真正重要的事情上，一般而言，理想的时间安排是这样的：花费在重要又紧急的事务上的时间应该占自己总时间的 20%~25%；重要但不紧急的事务占总时间的 65%~80%；紧急但不重要的事务占总时间的 15%；既不重要也不紧急的事务尽可能减少。[33]

2. 保持干净、整洁的办公环境

干净、整洁的办公环境也是有条理工作方式的重要方面，如果电脑桌面、办公桌面、文件摆放杂乱无章，势必影响工作效率和工作秩序。为此，在办公场所一定要养成干净、整洁的习惯和品质。比如，办公桌面和电脑桌面上只存放与工作有关的东西，少放私人物品或分散注意力的小物件；尽量做完一项工作再做下一项工作，并且在做完每一项工作后，要及时整理相关材料与文档，做好命名和存储，以便后续查找方便；每天下班前，将当日工作文件进行收纳整理，办公室随时清理，保持整洁。

3. 果断说"不"

在工作中，学会说"不"很重要，也是一种艺术。其一，如果你正在忙于重要的事情，要对既不重要也不紧急的工作安排果断说"不"，要根据自己的时间安排先完成优先排序在前面的事件，再去做既不重要也不紧急的工作；其二，在职场中，要对有一点小事或者遇到一点小困难就求助的人果断地说"不"，明确自己的闲暇时间，并告知他人。当然在这个过程中，要注意沟通的技巧和说话的方式。

（六）遵纪守法

1.学法、敬法、用法

法律无时无刻不在规范和约束着言行。作为即将走入职场的大学生，面临的社会关系与环境更为复杂。一定要重视法律的学习，在入职培训中认真学习和掌握宪法及与职业相关的法律条文，明确知道什么事情可以做、什么事情不可以做以及行为后果；在熟知法律内容后，还要真正从心底敬畏法律，坚决不触碰法律底线；当自身权益受到侵犯时，要学会使用法律维护自身权益。

2.守纪不要忽略小事

很多人在工作中面对工作纪律存在侥幸心理。事实上，无论是法律还是纪律，不仅有他律的约束，更重要的还是要靠自律的自觉。职场中的守纪，首先，要有时间观念，不要迟到和早退，在时间上打出提前量，使自己工作和做事情更加从容、有条不紊；其次，工作时间不闲玩，不擅离职守，不闲聊，专注工作，卸载电脑上的游戏；最后，不钻制度的空子，自律自省。发现纪律或者制度有漏洞时，要主动提出，以高度自觉自律遵守各项规章制度，当违纪时，要主动承认错误、承担责任、积极改正，不狡辩、不推卸。

（七）诚实守信

1.真诚待人

在人际交往中，要做到以自己最大的诚意、善意去对待他人，表里如一、言行一致，不欺骗、不虚伪、不背后议论他人是非，遇到矛盾坦诚地沟通和交流，常常尊重他人、肯定他人、信任他人。

2.实事求是

实事求是是诚实守信的基本准则，就是要不欺瞒、不造假，真实、客观地反映情况，以客观事实为依据，不因利益而隐瞒事实或欺骗组织和他人。此外，在对事物和他人进行评价时，也是公正公平地依据客观事实予以评价。

3. 信守承诺

不要轻易承诺，但承诺过的事情，无论是对组织还是对他人，一定要履行承诺，要想办法，克服困难去做到。为人要讲信誉、守信用，以"说到做到"约束自己的言行。

（八）团队协作

1. 目标一致

只有在团队中体会到成员为共同目标而团结奋斗的工作热情，才会对团队有归属感和认同感。因此，作为一个职场人，要认知认同团队的使命和目标，感受到在团队中工作的价值。作为团队领导者，也要构建团队文化和价值观，并将团队的目标和价值观传递给团队成员，这种使命感和目标越强化，团队成员越会自觉融入团队中，与团队荣辱与共。

2. 能力互补

团队建设的最大功能在于可以实现成员能力互补，没有全能的个人，但可以有全能的团队。一个团队由两个及两个以上的成员组成，一般来说，一个优秀的团队需要有三种不同类型的人：一是专业型成员，精通实现团队目标所必需的专业知识和技能；二是领导型成员，具有战略管理能力，能够以团队使命凝聚成员，针对复杂问题提出解决方案；三是协调型成员，善于倾听、解决冲突，是团队成员关系的润滑剂和黏合剂。

3. 分工合作

团队之间要有明确合理的分工，保证人岗适配，把合适的人安排在合适的岗位上，各个岗位的职责要界限分明、分工明确，不能出现有的工作抢着做、有的工作没人做的场面。在分工基础上团队成员还要有合作意识及能力。培养合作意识和能力，要做到不推诿，分工界限不明确的工作主动承担，以完成工作任务为首要目标；主动融入团队，共同营造和谐互助的团队工作氛围，积极主动发现和欣赏其他成员的宝贵品质，并且不吝赞赏他人；时常检视自己，及时发现自己特立独行、骄傲自满、虚荣嫉妒的思维和行为，并及时纠偏。

（九）有效沟通

1. 表达准确

被他人准确无误地接收和理解你要传递的信息，是有效沟通的关键环节。做到表达准确，就要掌握充足的信息，针对不同的沟通对象，适时调整语言风格和方式，不出现冗余繁杂的语言和信息，尽量用简明扼要的语言完整地表达自己的想法和观点，言简意赅、清晰明了，同时也要专注聆听对方观点，把握对方关注点。

2. 实时反馈

沟通是一个双向互动的过程，所以有效沟通中，还要重视信息的实时反馈。一方面，在表达自己观点时，要善用总结，并适时询问对方是否有疑惑的地方；另一方面，在接收对方信息的时候，可以再重复自己的理解，判断自己的理解是否有误差。

3. 注意非语言沟通要素

沟通除了依靠书面文字和语言之外，动作、表情、语音语调等非语言因素也都是重要的沟通要素。阿尔伯特·麦拉宾的研究表明，一个人在沟通过程中，肢体表情所起的作用大概为55%，语调所起的作用为38%，而大多数人认为很重要的文字所起的作用只有7%。[44]因而在沟通中，我们一是要注意理解对方的非语言沟通要素，从他人的眼神、表情、肢体动作等判断对方的心理活动，在理解对方的非语言沟通要素的时候，也要注意变通，不同性格的人、不同情境下所表达的意思也不尽相同；二是要有礼有节使用自己的非语言沟通要素。要改掉或避免不良动作习惯，使用与自己的角色以及场景相适应的非语言沟通要素。

在职场中，除了以上三项有效沟通的注意事项外，还要注意尽量不要越级沟通，并且做到工作信息传递及时。

（十）高效执行

1. 三思而后行

执行不是盲目地全盘接受，而是在接收工作指令和任务时，认真思考，做好充足的前期准备，收集完成任务所需的数据、资料和信息，客观、理性地进行可行性分析，并制订详尽的执行计划，与上级领导及团队成员讨论执行条件是否成熟、执行方案是否可行。

2. 拒绝借口

借口是高效执行的绊脚石，而习惯拖延的人会找到各种各样的借口阻碍工作目标和任务的实现。[51] 在工作中，要拒绝借口，学会紧盯目标而不是放大困难，既然接受了任务，就要履行承诺，无条件地高质量完成工作任务，不要让借口和拖延成为职业发展的绊脚石。

3. 注重效率

高效执行的一个前提就是工作的效率。高效率工作建立在充足的前期准备、高超的工作能力、完备的行动计划基础上，要专注于工作本身。

（十一）创新创造

1. 打破思维定式

思维定式是创新创造的阻碍。一般而言，思维定式包括权威定式、经验定式、书本定式和从众定式。[44] 打破思维定式，一是要从主观上有意识主动对常规提出疑问和改进方法，打破惯性的桎梏和舒适；二是要善于学习和接收新知识、新信息，增长见识、开阔视野。

2. 学习创新创造方法

创新创造意识、思维的养成和能力的提高是有规律可循、有方法可依的，特别是大学生创新创业素养提升已经形成了较为系统、规范、科学的课程体系。大学生要在学习阶段，通过课程的系统学习以及创新创业大赛、专业实习实训、学科竞赛等载体，持续、系统地学习和掌握创新创造科学方法。

3. 敢于行动和冒险

创新创造就要在遇到机遇和挑战的时候，敢于采取新措施和尝试新方法，推陈出新。在不确定的环境里，具有冒险的勇气和风险意识，大胆尝试创新方法。

（十二）以终为始

1. 确定目标

基于未来的愿景和自己的信念设立终极目标，在终极目标设立过程中，不要过多考虑现实因素，而是遵循"你想成为什么样的人"的本心，通过激励性的、清晰的语言将终极目标表述出来，终极目标贯穿整个职业生涯的始终。

2. 倒推计划

根据终极目标，分解不同时期的阶段性目标，每一个阶段的目标都必须指向终极目标的实现，按照前文所讲的 SMART 原则，倒推行动计划。

3. 定期评估

随着个体不断发展，阶段性目标和行动计划可能会出现变动，要经常检视自己的目标和行动计划是更接近还是更远离终极目标，定期对目标和计划进行评估和调整。

✍ 思维导图

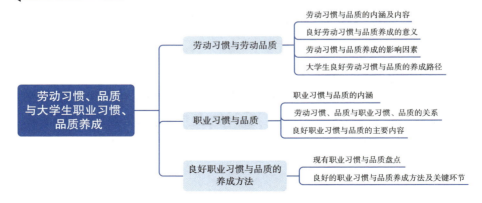

思考题

1. 劳动习惯与品质的内涵及主要内容是什么?

2. 良好劳动习惯与品质养成的时代价值是什么?

3. 良好劳动习惯与品质养成的影响因素及养成路径是什么?

4. 职业习惯与品质的内涵及主要内容是什么?

5. 劳动习惯与品质、职业习惯与品质的关系是怎样的?

6. 现有职业习惯与品质盘点的方法有哪些?

7. 职业习惯与品质养成的方法及关键环节有哪些?

实践探索

实践主题: 21 天良好行为习惯养成计划

实践目标:

1. 能够运用科学的方法制订计划。

2. 体会习惯养成的过程。

3. 养成良好的行为习惯。

实践过程:

1. 制订 21 天良好行为习惯养成计划,并与教师沟通修改意见。

2. 第一周内与同组成员之间相互鼓励、督促。

3. 每周进行一次计划复盘,并根据实施情况对计划进行调整。

4. 成果检验。

《21 天良好行为习惯养成计划》劳动实践记录表

主题		时间	
地点		实施人	
实践过程			
照片粘贴			
实践效果及感悟			

评价

评价项目	评价主体		
	自我评价	小组评价	教师评价
参与积极性			
团队协作			
态度认真			
准备充分			
过程有序			
效果显著			
体悟真实			
总体评价等级	（教师填写）		

参考文献

[1] 《坚持中国特色社会主义教育发展道路 培养德智体美劳全面发展的社会主义建设者和接班人》，人民网，2018 年 9 月 11 日，http://edu.people.com.cn/n1/2018/0911/c1053-30286253.html。

[2] 《全力"保健康、防重症"——各地医护人员坚守疫情防控一线速写》，"新华社"百家号，2023 年 1 月 5 日，https://baijiahao.baidu.com/s?id=1754190715751463032&wfr=spider&for=pc。

[3]　《习近平：高举中国特色社会主义伟大旗帜 为全面建设社会主义现代化国家而团结奋斗——在中国共产党第二十次全国代表大会上的报告》，中华人民共和国中央人民政府网站，2022 年 10 月 25 日，https://www.gov.cn/xinwen/2022-10/25/content_5721685.htm。

[4]　顾建军：《建构素养导向的劳动教育体系》，《教育发展研究》2020 年第 24 期。

[5]　蔡瑞林、花文凤：《基于混合研究方法的大学生劳动素养评价指标体系构建》，《中国大学教学》2021 年第 11 期。

[6]　董纯才：《加强思想教育、劳动教育 提倡群众办学、勤俭办学 教育部副部长董纯才在第一届全国人民代表大会第五次会议上的发言》，《江苏教育》1958 年第 6 期。

[7]　《教育部关于普通中学开设劳动技术教育课的试行意见》，《人民教育》1983 年第 1 期。

[8]　《全日制普通中学劳动技术课教学大纲（试行稿）》，《人民教育》1987 年第 Z1 期。

[9]　《全日制普通高级中学劳动技术课教学大纲（供试验用）》，《学科教育》1997 年第 11 期。

[10]《教育部 共青团中央 全国少工委关于加强中小学劳动教育的意见》，《中华人民共和国教育部公报》2015 年第 9 期。

[11]《中共中央 国务院关于全面加强新时代大中小学劳动教育的意见》，《人民日报》2020 年 3 月 27 日，第 1 版。

[12]《教育部关于印发〈大中小学劳动教育指导纲要（试行）〉的通知》，《中华人民共和国教育部公报》2020 年第 C2 期。

[13]《教育部印发义务教育课程方案和课程标准（2022 年版）》，中华人民共和国中央人民政府网站，2022 年 4 月 21 日，http://www.gov.cn/xinwen/2022-04/21/content_5686531.htm。

[14]《新华字典》（第 10 版），北京：商务印书馆，2004，第 515 页。

[15]曾院珍：《独立学院大学生良好行为习惯养成研究——基于 21 天效应理

论》，《亚太教育》2019 年第 1 期。

[16] 《袁隆平：一位人民英雄的一生》，澎湃新闻客户端，2021 年 5 月 23 日，https://m.thepaper.cn/baijiahao_12813931。

[17] 王晖、刘霞、刘金梦、李金文、高叶淼：《中小学生劳动素养评价的国际经验及启示》，《北京师范大学学报》（社会科学版）2022 年第 4 期。

[18] 陈斌：《新时代劳动教育的价值旨趣与逻辑转向》，《大学教育科学》2021 年第 4 期。

[19] 刘向兵、曲霞、黄国萍：《高校劳动教育体系化构建的学理与实践》，《中国大学教学》2021 年第 9 期。

[20] 中国社会科学院语言研究所词典编辑室：《现代汉语词典》（第 7 版），北京：商务印书馆，2016，第 1005 页。

[21] 曾妮：《论劳动教育中的"体验"及其关键环节》，《中国电化教育》2021 年第 11 期。

[22] 朱志勇：《中小学劳动教育课程体系构建与实施》，《课程·教材·教法》2021 年第 8 期。

[23] 王晖、刘霞、刘金梦、李金文、高叶淼：《中小学生劳动素养评价的国际经验及启示》，《北京师范大学学报》（社会科学版）2022 年第 4 期。

[24] 周英杰：《新中国 70 年劳动教育教材建设：进程、脉络与经验》，《湖北师范大学学报》（哲学社会科学版）2022 年第 5 期。

[25] 康翠萍、龚洪：《新时代中小学劳动教育课程的价值旨归》，《教育研究与实验》2019 年第 6 期。

[26] 《习近平在同全国劳动模范代表座谈时的讲话（全文）》，中华人民共和国中央人民政府网站，2013 年 4 月 28 日，https://www.gov.cn/ldhd/2013-04/28/content_2393150.htm。

[27] 《［理想中国］红旗渠精神永在》，求是网，2022 年 10 月 31 日，http://www.qstheory.cn/2022-10/31/c_1129090055.htm?ivk_sa=1023197a。

[28] 《习近平：在全国劳动模范和先进工作者表彰大会上的讲话》，中华人民共和国中央人民政府网站，2020 年 11 月 24 日，https://www.gov.cn/

xinwen/2020-11/24/content_5563928.htm。

[29] 纪德奎、陈璐瑶:《劳动素养的内涵、结构体系及培养路径》,《天津师范大学学报》(基础教育版) 2021 年第 2 期。

[30] 《习近平会见中国少年先锋队第七次全国代表大会代表》, 共产党员网, 2015 年 6 月 1 日, https://news.12371.cn/2015/06/01/VIDE143316480 2261223.shtml?isappinstalled=0&wd=&eqid=b300cf9b000183650000000 66475bf46。

[31] 《习近平: 在会见第一届全国文明家庭代表时的讲话》, 央视网, 2016 年 12 月 15 日,http://news.cctv.com/2016/12/15/ARTIJmlxiYn0ddxXTwiK 4zIy161215.shtml。

[32] 毕文健、顾建军、徐维炯:《重视学生劳动品质的培养——积极心理学视域下劳动教育的调查研究》,《中国教育学刊》2021 年第 8 期。

[33] 孙继滨:《卓有成效: 管理者的职业习惯》, 北京: 清华大学出版社, 2015, 第 4~6、111、112 页。

[34] 林凌:《学校情境中的劳动: 为何与何为? ——凯兴斯泰纳及其〈劳作学校要义〉的贡献》,《苏州大学学报》(教育科学版) 2020 年第 1 期。

[35] 陈欣:《心流体验及其研究现状》,《江苏师范大学学报》(哲学社会科学版) 2014 年第 5 期。

[36] 曲霞、李珂:《高校劳动教育必修课程规范化建设探析》,《中国高教研究》2022 年第 6 期。

[37] 詹青龙、孙欣、李银玲:《混合式劳动教育: 数字时代的劳动教育新形态》,《中国电化教育》2022 年第 8 期。

[38] 刘向兵、党印:《高校劳动教育实施推进的多元与统一——基于 80 所高校劳动教育实施方案的文本分析》,《中国高教研究》2022 年第 5 期。

[39] 王飞、车丽娜、孙宽宁:《我国高校劳动教育现状及反思》,《中国大学教学》2020 年第 9 期。

[40] 顾建军、毕文健:《刍议新时代劳动教育课程的一体化设计》,《人民教育》2019 年第 10 期。

[41] 王亚平:《出舱，拥抱浩瀚太空》(开卷知新)，《人民日报》2022 年 7 月 5 日，第 20 版。

[42] 李鹏、陈建有:《载人航天精神 自立自强创新超越的时代凯歌》，《中国教育报》2023 年 8 月 31 日，第 6 版。

[43] 《积极思维》，个人图书馆，2010 年 5 月 18 日，http://www.360doc.com/content/10/0518/20/1173749_28277738.shtml。

[44] 封智勇、余来文、於天、王勇编著《员工职业素养》，北京:中国劳动社会保障出版社，2019，第 25、120、201~203、217 页。

[45] 《精益求精》，百度百科，https://baike.baidu.com/item/%E7%B2%BE%E7%9B%8A%E6%B1%82%E7%B2%BE/81533#reference-3-11095054-wrap。

[46] 《习近平:在同各界优秀青年代表座谈时的讲话(全文)》，中华人民共和国中央人民政府网站，2013 年 5 月 5 日，https://www.gov.cr/govweb/ldhd/2013-05/05/content_2395892.htm。

[47] 人力资源社会保障部教材办公室组织编写《职业素养》，北京:中国劳动社会保障出版社，2019，第 42~43、113~114 页。

[48] 《习近平给中国劳动关系学院劳模本科班学员的回信》，新华网，2018 年 4 月 30 日，http://www.xinhuanet.com/politics/2018-04/30/c_1122766137.htm。

[49] 许琼林主编《职业素养》(第二版)，北京:清华大学出版社，2021，第 31 页。

[50] 斯蒂芬·P. 罗宾斯:《管理学》(第四版)，黄卫伟等译，北京:中国人民大学出版社，1997，第 377 页。

[51] 祝九堂:《职业长青:优秀员工的 7 个职业习惯训练》，西安:陕西师范大学出版社，2005，第 2、3、111~113、70~171 页。

[52] 陈承欢、陈秀清、彭新宇:《职业素养诊断与提高》(第 2 版)，北京:电子工业出版社，2022，第 269 页。

[53] 罗伯特·里尔登、珍妮特·伦兹、加里·彼得森、小詹姆斯·桑普森:《职业生涯发展与规划》(第 4 版)，侯志瑾等译，北京:中国人民大

学出版社，2018，第 22~23 页。

[54] 安德斯·艾利克森、罗伯特·普尔:《刻意练习：如何从新手到大师》，王正林译，北京：机械工业出版社，2016，第 127~147 页。

➲ 拓展阅读

1.祝九堂:《职业长青：优秀员工的7个职业习惯训练》，西安：陕西师范大学出版社，2005。

2.刘向兵、曲霞、黄国萍:《高校劳动教育体系化构建的学理与实践》，《中国大学教学》2021 年第 9 期。

3. B.A.苏霍姆林斯基:《帕夫雷什中学》，赵玮等译，北京：教育科学出版社，1983，第 374 页。

4.孙继滨:《卓有成效：管理者的职业习惯》，北京：清华大学出版社，2015。

第七章

劳动心理与大学生职业适应

名人名言

一个懒惰心理的危险，比懒惰的手足，不知道要超过多少倍。[1]

——戴尔·卡耐基

内容概要

本章主要内容是阐释劳动心理和大学生职业适应的内涵，探究劳动心理与职业适应的关系以及大学生职业适应的影响因素和路径方法，通过引导大学生厘清劳动心理的调节机制，帮助大学生在就业前期做好职业适应的理论准备和心理准备，激发大学生了解职业、思考职业的探索兴趣，以充实的内生动力夯实未来就业的心理基础。

学习目标

1. 掌握劳动心理的内涵及内容。

2. 了解劳动心理对职业适应的影响。

3. 掌握职业适应的内涵、内容、特点和方法。

4. 能够树立正确的求职观念和积极的职业适应心理，正确看待从学生到社会工作者的角色转换，拥有职业适应的前瞻性。

案例导入

刘明宇大学毕业后，通过学校招聘来到一所高级中学任教。由于在大学期间他的表现非常优异，履历很丰富，所以在开始工作后，他对自己充满信心，认为自己完全有能力胜任这份工作。可没过多久，他的想法就发生了变化，他觉得这份工作和自己的预想存在落差，自己和同事间的关系也不是很和谐，每天工作到很晚可是工作成果得不到领导的认可，他逐渐产生了辞职的想法……

案例中的主人公刘明宇为什么会有辞职的想法？假如是你遇到了这个问题，你会如何去做？为什么？

第一节　劳动心理概述

劳动是人们改变劳动对象使之适合自己需要的有目的的活动。通过劳动，人们在获得一定的物质资料的同时又满足了某种精神生活需要。劳动作为一种社会生产活动过程，其本身就反映了劳动者的心理活动过程，劳动者的认知、人格、情绪等劳动心理直接影响着职业适应。

一　劳动心理的内涵

劳动是人类社会生存和发展的基础，是人类创造物质或精神财富的活动。按照传统的劳动分类理论，劳动可分为脑力劳动和体力劳动。心理是人类大脑对客观物质世界的主观反映，心理的表现形式叫作心理现象。劳动心理是指劳动者在社会中所处的地位和人与人之间的关系对劳动者工作在心理上的影响，劳动心理是岗位评价工作的指标之一，包括择业心理、择岗心理和岗位心理。[2]

及时了解和把握劳动者的劳动心理变化，能够帮助劳动者选择适合的岗位，改善劳动组织关系，更好地进行劳动组织管理，缓解劳动者的工作压力，提高劳动者的工作幸福感并最终提高劳动效率。

二　劳动心理的内容

劳动心理对劳动者的幸福感和工作效率有重要影响。一般来说，劳动心理主要包括劳动者的认知、人格和情绪。

（一）劳动者认知

认知是个体认识客观世界的信息加工活动。心理学中常用信息加工的观点来描述劳动者的认知过程。此过程也是以感觉、知觉、记忆、想象、思维、行为等形式反映客观对象的性质及对象间关系的过程。

劳动者的信息加工过程分为以下四个阶段。

1. 第一阶段：信息输入

信息输入是信息获取的起点，主要是通过人的感觉来实现的。劳动者在劳动活动中的心理过程首先是感觉。感觉是指人脑对客观事物个别属性的反映，[3] 是个体认识世界的开端。感觉的信息加工主要发生在接收信息的专门装置，也就是外部感觉，如视觉、听觉、味觉、嗅觉和肤觉等的感受器，如图 7-1 所示。

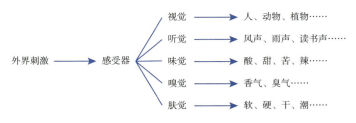

图 7-1 信息输入的过程

人在劳动活动中可以综合运用各种感受器；反过来，劳动活动又促使各种感受器的功能（感受性）得到发展。例如，人在进行射箭的过程中综合运用视觉、听觉、肤觉等感受器。初学者在刚开始射箭时，感受性低，射中率低，经过有目的、有针对性的多种多样的感官训练之后，人的感受性提高，射中率也随之提高。

2. 第二阶段：信息传递

劳动者的信息传递能力会受到信道容量、信息编码维度、信息的熟悉程度、觉醒状态和疲劳等多种因素的影响而发生变化。

（1）信道容量

信道容量是指传信通道传送信息的最大速率。人从刺激发生作用到做出反应，其传信通道需要经历感觉输入、中枢加工和运动输出三个阶段。劳动者的各种信息输入通道与输出通道在信息传递能力上有明显的差异。

例如，综艺节目《王牌对王牌》中有个游戏叫作"传声筒"。在比赛中每队选出5名队员，只有第一人可以看到台词提示板，然后通过口述的方式依次往后传递台词。每两人进行声音传递时，会有时间限制，而后续参与者也都戴有耳机，听不到前面传递的信息。一直到最后一名队友接收完信息，口述台词，猜测台词正确字数多的队伍获胜。在这个游戏中，因传递台词出错而笑料百出。有人几乎记不住台词，有人则是记忆力惊人，这就是因为每个人的信息传递能力不同，信道容量有差异性。

（2）信息编码维度

信息编码维度是指用来传递信息的编码刺激可以独立变化的特征。每一种可独立变化的特征就是一个维度。只有一个特征可以变化的刺激称为单维刺激，有两个及以上可以变化的特征复合的刺激称为多维刺激。例如，视觉刺激在形状、大小、颜色、明度等特征上分别加以变化。若有一个视觉刺激仅可以在大小和明度两项特征上进行变化，它就是二维视觉刺激；若这个刺激的形状与颜色特征都可以做四种变化，它就可以做出十六种变化，可用以对十六种不同的信息进行编码。也就是说，刺激所包含的维度数越多，可以进行编码的信息也就越多。人在劳动过程中，可以根据实际情况利用编码刺激加速信息传递。例如，材质、大小和形状等都相同只有颜色不同的两个球，一个是不发光的纯白色球，另一个是可以发出五颜六色光的彩色球，我们的第一目光会被彩色球吸引，而且对这个彩色球印象更深刻。这是因为彩色球的视觉刺激多，可进行编码的信息多，加速了信息传递。

（3）信息的熟悉程度

人对信息的熟悉程度对信息传递能力有明显的影响。在一定限度内，人对信息的熟悉程度越高，信息传递效率就越高。所以，在实际工作中，可以在一定范围内通过科学训练提高劳动者对信息的传递能力。

（4）觉醒状态

人的觉醒状态会影响信息传递的效率。人的觉醒水平和大脑的清醒程度有关。人在睡眠时，大脑处于抑制状态，几乎停止信息传递。只有当大脑处于一定的觉醒水平时，才可能进行信息传递，而且觉醒水平和信息传递效率呈正相关，但在觉醒水平超过一定限度后，信息传递效率不仅不再随觉醒水平提高而提高，还会随觉醒水平提高而降低。

人的觉醒水平和昼夜有关。在正常情形下，人在白天的觉醒水平高，在夜晚的觉醒水平低。

人的觉醒水平还和任务状态有关。若在工作中获取的信息太少，或工作处于一种单调重复的状态，觉醒水平就较低；反之，若工作高度紧张，觉醒水平就较高。

所以，劳动者的工作最好在白天，保持工作的初心和热情，正确缓解工作压力和烦躁情绪，提升工作兴趣和工作灵活性，让大脑在工作时处于适当的觉醒状态。

（5）疲劳

疲劳会对信息传递和信息加工过程产生不利影响。疲劳会降低人的觉醒水平，使人感受刺激作用的灵敏性降低，并使反应动作变得迟钝。所以，劳动者在疲劳时就很容易发生操作事故，甚至会给劳动者造成无法挽回的人身伤害。此外，人在疲劳的时候，无法保证劳动质量，还可能会投机取巧、偷工减料，因而会导致生产操作中的不到位现象，给他人安全埋下隐患。因此，劳动者的工作量一定要适度，要劳逸结合，不要在疲劳的状态下工作，尽量避免危险的发生。

3. 第三阶段：信息加工

知觉是人脑对直接作用于感觉器官的客观事物的各个部分和属性的整体反映，知识经验对知觉起着重要作用，它使知觉更丰富、精确、富于理解性，但有时也可产生消极作用。[3] 因此，知觉是现实刺激与知识经验共同作用的结果。感觉和知觉的区别与联系如表 7-1 所示。

表 7-1 感觉和知觉的区别与联系

		感觉	知觉
区别	定义不同	感觉是指人脑对客观事物个别属性的反映	知觉是人脑对直接作用于感觉器官的客观事物的各个部分和属性的整体反映
	生理机制不同	感觉是单一分析器活动的结果	知觉是经验和多种分析器协同活动对复杂刺激物或刺激物之间的关系进行分析综合的结果
联系	1. 感觉是知觉产生的基础。 2. 知觉是高于感觉的心理活动，不是感觉的简单相加之总和。 3. 知觉是感觉的深入与发展。一般来说，对某客观事物或现象感觉到的个别属性越丰富，越完善，那么对该事物的知觉就越完整，越准确		

现代认知心理学家以信息加工的观点探讨知觉过程，劳动者的知觉信息加工过程分为整体加工和局部加工、自上而下加工和自下而上加工。

知觉对象作为一个整体而存在，整体是由部分组成的。劳动者在对外界对象的知觉过程中，首先要分析对象的特征，而后将感受到的特征加以综合而产生整体知觉，这就是整体加工。

自下而上加工，是对现实刺激的信息加工，从较低水平的加工到较高水平的加工。例如，当你听音乐的几个音符或者一个片段时，你可以将它们综合起来判断这是哪首歌。

自上而下加工，是对已有知识的信息加工，从较高水平的加工到较低水平的加工，就是由知识或概念引导对刺激进行信息加工。例如，当你在商场等一个朋友，你寻找她时不会将具体的身高、体重、脸型、年龄和发型等具体的信息进行一一比对，而是在脑海中有一个整体的形象，将她与整体形象进行匹配，进而从其他对象中把她识别出来。一般认为客观对象作用于劳动者时，需要通过自上而下加工和自下而上加工的相互作用才能实现对象的整体形象反映。

4. 第四阶段：信息输出

信息输出是指信息从中枢向人的各个运动器官传送的过程。信息输出表现为人的各种反应活动。

（1）信息输出的类型

信息输出必须通过人体各种反应器官。按反应器官可以将信息输出分为手动输出、足动输出、言语输出、眼动输出等形式。

信息输出活动按操作要求可以分为以下五类。

定位运动：手或足从一处移动到另一处，如使用鼠标。

连续运动：需要不断调整的运动，如汽车驾驶员操纵方向盘。

序列运动：把若干分开的独立的动作按一定顺序组织起来形成一个序列的运动，如工人启动机器。

重复运动：一次又一次地重复进行某种动作的运动，如用手锯锯木板。

静态调节：是一种没有外显动作的肢体紧张状态。由于静态调节，人的肢体能在一定时间内保持某种姿势，如某些杂技动作就需要静态调节。

（2）信息输出的速度

速度是评价信息输出质量的主要指标。信息输出的速度一般用反应时来测量。从刺激出现到反应完成之间的时间称为反应时。反应时包括两个部分：反应潜伏时间（从刺激出现到反应开始之间的时间）和运动时间（从反应开始到反应完成的时间）。反应时分为简单反应时和选择反应时。只有一个刺激时，对刺激做出反应的反应时称为简单反应时；当呈现的刺激不止一个时，就要求在各个刺激出现时做出不同的反应，这时测得的反应时称为选择反应时，如图 7-2 所示。

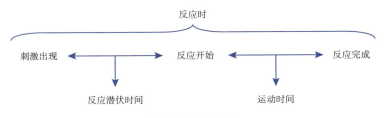

图 7-2　反应时

（3）信息输出的精确性

精确性是评价信息输出质量的另一个重要指标。信息输出的精确性有两重含义：一是指正确性；二是指精度。需要注意的是，正确的反应可以有精度上的差别。例如，打靶时，正确性是指打中靶子，精度是指打中最外面一环只有 1 分，打中最里面一环可得 10 分。

（4）速度－精确性互换特性

人们都希望操作做到既快又精确，但快与精确存在一定的矛盾。要操作精确性高，就会放慢速度；要加快操作速度，就会降低精确性。这种现象称为速度－精确性互换特性。根据这一关系，劳动者在实际操作中应对速度和精确性的要求进行权衡，过于追求精确性或过于追求速度都会得不偿失，降低效益。

（二）劳动者人格

人格是一个复杂的结构系统，它包含很多成分，其中主要包括气质和性格。

1. 气质

气质是人格的一个组成部分，是一个人在他的心理活动和外部动作中所表现的有关强度（例如，情绪体验的强度、意志努力的程度）、灵活性、稳定性和敏捷性等方面的心理特征的综合，更明显地表现在情绪和情感的发生速度、向外表现的强度等方面。受个体生理组织特点的制约，气质比其他心理特点更具有先天倾向，在环境和教育的影响下可以改变，但相当缓慢。[3]

（1）心理学家艾森克界定的气质类型

如表 7-2 所示，心理学家艾森克认为有以下四种传统的气质类型。

表 7-2　心理学家艾森克界定的气质类型

气质类型	神经类型	气质特点	代表人物
多血质	活泼型	多血质的人一般有很高的灵活性，容易适应变化的生活条件，在新的环境中不感到拘束，他们善于交际，能很快同别人接近并产生感情，但感情体验不深刻、不稳定，情感产生之后既容易消失，又容易转变。多血质的人大多机智、聪敏、开朗、兴趣广泛，能迅速把握新事物。在行动方面，多血质的人反应迅速而灵活，在从事复杂多变和多样化的工作时往往成绩显著。但是他们的兴趣不够稳定，注意力容易转移，一旦没有足够的刺激的吸引，常常会变得厌倦而怠惰，开始所具有的热情会很快冰消瓦解。在日常生活和工作中，多血质的人给人的印象是聪明热情、活泼好动	王熙凤
胆汁质	兴奋型	在情绪活动中，情感发生迅速、强烈、持久，一般表现为脾气暴躁、热情开朗、刚强直率、果敢决断，但往往易于激动，不能自制。在行动方面，胆汁质的人表现为精力旺盛、反应迅速、行动敏捷、动作有力，对工作有一股烈火般的热情，能以极大的热情投身于自己所从事的事业，能够同艰难困苦做勇敢坚决的斗争。但这种人的工作特点带有周期性，当精力消耗殆尽时，便会失去信心，心境变化剧烈，由狂热转为沮丧，甚至半途而废、前功尽弃。在思维方面，胆汁质的人接受能力强，对知识理解得快，但粗心大意，考虑问题往往不够细致。一般来说，胆汁质的人大多是热情而性急的人	张飞
黏液质	安静型	黏液质的人平静，善于克制自己的冲动，能严格地遵守既定的生活秩序和工作制度，他们的情绪和兴趣都比较稳定，态度持重，不轻易发脾气，不卑不亢，不爱空谈，不大喜欢交际，严肃认真，具有较好的坚持性，常常表现得有耐心、有毅力，一旦对自己的力量做好了估计，选定了目标，就能一干到底，不容易受外界的干扰而分心。黏液质的人不足之处是不够灵活，因循守旧，保守固执。黏液质的人大多是一些沉静而稳重的人	林冲
抑郁质	抑制型或弱型	抑郁质的人外表温柔、恬静，在行动上表现得非常迟缓，常常显得忸怩、腼腆、优柔寡断、迟疑不决。他们尽量摆脱出头露面的活动，喜欢独处，不愿意与他人交往。在遇到困难和危险时，常常有胆怯畏缩、惊慌失措的表现。但是，抑郁质的人具有较高的敏感性，他们思想敏锐，观察细致，谨慎小心，常常能观察到别人观察不到的东西，体验到别人体验不到的东西，往往为一些微不足道的缘由而动感情，在情绪上产生波动和挫折，却很少在外表上表现自己的情感。有的心理学家把抑郁质的人的这种特点称为艺术气质。抑郁质的人大多是一些情感深厚而沉默寡言的人	林黛玉

在实际生活中，"典型型"（具有某一种气质类型典型特征者）人数较少；"一般型"（近似于其中某一类型者）和"混合型"（具有两种或两种以上类型者）人占多数。因此，在测定劳动者的气质时，应根据实际情况具体分析其特点，而不能根据典型气质的一般特征进行简单的推测，更不能硬性地将其划入某种典型。

苏联心理学家达威多娃曾形象地描述了四种基本气质类型的人在同一情景中的不同行为表现。四个不同气质类型的人上剧院看戏，都迟到了。

其中，多血质的人立刻明白，检票员是不会放他进入剧场的，但是通过其他通道进场容易，就跑到其他通道去了。

胆汁质的人和售票员争吵，企图闯入剧院。他分辩说，剧院里的钟快了，他进去看是不会影响别人的，并打算推开检票员进入剧院。

黏液质的人看到检票员不让他进入正厅，就想："第一场总是不太精彩的，我在小卖部等一会儿，幕间休息时再进去。"

抑郁质的人说："我老是不走运。偶尔来一次戏院，就这样倒霉。"接着就返回家去了。

（2）气质与劳动的关系

气质是天生的，没有好坏之分。如完成同一项任务，多血质的人可能做得快而粗，抑郁质的人可能做得慢而细，每一种气质类型的劳动者都可能获得劳动成就。气质与劳动者的社会价值和成就高低并无直接关联，但气质是客观存在的，并对劳动者从事的工作和行为有一定影响。例如，多血质和胆汁质类型的人适合从事灵活性、应急性的工作；黏液质和抑郁质类型的人适合做有条不紊、按部就班、持久细致的工作。如果两个具有相同社会背景但气质类型不同的人从事同一份工作，付出同样的努力，工作效果可能不同；或者是工作效果相同，但付出的努力很不一样。也就是说，如果让劳动者从事与自己气质不相适宜的工作，他就要付出较多的努力和进行艰苦的锻炼才能适应自己的工作岗位。因此，人力资源管理部门在选拔人才和安置人员时，应尽量使劳动者的气质与其从事的工作相适应。

2. 性格

性格形成要经过一个长期的塑造过程，一旦形成就趋于稳定，其含义有三：个人各种特点综合成的一个整体，被视为人格的核心；能借以识别一个人的一贯而持久的特性或品质；从道德标准或价值系统去考虑和评定个人的思想和行动。[3]

（1）劳动者性格特征分析

劳动者性格的态度特征是指人在处理各种社会关系方面的性格特征，例如，对内自信、自尊、自强，对外积极主动和消极怠工等。

劳动者性格的意志特征是指人在自己行为的自觉调节方式和水平方面的性格特征，例如，自觉性和盲从性、坚定性和动摇性、果断性和优柔寡断性等。

劳动者性格的情绪特征是指人的情绪活动在强度、稳定性、持续性和心境等方面表现出来的性格特征，例如，动力性（积极和消极）、激动性（激动和平静）、强度（从愉快到狂喜，从微愠到狂怒）和紧张度（紧张和放松）等。

劳动者性格的理智特征是指人的认知活动特点与风格。这主要是性格的自控性表现。人是有意识的社会动物，其行为表现不是无目的的，也不是相当随意的。思考、分析、理解是劳动者性格表现的理智特性。

（2）劳动者性格发展特点

劳动者的性格在劳动实践中也会不断地丰富和发展，不同作业的劳动过程、劳动环境以及对劳动者的素质要求的不同，导致其性格变化和发展的表现也大不相同。例如，内向的职场小白经过销售工作的锻炼变得外向。

（3）劳动者性格的鉴定

劳动者在劳动活动中常常依靠自己的经验鉴定其他劳动者的性格。但因每个人的知识、经验、阅历、偏见等不同，往往不易判断正确，因此要采用观察法、谈话法、问卷调查法、个案法、实验法、投射法、作品分析法、传记分析法等方法进行科学的性格鉴定。

（4）性格与劳动活动的关系

性格对劳动活动有着重要的影响。例如，性格的态度特征影响着劳动者工作能力的形成和发展；性格的意志特征影响着劳动者任务完成的程度、范围和时间；性格的情绪特征影响着劳动者的精神状态和工作满意度；性格的理智特征影响着劳动者的工作水平。除此之外，性格与劳动活动的关系，还表现在它对人力资源管理工作的影响和作用上。性格是决定劳动者行为倾向的重要心理特征之一。企业领导掌握每个劳动者的性格有助于引导劳动者的行为向对劳动活动有利的方向发展，有助于创设适宜的劳动环境，使之与劳动者的性格倾向尽量吻合，以利于劳动者愉快地最大限度地发挥其能力。如适当地分配劳动者的工作，避免因性格搭配不和谐而引起劳动者之间的摩擦，或出现紧张的人际关系。

（三）劳动者情绪

1. 情绪的内涵

情绪是与机体需要相联系的体验，是人与动物所共有的。[3] 从发生来说，情绪发生得较早；从稳定性来说，情绪一般带有情境性，持续时期不长，较不稳定。西方心理学界对情绪和情感两个概念一般不做严格区分，常交换使用。

2. 情绪状态的分类

情绪状态是指情绪本身的存在形式，在某种事件或情境影响下，一段时间内各种情绪体验的一般特征表现。主要分为心境、激情和应激等不同状态。

心境是指人比较平静、较微弱而持久的情绪状态，具有渲染性和弥散性的特点。例如，"人逢喜事精神爽"。积极的心境可以使劳动者身心愉悦，帮助劳动者克服困难，提高劳动者学习和工作的效率；反之，消极的心境则有可能导致劳动者患身心疾病，使劳动者意志消沉、悲观绝望，甚至无法正常工作和交往。

激情是强烈而短暂的情绪状态，具有冲动性和爆发性的特点。例如，狂喜和狂怒等。激情是把双刃剑，虽然可以激发劳动者内在的心理能量，提高工作效率，但是也具有很大的破坏性和危害性。因此，在生活中应该适当地控制激情，多发挥其积极作用，做自己情绪的主人。

应激是在出乎意料的紧急情况下出现的高度紧张的情绪状态，往往有两种极端的表现，一种是积极的应激反应，表现为沉着冷静、急中生智、力量骤增；另一种是消极的应激反应，表现为惊慌失措、一筹莫展，产生错误的行为，加剧事态的严重性。这两种截然不同的行为表现，既同个人的能力和素质有关，也同平时的训练和经验积累有关。因此，在日常生活中，要锻炼劳动者积极的应激反应，例如，进行地震逃生演练、防火演习和救生训练等。

3. 情绪与劳动的关系

一般来说，情绪高劳动者工作效率也会高，情绪低劳动者工作效率也会下降。这是因为情绪对行为有增力和减力的作用。然而，进一步研究发现，两者并非呈直线关系。

（1）赫布曲线

心理学家赫布通过研究提出了情绪唤醒水平与操作效率之间的关系曲线，如图 7-3 所示，情绪唤醒水平与操作效率之间呈倒"U"字形关系。当情绪唤醒水平很低时，操作效率极低或等于零；当觉醒程度逐渐提高，即情绪逐渐被唤醒时，操作效率随之逐渐提高；当情绪唤醒达到最佳水平时，操作效率也达到最高水平；情绪唤醒水平继续提高，情绪开始受到干扰，操作效率亦开始下降，直至过渡到情绪紧张状态，使操作效率降至极低水平或等于零。

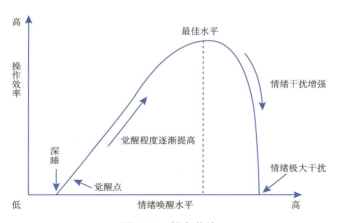

图 7-3 赫布曲线

（2）耶克斯 – 多德森法则

耶克斯和多德森在进行关于工作性质与心理压力之间的关系的实验研究后，归纳出一项用以解释心理压力（情绪压力）、工作难度与作业成绩三者之间关系的法则，心理学上称其为耶克斯 – 多德森法则。

如图 7-4 所示，该法则表明，不同性质的工作，取得最大效率所要求的情绪唤醒水平不同。简单容易的工作，取得最高效率所需的情绪唤醒水平较低；困难复杂的工作，取得最高效率所需的情绪唤醒水平较高；工作难度适中，心理压力也适中，作业成绩最佳。

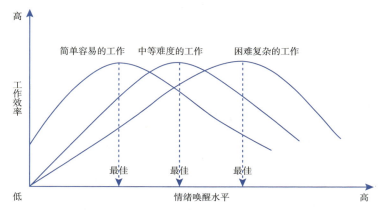

图 7-4　从事性质不同的工作时所需要的情绪唤醒水平

三　劳动心理对职业适应的影响

对于一个从业者来说，从走进职业生涯到完全适应职业生活，要经过对职业实践、职业规范、职业环境、职业文化等的观察、认知、领悟、模仿、认同、内化等一系列的学习和实践过程，才能达到对职业生活的能动适应。职业适应主要表现在以下五个方面：心理适应、生理适应、岗位适应、智能适应、人际关系适应。其中，心理适应对于职业适应起着决定性的作用。劳动者能否有一个良好的职业心态，将直接影响工作的效率和个人的信心。

1. 认知对职业适应的影响

认知对从业者职业适应的影响主要表现为有关职业的各种信息使从业者产生的各种心理反应，如感觉、知觉、注意和意志等。实际上，也就是我们常说的职业信念、职业目标、职业规划、竞争观念、协作观念等。

思想决定人生高度，信念决定人生成败。认知影响从业者的人生走向，从业者在职场中做出的任何一个决定，都取决于个体对事情的认知。从职业发展角度而言，自我认知是职业定位的基础，是成功规划职业生涯的基础，是塑造劳动者特别是大学生健康人格的必要条件。拉扎勒斯的认知评价理论认为，自我认知对职业发展具有正反馈作用，个体的认知水平往往会在其职业决策中起到主导作用。认知自我的水平越高，越能够客观地评价自己，合理设置目标，从而更有效地树立信心并解决问题，对后续职业发展起到积极作用。因此，提高认知水平特别是自我认知水平对于从业者来说是必不可少的。

2. 人格对职业适应的影响

职业和人格也存在双向选择和匹配。在求职的路上，正确认识自己是职业选择过程中一个很重要的原则，对于自己的职业发展来说是非常关键的。

人的性格千差万别，不同性格的人对职业的适应性也不尽相同。一定性格的人适于从事一定性格特质的职业；同时，不同的职业对人也有不同的性格要求。目前，MBTI 职业性格测试是国际上最为流行的职业人格评估工具。通过测试，大致了解自己的性格，把个人的职业意愿和自身素质相联系，根据社会的需要和社会职业岗位需求的可能性，评价个人职业意向的可行性，以积极的态度去选择职业才是正确的择业观和就业观。

不同气质类型的人，选择职业的方向也不相同。多血质类型的人适合做政府及企事业单位管理工作、外事工作、公关工作、驾驶员、医生、律师、运动员、新闻工作者、演员、公安侦察员和服务员等，而不适合做细致的工作，单调机械的工作也很难胜任。胆汁质类型的人一般适合做导游、勘探工作者、推销员、节目主持人、外事接待员、演员等工作，他们适应热闹、繁杂的工作环境，而对长期安坐的细致工作很难胜任。黏液质类型的人一般适合从事外科医生、法官、组织者、财会、统计和播音员等工作。抑郁质类型的人适合从事实验研究、文献管理、财务出纳、化验分析、教育培训等工作，而不适合做需要与各色人物打交道、变化多端、大量消耗体力和脑力的工作。而且大概率来讲，性格越外向，适应环境越快，越有助于个人在遭受挫折时积极调整好心态，从逆境中奋起。当然，在同等条件下，就业准备越充分，找到合适工作的机会就越多。大学期间社会实践活动的经历、兴趣爱好、工作单位领导的作风、工作效率等职业要素也影响着从业者的职业适应。

3. 情绪对职业适应的影响

情绪是人对外界事物的心理反应，环境的变化促使从业者必须调节自己的情感与之相适应。如果他们对所从事的职业缺乏正确的认识和必要的情绪，不仅不会热爱自己所从事的职业，而且会产生失望心理。部分从业者在就业初期，会不同程度地出现依附、从众、恋旧、畏怯、浮躁、空虚、迷茫、苦闷、失落等不良心理，如果不及时调整和矫正，这些不良心理必然会影响工作和个人的成才与发展。特别是大学生，在就业初期由于社会角色的改变，不能及时转换校园角色思想观念，对自己和社会过于理想化，也就是说，遇到期望与实际的矛盾和理想与机遇的矛盾，不能根据角色的变化和社会的实际情况及时调整自己的理想和目标，不能用新的职业规范要求自己，甚至不会运用自己所掌握的知识开展工作，自己的才能也得不到很好的发挥，一定时间内到不了位，发生角色冲突，产生新的矛盾，搅乱了过去的平静心态，引起情绪波动，产生不适应问题。因此，尽快完成所从事职业的地位、性质、职责等角色转换，实现角色适应，是进一步实现职业适应的前提和基础。

劳动者特别是大学生初入职场，面对的不仅仅是生活场景的变换，还是职业人身份的转换，更是个体综合认知的转变。在实践过程中，因为性别、年龄、成长情况、客观环境等诸要素的影响，这个转变往往会带来诸多不同的结果，如何克服消极的影响，趋向好的积极影响，在个体职业成长与发展的过程中实现调和并济，达到更好发展，是需要探讨的重要问题。

第二节　大学生职业适应

生活需要理想，人生需要方向。你理想的职业是什么？为了能够实现这一理想，你是否已经做好了充足的准备？为了成功从事理想工作而做的准备是一个过程，这个过程以获得工作为结点。那获得工作之后呢？当真正从事了理想工作后，这个工作会成为我们一生的工作吗？在当今社会，有很多大学生能够通过自己的努力找到心仪的工作，可是不难发现，大学生在获得第一份工作后的离职率和转岗率并不低，其中又存在什么样的原因呢？这一问题非常鲜明地指向了一个结果——大学生职业适应。

一　大学生职业适应的内涵

当学生个体在更为深入的社会化的过程中，当学生最终离开校园确定初入社会所选择的岗位时，就已经开始了职业适应的进程。

（一）适应的内涵

伴随着人类社会的发展，生物学领域出现更为清晰明确的"适应"概念。达尔文对生物进化论的看法是"物竞天择，适者生存"。这一观点表示，万事万物只有能够与生物各层次和结构相适应，或能够适应环境的变化，才能够生存和发展。之后，有社会学家、心理学家等学者把适应的应用领域进行了扩展。

综上，适应表现为个人与环境之间的关系，即在与环境的交往中个体与环境之间的相互影响所形成的在自主能动性的调节下自身与环境相协调的能力水平，这是在个体开启新的社会化基础上的自身发展阶段性成就表现。

（二）职业适应的内涵

职业适应又称为工作适应，是指个人在工作中面对一系列问题时，所产生的一种相互影响、趋向与协调的心理过程。其中涵盖个体对自身的职业角色、定位、人际关系、代际关系、整体素质、价值观、目的期望等内容的适应，而不是个体与单一因素的互动。

职业适应也包括两个方面：一是人，即从业者；二是职业。人与职业是相辅相成的，需要不断地相互作用才能得到和谐的结果。对人而言，职业适应是指个体个性与职业的搭配适宜程度，体现在个体从职业中收获的反馈。在入职初期，职业适应是个体主观适应客观的过程，需要个体发挥一定的主动性，积极居于主体地位发挥主导作用，调节自身与职业所不相适应的地方。对职业而言，职业适应是职业对于个体能力和发展层次动态阈值的要求，体现在个体能否适应工作的各项标准。

（三）职业适应的内容

职业适应是个人在与工作的交互中所形成的一种职业能力，它是由个人和工作环境相互作用而产生的。职业适应的内容包括职业环境适应、职业身份适应、职业技能适应、职业压力适应、职业人际适应、职业地位适应等。此处仅对前三项内容进行介绍。

1. 职业环境适应

职业环境适应包括两方面内容，分别是物理环境适应和社会心理环境适应。从事职业劳动的场所如地点、温度湿度、设施设备、噪声等都属于物理环境。社会心理环境是指从事职业工作要经历的情况和条件，特别是工作氛围，其中起主要作用的是工作所在环境的文化。个体对职业环境的感受来自领导的态度、同事的相处情况、工作的挑战与压力、主动性承担、付出回报等。在职业环境感受中，个人与职业的匹配程度相合性是判定职业环境适应的基石。

职业环境适应的难点在于，职业环境适应是循序渐进的过程，大学生在大学学习期间很难有机会完全以一名工作人员的角度去感受职业环境，大学期间虽然有一定的实习实践机会，但是时间不长，主要还是以学生的角度参与，职场中的人也不会真正把大学生当作同事来对待，对大学生的照顾、帮助想法居多。

2.职业身份适应

职业身份适应是指个体对于自己职业身份的认知、选择、验证、坚持的过程，这是一个层层深化的适应过程，不同的职业身份呈现不同的适应特征，甚至会有适应的反复，在选择和验证的过程中容易发生适应性问题。外部因素比如同龄人的职业身份、地位、发展前景、职位竞争预期都会影响个体的职业身份适应。职业身份适应的关键是大学生的角色转换，大学生在学校的角色是学生，进入工作后转变成了职业角色，这两个角色有诸多区别，把握好角色转换对于大学生的职业身份适应十分必要。

（1）就业前后角色的区别

在权利义务方面，学生角色的权利是受教育权，获得国家、社会、家庭提供的各项支持，义务是完成规定的学业，满足相应的要求。职业角色的权利是依法履职，行使所从事职业的各项职权，并获得工作报酬和待遇，义务是完成职业所规定的任务要求。

在独立自主性上，职业角色不再是学生依靠父母、老师的被动角色，而是有了工作报酬经济独立，工作上逐渐得心应手能够独当一面，能够自己照顾自己，依靠自己感知和熟悉自己的工作和所处的社会。

在面对的情况方面，学生角色经历的事情较为简单直接，职业角色经历的则相对复杂。

在活动方式上，学生在学校以学习、上课、检测为主要活动，也会参加一些感兴趣的课外活动，参与活动的社会性程度具有大学校园的实际标准，且被动性更高。职业角色的活动方式是学生角色活动方式的深入阶段，在职业角色中大学生需要运用在大学里获取的知识和能力，在遵守规章制度的前提下，主动地参加活动，获取机会。

（2）角色转换中存在的劳动心理问题

怀旧心理。进入工作后，大学生仍然会在一定时间内以学生角色的思维方式观察和认识事物，以学生角色的标准和守则要求自己，这和职业角色的要求是不一样的，因此难免会在工作中"碰壁"，导致他们在压力中怀念曾经的大学时代。

自傲心理。大学生在角色转换中高估自己的能力水平，自以为是，认为工作轻而易举，不深入基层，不深入实践，不与同事合作，只想做出彩的巧活，不去做踏实的细活。

落差心理。大学生在工作前把工作想象得过于美好，对职业角色身份的期望过高，没有结合实际思考现实情况。当真正进入工作后，容易产生落差感，甚至自卑感，导致情绪低落郁郁寡欢，不及时调整将难以适应角色转换。

（3）大学生进行角色转换的意义

大学生进行角色转换有利于通过角色转换进行职业身份适应，进而更好地进行职业适应。在新的工作岗位上，越快完成角色转换，越能尽早尽快适应复杂的工作情况、崭新的工作环境、现实的人际关系、专业的工作内容，掌握就业初期的发展主动权，在激烈的竞争中打好发展基础。

3. 职业技能适应

职业技能适应是指在从事某一行业时，必须具备的技术能力，以及与技术掌握过程相统一的心理适应过程。不同的职业对应着不同的技能，职业技能的学习与运用对个体职业适应产生重要的影响。比如教师职业技能需要从事教师工作的个体具备良好的沟通交互能力、语言表达能力、心理分析能力、文字综合能力和专业基础能力，这是建立在一定教学训练基础上的，新入职教师面对真实的教学环境也需要进行技能的补充与提高才能更为适应地面对发展变化着的职业要求。

因此，在当前的就业背景和要求下，需要注重对学生职业适应的前瞻性培养，这对增强学生择优上岗的竞争能力是有必要的。大学生初入工作岗位，在满怀期待的同时，也蕴藏着对未知和不可控的担心和忧虑，这往往给刚入职的大学生增加了很大的心理负担，其实这种负担是可以避免的。大学生如果能够及时适应身份的转换，自我约束保持良好的个人形象、锤炼自我心理素质和担当能力、维护好正常的人际关系，便能够像鱼在水中般自由，逐渐成为岗位上的优秀人才。

（四）大学生职业适应的特点

研究表明，大部分的大学生在毕业后能够做到职业适应，只不过适应的时间长短不同，在适应的过程中普遍存在以下四个特点。

1. 过渡性

职业适应在范围上是由表及里，在过程上是由浅层至深层，呈现过渡性的深入过程，是毕业生在连接校园与岗位的场景中循序渐进的接受过程。

2. 矛盾性

岗位的要求与毕业生对岗位的认识存在矛盾，毕业生需要以完整的社会人角色参与工作，特别是面对工作中因个体经验不足产生的各种矛盾。

3. 综合性

当毕业生在岗位上工作时，所面临的是多个系统下不同要素之间的彼此交集配合，有具体的要素也有隐性的要素，十分考验毕业生的综合能力。另外，评价职业适应情况区别于在大学时的学业成绩评价，职业适应的评价标准也是一项综合的内容。

4. 平衡性

毕业生职业适应的结果是实现个体与职业的平衡，通过平衡自己内心的岗位不适感，把自身成长的需要和克服困难结合起来，平衡各岗位要素，达到具体的统一。

二　大学生职业适应的表现

大学生职业适应的表现，因个体主观的思想认知和实践水平的不同，以及工作环境的不同而存在一定的差异。在实际案例中，哪怕是一对成长环境相同、学历和专业也相同的双胞胎，在工作中都会面临不同的职业适应情况，抛开这一控制变量的溯因调查，以普遍性的视角进行总结，我们可以发现，大学生在职业适应的过程中都会经历四个不同的阶段，每个阶段时间长短有个体的差异。

（一）好奇期待期

刚步入岗位的大学生，对于自己能够获得一份工作有很强的自信心和喜悦感，对于未知的新环境抱有很大的好奇，会在入职前或入职初期提前了解岗位的需要或者向已入职的同事请教一些注意事项，关注发展方向和发展前景，能够形成对自己从事岗位的认识和目标，产生工作抱负和人生期待，想要在岗位上大展拳脚做出成绩。

（二）矛盾怀疑期

随着工作时间的延长，大学生对岗位的认识逐步加深，对职业的新鲜感和热情逐渐减弱，在工作中渐渐消磨掉曾经的好奇与期待，取而代之的是对职业的矛盾和怀疑渐趋增强，矛盾怀疑期的职业适应有以下几种表现。

1. 学校和职场的矛盾

在校园里，学生之间的人际关系相对单纯，而社会职场中的人际关系较为复杂，学生接触到的事情和在职场中的事情也有很大不同。大学生在学校中具有一定的主动性，但都是在辅导员或老师的计划和安排下进行的，学生只是完成者，而且需要考虑的方面相比在工作岗位上的顾虑和要求要简单。大学生由于年龄和经验的问题难免会发生一些错误，其个性和性格也会对人际关系产生影响，在校园里对一定的错误有较大的包容性，而职场的包容性则比较小，有些甚至可以决定职位的有无。

2. 梦想与实际的矛盾

大学生早在步入职场前就已经有了人生的奋斗方向，希望能在事业上有一番作为，获得一定的社会地位。当梦想照进实际的时候，只有真正到了复杂的职业环境中，在真实的岗位上才能感受梦想与实际的差距。心理落差可能会使其产生心理压力，比如焦虑、抑郁、自我否定等。

3. 工作和生活的冲突

大学生就业后的时间，一方面需要投入工作中，另一方面需要投入生活中，但时间的总量是固定的，初入职的大学生在岗位上处于需要锻炼的地位，由于工作人员的年龄梯队建设，大学毕业生初入职时工作时间会较长，工作时间多对自己和家庭的照顾就会少，对个人生活会产生不利影响，特别是在就业大环境下，科学合理的工作制有助于协调工作和生活的投入时间比重。

（三）改变适应期

伴随着矛盾冲突的进行，大学生作为思考着的人，能够在新的环境下反思就业以来存在的变化和遇到的困惑，自我消化调整使自己适应发展变化，并重新思考探索未来的选择，存在以下情况：一是部分大学生能够根据自己的综合能力降低期望目标，从实际出发确定自己新的期望目标；二是部分大学生会改变自己，通过学习和接受逐渐符合工作的各项要求，使自己适应环境；三是部分大学生会摸清工作组织运行规律，分析行业的发展方向，在经历中为自己找寻更合适的工作岗位；四是职业适应情况不好的大学生会产生负面情绪，抱怨工作、生活、家人，消极抵触，变得郁郁寡欢。此时需要长时间更为深入地自我缓解。

大学生在自我主动消化的过程中也会接受多方面的关心和帮助，其中有制度性的帮助，也有人文上的关怀。例如，"青蓝工程"工作项目。近年来，许多大中小学校开展了"青蓝工程"工作项目。"青蓝工程"取"青出于蓝而胜于蓝"之意，通过让教学经验丰富的教师和本校新入职的青年教师"结对子"，按计划听课评课组织示范课，实现以老带新，提高青年教师教学能力和工作能力，从而提高年轻教师的教学质量，使其早日成为一名合格的教师。在"青蓝工程"中，青年教师是"徒弟"，资深教师则扮演"师父"的角色，这就帮助毕业生在新的职业环境中构建了一种新的职业身份关系，"师父"为"徒弟"答疑解惑，资深教师在帮助青年教师提高教学能力的过程中，相应地也承担了促进青年教师融入学校工作人文环境，适应学校工作情况的任务。此外，高校为毕业生提供心理辅导。高校是育人的阵地，高校对于毕业生不仅是扶上马，更要送一程。许多高校的心理咨询部门延长了对毕业生的关心服务时间，为毕业生开展心理讲座和心理咨询服务。辅导员也会在日常生活中动态关注毕业生的心理成长变化，及时为毕业生答疑解惑。虽然各项帮助并不完全是以加强毕业生的职业适应为出发点，但是在进行过程中都在一定程度上发挥了促进新入职的大学生职业适应的积极作用，是值得提倡的。

（四）平稳发展期

在平稳发展期，大学生基本完成了身份转换和职业适应。他们能够依靠自己处理好工作安排和人际关系，掌握了自我调适压力的方法，形成了对所从事行业的基本认知，职业三观树立，拥有了自己选择的朋友圈，社会关系得到扩大，处理问题的方式方法逐渐改善，由此形成了更为现实的职业目标和职业兴趣，工作开始步入正轨。

三　大学生职业适应的重要意义

（一）有助于大学生完成角色身份转换，尽快适应职业生活

每个人在不同时期、不同环境、不同场合下，都有不同的角色认同，同一人在不同的社会交往中也会有不同的角色认同。大学生在学校中是学生的角色身份，通过职业适应能够更好帮助大学生完成角色身份转换，这个转换是渐进性的。大学生走上工作岗位，依靠自己的脑力和体力劳动维持生存，实现价值，谁能够在这个过程中更为快速地转换角色，进入角色，谁就能把握好职业入门的先机。职业适应中很重要的一部分就是职业角色

身份适应，适应所处角色身份的权利、义务和规范，职业适应得更为快速，则更有益于大学生完成角色身份转换，更快地融入职业工作和生活中。大学生在实习实训、岗位见习、参观观摩的过程中，已经为职业适应的开始打好提前量，为毕业后工作打下了一定基础。

（二）有助于大学生形成对职业的完整认识，做好必要的发展准备

在大学期间，学生对职业的了解并不是很全面，主要来自他人口耳相传，片面听说的或者通过各种渠道获得的对工作的了解受信息主体的主观因素影响比较大，事实准确性容易存在偏差。大学生通过职业适应，能够把自己置身于最真实的工作环境中，借由自己的真实体验和主观感受，把在工作中实际获得的经验体会归纳为自己对职业的认识，认识不断总结归纳渐渐趋向完整。在逐渐完整的职业认识的指导下，大学生对自己通过工作想要达到什么样的目标更加清楚，更加了解自己的能力与专业之间的契合度，知道了自己要为之付出努力的是什么，什么才是自己真正需要的，为自己的发展做好积累与准备。

（三）有助于大学生在职业竞争中出类拔萃，脱颖而出

大学生在工作后进入职场，不可避免地会面对同事之间的竞争。职业适应在工作初期发挥着掌握前期主动权的作用，职业适应得快，能够给领导、同事留下相对较好的印象，会打造适应能力强、工作能力强、会处理人际关系的人设，更多的工作机会和机遇也会随之而来，形成良性循环。出类拔萃、脱颖而出强调的是他人或制度规范内对一个人能力或品格的利好评价，职业适应是一个过程，在过程中把握时机才能更好地实现自身发展。

通过从理论层面了解大学生职业适应的内涵、解释职业适应的内容和特点、分析职业适应的表现和进行职业适应的重要意义，明确做好职业适应准备是大学生步入社会的必要之举。

第三节　大学生职业适应路径方法

心理是人类情感的流露，是动态的过程和结果。心理的变化与发展在大学生的职业适应过程中发挥着重要的作用。所以无论何时都要发挥积极的心理作用，克服消极的心理作用，这样才能打好身心基础走向更加灿烂的人生。本节内容围绕劳动心理与职业适应的关系、大学生职业适应的影响因素、大学生职业适应的路径方法三个方面展开，探讨如何进行职业适应，职业适应在大学生就业的不同阶段呈现什么样的特点，如何巧妙利用内部和外部条件帮助自己进行职业适应。在调查研究的基础上分析典型案例，总结大学生职业适应的一般规律，提出大学生在工作后会面临的情况预设，并给出如何进行职业适应的方法建议。

一　劳动心理与职业适应的关系

劳动心理包括择业心理、择岗心理和岗位心理，劳动心理与职业适应的关系表现为不同的劳动心理对大学生职业适应的影响程度，以及职业适应程度对劳动心理的反馈。

（一）大学生就业各个阶段的劳动心理对职业适应的相关作用

1. 择业心理与职业适应的关系

在选择职业时，大学生会列出诸多个人想从事行业的选项，对每个选项都要逐一去考察了解，结合自我探索结果与职业要求进行匹配，最终选择自己更具有倾向性的一个，这为就业前期的职业适应打下了基础。

2. 择岗心理与职业适应的关系

根据职业分工的要求，在相同的职业里也会分化出很多具体但有区别的工作内容。大学生在工作后会面临岗位的选择，不同的岗位面临工作任务的多少、接触事物的复杂程度、未来发展预期长远还是短暂的区别，大学生在心理上会做更为精细化的职业适应。

3. 岗位心理与职业适应的关系

岗位心理是职业适应的重要环节，大学生从事岗位工作的出发点会影响工作行动的落脚点，岗位心理如果认为勤奋努力工作是正确的，那么职业适应也就充满期待，反之则不利于职业适应的进行。职业适应的先行条件就是让大学生实际去接触和感受，岗位心理通过引导大学生的行动传导到职业适应层面，发挥着起始作用。

（二）职业适应对劳动心理的反馈

总体上看，职业适应的完整性和大学生的劳动心理发展是呈正相关的，真实有效的职业适应有助于大学生劳动心理的健康发展。大学生会表现出在工作中逐渐成熟稳重，严格遵守工作岗位的规章制度准则，积极热情与人沟通，对未来充满希望的状态。

二　大学生职业适应的影响因素

总体上看，影响大学生职业适应的因素来自大学生在职业进程中构成联系的各个部分，既包括外在环境因素，也包括大学生内在因素。综观大学生职业适应的环节来看，外在环境因素需要国家、社会的改革和发展，对于个体而言则是等待和顺应，大学生内在因素可以通过自己的调控去接受和改变。综上，在大学生职业适应的过程中要把主要的精力放在自身的思想和行动的改变上，对自己进行职业适应问诊，学会"把脉开方"。

（一）待遇保障

待遇保障的范围包括大学生在工作中能够获得的工资水平、福利待遇，以及医保、社保、休息休假的权利等。就业的最直接目的是获得工资，满足大学生的生活需要，获得相应的保障，应对生活中的突发风险。待遇保障好，大学生的职业适应就会减少后顾之忧。

（二）人际关系

大学生在职业工作中不是以孤立的个体存在的，在工作中需要参与到集体的协作和沟通中，大学生作为处在集体中的人，必然要处理好工作内外的人际关系。在此方面，性格外向的大学生能较快适应职场中的人际关系，性格内向的大学生则较慢，甚至会在初期对职业适应产生障碍。

（三）职业期待

大学生都是怀揣梦想的青年，对自己有着无限的发展展望，都希望能够出人头地，做出一番事业，回报家长和社会，这是积极的表现。在时代发展的进程中，国家和社会提供了丰富的条件支持，众多榜样的案例也为大学生的职业期待提供了效仿的对象，增强了大学生的职业适应期待感。

（四）职业心态

不同的大学生有不同的职业心态，积极的心态帮助大学生努力克服工作中遇到的困难，迎难而上，即使遇到挫折也会反思自己的做法，获得新的经验。现在的社会中流行"佛系""躺平""内卷"等词语，这是一定社会文化的反映，但是过分的"佛系""躺平"是不可取的。职业心态还需要关注大学生的心理承受能力，避免大学生心理崩溃。

（五）外部波动

大学生的工作在某些情况下是被动的，比如岗位领导的人事变动、所在单位发展方向的调整等都会对大学生的职业适应产生影响，现实中存在这样的案例，大学生刚刚完成职业适应，但外部条件发生变化，大学生在对比中会形成心理落差，由此又要开始新的职业适应，但这个阶段会比初次适应时间短。

（六）职业竞争

大学生在职场中为了实现人生价值是需要进行职业竞争的，在长时间竞争的同时又渴望稳定的工作状态，这是一种矛盾的心理。竞争中伴有风险，大学生在职业适应中不断寻求竞争与稳定的平衡点，风险超过自我承受能力的临界点，将会增加职业适应的难度。

三　大学生职业适应的路径方法

大学生职业适应的过程，往往伴随着成长和发展，也会有失败和苦痛，这个过程不仅依托于个人内部的天赋秉性，更离不开外部的锤炼打磨，在实际工作中，大多数初入职的大学生会感到工作千难万难，产生一种和自己预想情况不同的落差感，面对这一实际问题，帮助大学生合理应对工作问题，及时规避负面心理影响，发挥积极主观心理的作用，掌握科学正确的路径方法是大学生职业适应非常重要的出发点和落脚点。

（一）培育大学生健康平和的职业心理

大学生的职业心理是指在其职业生涯中，逐步形成且相对稳定的工作心态。健康平和的职业心理是大学生在职业工作中心理上所表现出的积极一面，比如坚定、自信、快乐等，与消极的心理问题相对应。健康平和的职业心理产生于大学生在工作中经历获得感、幸福感、满足感的过程和结束后的主观情绪体验，在这种情感的引导下，大学生在克服心理矛盾障碍、走出心理误区、理性安抚、消除心理迷雾等方面获得了很大的帮助，从而更好地进行职业适应。

1. 大学生常见的职业心理问题

消极的心理需要引起重视，人的心理需要保持动态的稳定，健康平和的心理和消极的心理，比如自信和自负、谦虚和自卑、竞争和攀比，并没有非常明晰的临界点和划分标准，对于大学生而言，要清晰认识到自己最真实的心理感受，才能进行合理的调适。

（1）自卑畏难心理

初入职场的大学生，都要经历与他人比较和被比较的过程。特别是最开始在与其他同批入职同事的比较中，自身的学校、学历、大学时所获得的荣誉、入职成绩、社会关系甚至服饰穿着、家庭条件都会成为比较的内容，这就极易使在比较中处于劣势的大学生产生自卑心理。自卑的大学生在工作中容易失去动力、畏首畏尾、瞻前顾后、弯腰低头、不与人交流，尤其是在遇到一些困难和挫折时，若没有得到妥善的处理，自卑心理将扩大为畏难心理，遇到工作第一时间想的不是如何做好工作，而是对自身的怀疑和否定，甚至进入恶性循环，这严重影响大学生正常工作，要坚决克服。

（2）焦虑迷茫心理

焦虑迷茫来源于对目标的不确定。对于大学生，毕业后就业是一贯的方向，在大学里的学习、活动、考取各种证书等都是为了实现更好成长、获得更好的工作，当这一目标实现后，大学生在开始工作后的过渡期，难免会产生焦虑和迷茫，不知道工作后自己的目标是什么，对自己的人生下一步没有形成具体的规划，日常工作中只是漫无目的地完成工作任务。焦虑迷茫又体现为对自身的高要求。大学生在工作后也会有患得患失的情况，焦虑得不到，焦虑会失去，焦虑没做好，焦虑会失败，等等。一定程度的焦虑能够激发大学生的工作动力，但是过于焦虑会严重耗费精力，使大学生思想包袱过重。

（3）固执偏激心理

大学生在工作中固执偏激地认为自己所了解的、所决定的就是对的，甚至演化成不听他人劝告，固执己见的心理状态。大学生在工作初期，很容易把接收的信息和最先看到的情况理解为工作的潜规则，把工作初期认识的领导作为自己的榜样，这样在认识上就存在一定的片面性，这些都是由于大学生思想不够成熟，对工作的认识存在片面和局限。

（4）自负好胜心理

有的大学生大学期间在学习上和参与学生工作中有很好的经历和成

绩，比如专业成绩位列前几名、曾经担任过主要学生干部等，是大学期间学生中的佼佼者。在长期的积累中这类大学生会十分自信，认为自己有能力应对各种工作问题，但是自信容易转化为自负，自认为能力强、基础好便居能自傲，充满好胜心，表现欲强，这不利于团结同事和应对挫折。

（5）嫉妒攀比心理

嫉妒攀比是大学生在工作生活中与其他同事在各个方面进行比较的心理过程，这也是一种比较常见的心理问题，往往和自卑心理相伴产生。在工作中，看到别的同事获得了称赞和表扬，看到同事更高品质的生活用品，都会激起嫉妒攀比心理，归根结底源自大学生对自我认知和需求的不确定。嫉妒攀比心理根据发展程度会造成两面影响，适度的嫉妒攀比有助于强化大学生自身工作动力，但是嫉妒攀比过度则会害人害己。

（6）依赖盲从心理

依赖盲从是一种缺乏主见的心态，看见别人做什么事，自己也会去做，而不考虑这件事自己是否真的值得做。依赖盲从体现为有的大学生不考虑自己的基本条件、兴趣爱好、未来目标，别的同学选择什么工作自己就选择去找相同的工作，什么行业是就业热门就找什么工作，不做细致的考虑。在工作中表现为依赖父母、依赖同事、依赖领导，无法自己独立完成工作和解决工作上的问题，自主性较差，生理年龄和工作能力不匹配。

（7）等待拖延心理

等待拖延表现为遇到事情和工作先等一等、拖一拖，主观认为还没到时间不重要、不着急，到时间再做也来得及，或者推诿工作，认为事不关己。这其实是一种消极抵触心理，借能做完的理由晚做或者不去做，降低工作效率，更不利于工作质量的提高。刚入职的大学生要自觉抵制这种老态心理，展现大学生的阳光心态，用责任和奉献为工作注入活力。

（8）畏惧逃避心理

畏惧逃避心理出现在大学生在工作中经历挫折且没有积极调整心态之后。由于每个人实际情况不同产生这一心理具有阶段性的特点，抗挫折能力弱的大学生，遇到小的挫折就会畏惧逃避；而在其他方面抗挫折能力强但是在自身弱点上抗挫折能力弱的大学生，当挫折发生时也会产生畏惧逃避心理。畏惧逃避会使大学生在工作中一蹶不振，产生自我保护，从而逃避工作，自认为自己"躲坑""避雷"，其实也躲掉了成长的机会和战胜挫折的能力。

2. 大学生职业心理问题产生因素

（1）自我认知不足和偏差

大学毕业生离开学校和老师，进入社会成为一个独立的个体，完成了社会身份的转换，但是身份转换不完全代表自我认知的转换和完成。大学生存在对自我认知不足的情况，过高或过低地估计自身实力，使大学生对困难工作产生畏难情绪，简单工作不想做，对自身的优势劣势和性格特征也不明确，无法根据自身实际设立明确的目标导向。自我认知不足的大学生在工作中极易受到其他人的影响，附属于结对关系中过于独立或依存环境，产生特立独行或盲目从众的行为取向，在参与职场"小圈子"中迷失了自己的价值。若自我认知不足且没有进行调适和干预，而是任其继续发展，严重者会产生自我认知偏差。刚入职时自信、阳光、乐观的大学生，在不断的错误认知中，逐渐认为自己能力差、不合群，进而演化为自卑、消极、悲观。

（2）工作目标淡化

目标即方向，大学生进入工作后，作为"新人"面对纷繁复杂的初期工作，经常会手忙脚乱、不知所措，在熟悉和完成一项项工作的过程中忘记了思考自己通过工作想要达到什么样的目标，自己在工作中要变成什么样的角色。很多大学生把工作中的疲惫、辛苦归结为工作任务重、工作任务多，但其实主要还是因为大学生在工作中对于自己所从事的工作没有确定一个明确的目标，致使工作目标淡化。工作目标淡化使大学生无法确定具体的工作路径，无法有所取舍地进行任务分工选择，在工作中充当"老好人"，有什么事就去做什么事，耗费了自己的精力，短时间内经历事情多则加大了心理压力。

（3）工作回报功利化

大学生是接受新事物能力较强的群体。在时代的进步和互联网等条件的发展这一现实背景下，大学生接触和了解的信息和内容，接触的事情和物品都极为丰富和新奇，大学生对工作的认知也呈现多元化，功利主义和享乐主义在一定程度上影响着大学生毕业后的工作和发展。大学生在工作中存在把工作任务量和自己的收入做比较的情况，经常认为自己所做的工作超过了自己争取的工资额，从而出现消极怠工、推脱避让的问题。还有一些大学生，总是想通过自己的工作获得更多的回报，而忽视了自己的责任和义务，把自私凌驾于公理之上，当自己的需求得不到满足时，也会产生心理问题。

（4）职业心理配套教育辅助不完善

大学期间，大学生在学校接受过各种形式和渠道多样的心理健康教育，这种心理健康教育的理论性相对高于实践性，其中大多是从大方向上对学生成长中的心理问题进行分析和指导，缺少对职业心理的针对性教育。在高校毕业生就业后，社会和雇主对其心理问题的重视程度也不高。两种时间上的外因延迟介入，致使大学生的职业心理发生变化后不能得到及时疏导，导致心理问题恶化。

3. 培育大学生健康平和的职业心理的对策

（1）帮助大学生形成正确的自我认知

大学生从学校走向社会，首先，要调整心态，正确评价自己，充分认识自己的优缺点，扬长避短，形成正确的求职观，避免过高或过低估计自己的实力。其次，在教师、家人或者朋友的帮助下，大学生可以客观地分析自己，形成正确的自我认知，根据自己已经达成的学习成就和职业计划选择职业目标，减少与现实不符的期望，更好地避免工作过程中的爱慕虚荣、零和博弈和竞争心理。

（2）建立大学生职业心理健康教育帮助体系

当前，要在现有基础上，加强大学生职业生涯规划、大学生就业指导、大学生心理健康教育等课程有机结合，延长教育内容线，开发大学生职业心理健康教育、工作心理学等与大学生毕业后实际工作内容密切相关的课程资源。社会和用人单位可以制定大学生职业心理健康教育帮助制度，设立相关帮助机构，为大学生搭建解决职业心理问题的平台。特别是用人单位要按期按时通过发放问卷、个别访谈、团体互动等多样化的形式关注初入职的大学毕业生的心理状态，实现扶上马，送一程。

（3）发挥家庭对稳定大学生职业心理的作用

家庭是温暖的港湾，对大学生在工作中遇到的问题能够不受时间和空间的局限给予关爱和帮助。在大学生初入职的关键时期，家庭在提供经济支持的基础上，更要及时关注大学生的思想动态，倾听大学生讲述工作中的困惑，为大学生排忧解难，减轻其心理压力，避免其出现心理问题。当心理问题出现后，也要及时进行干预和引导，防止问题进一步加深和扩大。

（二）大学生职业适应的应对策略

1. 慎重选择，找到适合自己的工作最优解

人生的重要性就在于选择，人生的未知也在于选择，我们无法预知选择的结果，无法感受选择后要经历的事情，可是选择一个一个接踵而至，所以对于大学毕业生来说，职业适应的情况如何，与自己在择业时所做的选择密切相关。大学生在择业时，应充分考虑自己所学的专业和职业的契合程度、个人的兴趣和工作的关联性、对未来的期望值和工作绩效。职业是伴随大学生一生的事业，大学生不仅从职业中获得收入，也收获着满足和进步，甚至是地位和光环，因此要充分考虑自身实际，做出最适合自己的职业选择，为职业适应打下坚实基础。

2. 收集资料信息，及时适应环境促成角色转换

信息是行动的先导，及时掌握信息能够为自己的行动打好必要的提前量。大学生在入职时，可以收集就业单位近几年的工作总结和工作计划，观看工作单位宣传视频、历史沿革和获得的荣誉，查找职业发展的前沿问题和基本规范，借此对工作单位和所从事的职业形成大概完整的认识。同时还要

带着这些认识去接触并融入职业人际关系，不断进行角色转换，学会待人接物，学会用不同的身份去与同事、领导、师父相处。以一种崭新的姿态增添自身新的角色特征，用真诚和稳重打动别人，从而增加好感、获得认可。

3. 努力工作，强化积极的自我效能感

自我效能感是一种在工作上获得成就后的心理表现，大学生通过努力工作获得自我效能感，自我效能感增强使大学生对工作的成就感增强，对工作的相互感应呈现上升趋向，从工作成就中获得快乐，因此能够进行更好的职业适应。自我效能感不仅来自完成任务后的成就感，在每个阶段性节点上也能够获得，他人的夸赞和表扬也是自我效能感重要的来源。大学生在进行职业适应时，要努力工作，调动内生动力，减少不必要的内耗，克服外部环境的干扰，享受成功的快乐。

4. 自我砥砺，提高自身应对职业波动的能力

大学生在工作中要怀有打铁还需自身硬的底气。人在职业环境中工作，环境变化的一粒微尘，落在个人头上却可能变成一座磅礴大山，相比之下倍显人的弱小与无力。个人的素质、知识、能力、文化水平是做好工作的基础，也是长久发展的基础。大学生在工作中不能因成就而骄傲自满，越是工作越要长久学习，时刻保持本领恐慌和能力不足的恐惧感，在不断自我积累和进步中壮大自身实力，使自身有能力应对职业变故和风险挑战。

（三）大学生职业适应的有效技巧

工作有法，但是工作并无定法。大学生进入职场，开启职业生涯必然要处理和解决一系列问题，这是需要技巧和方法的，采用合适的技巧更好地进行职业适应，从而实现快乐工作快乐生活。

1. 职场形象十分重要

（1）留下良好的第一印象

研究表明，人们在与他人打交道时，对他人的认识和看法受第一印象的影响非常大。在他人所获得的直接第一印象中，大学生的言谈举止、服装穿戴发挥着重要的作用。在初次见面时，大学生要规范使用职业用语，

遵守语言规范，善用尊称、谦辞和敬语，比如，您、请、抱歉、感谢、不好意思、前辈等。着装上根据职业特点和工作场合有选择地搭配职业装、工装、正装、休闲装。同时，着装还要遵循服装习惯，例如，西服要合体，佩戴腰带，皮鞋配深色袜子等。

大学生给人的第一印象除了自己设计外，还有一种途径，就是他人通过其他同事了解后，即使没有在现实中接触，也会获得对大学生间接的第一印象，这个印象受中介人对大学生的第一印象影响较大，也更为直观，所以大学生要留下好的群体口碑。

（2）维持积极的职场形象

第一印象可以营造，但是日久见人心，真正考验大学生职场形象的还是要落到大学生个人的真实品行、道德水平和个人素质上，落到大学生在职场中所表现出的不经意的习惯和最放松状态下自然而然的行为上。大学生要清晰地明白自己在人际交往中的优势和劣势，取长补短，及时改正自己的小毛病小问题。现实中有的大学生平时爱说一些脏话或者低俗的惯用语，但是这些话是不能出现在正式的工作场合的，有时候大学生会在高兴和激动的状态下，忽略了场合不自觉地说出脏话，这十分有损个人职场形象。诸如此类的情况有很多，大学生在职场中要及时注意。

2. 从心开始，端正态度

要树立科学的职业理念，坚持正确的职业思想，在工作中走正路，不走邪路和旁门左道，坚守正确的职业道德和职业伦理，爱岗敬业、诚信友善、公道正派、乐于助人。

3. 构建和谐的人际关系

和谐的人际关系能够帮助大学生更快进行职业适应，便于工作的开展以及精力的集中。人际关系出现问题，会损耗大学生的工作情绪，降低其工作效率。有以下六种构建和谐的人际关系的办法。

第一，坦诚相待，打开心扉，主动和他人交朋友；第二，乐善好施，充分了解他人的喜恶，为他人着想；第三，出现问题及时沟通，学会换位思考；第四，不在背后议论别人，不吝啬夸奖和赞美；第五，观察感受，结交善良之人；第六，保持必要的戒备心和神秘感。

4.树立能力是核心竞争力的观念，努力提升自己本领

第一，尽职尽责，钻研工作业务，在按时完成任务的基础上，思考更好完成任务的办法。在现如今的工作中，能力相较于知识占据更大的份额，能力与工作相挂钩，工作能力越强，越能够做别人完成不了的任务，就越能够得到更好的发展。其中，能力强调的是多方面的，泛指工作所需要的各项能力，为发挥优势可以将个人特长与工作相结合。

第二，集中力量攻克自身缺点。在工作初期，难免会因为种种原因出现一些工作失误，这是很正常的，是每个人都或多或少会经历的过程。但是要及时做好工作总结，分析出现问题和失误的原因，及时改正自身缺点，不让自身缺点造成更大的工作漏洞，以防给自己带来麻烦。

第三，视野向上，向工作榜样和优秀典型学习。大学生要自觉放下身段，积极主动向身边的工作榜样和优秀典型靠拢，他们的身上有从事相同职业能被借鉴的共性的特点，以及敬业乐业、一丝不苟、精益求精等可贵的品质，将从他们身上所学的知识、技能等运用到实际工作中去，使自己的工作能力得到提高。

✍ **思维导图**

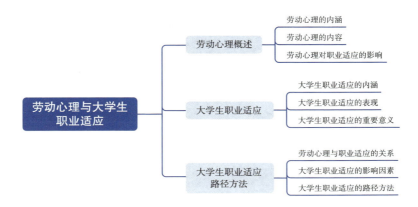

⑨ 思考题

1. 如何理解劳动心理对职业适应的影响？

2. 职业适应过程中的利弊关系如何处理？

3. 如何找到适合自己的职业适应方法？

⑨ 实践探索

请以小组为单位，探访两位入职五年内的职场人，咨询他们入职后遇到的有关职业适应的难题和困惑以及解决办法，并完成劳动实践记录表。

实践主题：职业适应问题访谈

实践目标：了解职业适应常见的问题，并运用所学知识，提出解决对策。

实践过程：

1. 以小组为单位确定将要访谈的职场人，并确定访谈问题。

2. 通过调查问卷或访谈等方式，收集信息。

3. 整理访谈内容，并结合所学知识，形成分析报告。

《职业适应问题访谈》劳动实践记录表

主题		时间	
地点		参与人	
实践过程			
照片粘贴			

续表

主题		时间	
地点		参与人	
实践效果 及感悟			

评价

评价项目	评价主体		
	自我评价	小组评价	教师评价
参与积极性			
团队协作			
态度认真			
准备充分			
过程有序			
效果显著			
体悟真实			
总体评价等级	（教师填写）		

📖 参考文献

[1] 《哲思睿语》,《求知》2012 年第 1 期。

[2] 廖泉文主编《人力资源考评系统》，济南：山东人民出版社，2000，第 477 页。

[3] 顾明远主编《教育大辞典》(增订合编本)，上海：上海教育出版社，1998，第 395、2016、1206、1778、1227、1229 页。

➲ 拓展阅读

1. 中央党校采访实录编辑室：《习近平的七年知青岁月》，北京：中共中央党校出版社，2017。

2. 习近平：《给中国石油大学（北京）克拉玛依校区毕业生的回信》，新华社，2020 年 7 月 7 日。

3. 习近平：《在教育文化卫生体育领域专家代表座谈会上的讲话》，新华社，2020 年 9 月 22 日。

4. 习近平：《在全国劳动模范和先进工作者表彰大会上的讲话》，北京：人民出版社，2020。

5. 习近平：《在四川考察时的讲话》，新华社，2022 年 6 月 8 日。

6. 习近平：《坚持党对工会的全面领导 组织动员亿万职工积极投身强国建设民族复兴伟业》，新华社，2023 年 10 月 23 日。

7. 张彬彬编著《劳动心理学》，北京：中国劳动社会保障出版社，2011。

8. 任占忠、熊义志主编《大学生职业适应力拓展》，北京：北京交通大学出版社，2012。

9. 邹学家主编《社会适应力》，北京：北京理工大学出版社，2016。

10. 范恩·琼斯、艾恩·斯图尔特：《人格适应：心理治疗中理解人类的新指南》，田宝等译，北京：世界图书出版公司，2019。

第八章

劳动关系、法规
与大学生职业安全

📖 名人名言

劳动是社会中每个人不可避免的义务。[1]

——卢梭

📖 内容概述

本章内容介绍了劳动关系、劳动法、职业安全等概念，重点介绍了劳动法的主要内容、造成职业安全的危害因素、劳动者的权利和义务，并着重分析了大学生树立职业安全意识的必要性，以及劳动法规关于劳动者保护的具体内容。

📖 学习目标

1. 熟悉劳动关系的主体和定义，明白劳动关系的主要特点。

2. 了解劳动法的概念、调整对象、基本原则及形式。

3. 掌握劳动法的主要内容，培养劳动风险意识，提升自我保护能力。

4. 了解职业安全的内涵，牢记造成职业安全的危害因素，在未来的劳动过程中及时排除、规避安全隐患。

5. 深刻理解大学生树立职业安全意识的必要性。

6. 了解劳动关系、法规与大学生职业安全的关系。

7. 明确劳动者的权利和义务。

8. 掌握劳动法规对劳动者保护的具体内容，重点掌握劳动合同对职业权益的保障。

📖 案例导入

2020 年张某进入某快递公司工作，并签订劳动合同，合同上注明张某的试用期为三个月，在此期间快递公司支付张某每月 8000 元的试用工资，张某应严格遵守快递公司的相关规定。此快递公司要求的工作时间为早上九点到晚上九点，一周只休息一天。入职两个月后，张某拒绝了公司的加班要求，理由是公司规定的每日工作时间不符合我国法律规定，属于严重超时，接着，该快递公司选择解除和张某的合同，理由是张某试用期间的表现和公司发展方向相违背。张某向劳动人事争议仲裁委员会（以下简称仲裁委员会）申请仲裁，称该快递公司解除劳动合同的举动是违法的，要求其向自己赔偿 8000 元违约金。

经过调查审理，仲裁委员会通过张某的诉求，要求该快递公司向张某支付 8000 元违约金（裁决为终局裁决）。最后，该快递公司的违法违规行为还被仲裁委员会通报给劳动保障监察机构，劳动保障监察机构按照相关规定对该快递公司予以警告，并责令其改正。

本案的争议焦点是张某拒绝违法超时加班安排，某快递公司能否与其解除劳动合同。

《中华人民共和国劳动法》第四十一条规定："用人单位由于生产经营需要，经与工会和劳动者协商后可以延长工作时间，一般每日不得超过一小时；因特殊原因需要延长工作时间的，在保障劳动者身体健康的条件下延长工作时间每日不得超过三小时，但是每月不得超过三十六小时。"第四十三条规定："用人单位不得违反本法规定延长劳动者的工作时间。"《中华人民共和国劳动合同法》第二十六条规定："下列劳动合同无效或者部分无效：……（三）违反法律、行政法规强制性规定的。"我国在法律中明确列明延长工作时间需遵守的规定，以保障劳动者的休息权。如果用人单位的加班制度未按照相关法律法规制定，或者劳动合同中列明的加班条款和相关法律法规相违背，则不具备法律效力，属于无效合同或条款。

上述案例中某快递公司规定员工要从早上九点工作到晚上九点，一周休息一天，本就和相关法律法规相违背，属于无效条款。张某是为了维护自己的合法权益才做出拒绝超时加班的安排，某快递公司以此作为张某不符合公司发展要求的理由，并解除和张某的劳动合同行为不成立。所以，仲裁委员会才通过张某的诉求。

《中华人民共和国劳动法》第四条规定："用人单位应当依法建立和完善规章制度，保障劳动者享有劳动权利和履行劳动义务。"按照法律规定，用人单位依法享有对员工的管理职权，但同时也需维护劳动者的相关权利。用人单位必须严格按照相关法律法规的规定制定公司规章制度，否则要接受相应处罚，且该行为也会破坏用人单位和劳动者之间的关系，不利于自身的可持续发展。[2]

第一节　劳动关系与法规

党的十八大报告曾明确指出劳动关系的重要性，劳动关系属于生产关系。劳动关系对员工和企业发展有一定决定作用，同时也影响社会的安定。要想保证劳动关系处于和谐状态，首先要完善相关法律法规，大力宣传构建和谐劳动关系的重要性，做好普法工作，增强员工的维权意识和企业的依法用工意识，建立健全相关监督管理体系，将依法治国落实到劳动保障中去。

一　劳动关系的内涵

（一）劳动关系的概念

劳动关系是基本的、较为普遍的社会关系，产生于劳动过程中，关系主体为用人单位和劳动者，是一种社会经济关系。站在狭义角度，劳动关系必须符合国家劳动法律法规的规定，劳动关系的主体既享有法律规定的权利，又必须履行相应义务。站在广义角度，劳动关系即用人单位和劳动者以劳动为基础形成的所有社会关系。同时，双方当事人的合法权利也受到法律法规的保护。无论是义务还是权利的实施均受到国家强制力的保障。通俗点讲，劳动关系体现的是用人单位和劳动者之间因雇用和管理而产生的权利义务关系。

依据《中华人民共和国劳动合同法》的解释，劳动关系即劳动者和用人单位在平等协商的基础上订立劳动合同，用人单位为劳动者发放薪资，劳动者接受用人单位的雇用，在劳动基础上形成的法律关系。[3]

对于劳动关系的概念可以从以下三个方面理解。

1. 劳动关系的产生以劳动活动的发生作为基础

劳动者接受用人单位的雇用，要服从用人单位的管理和安排。用人单位要支付劳动者相应报酬，并为其提供安全、良好的工作环境。

2. 劳动关系是劳动者和用人单位在经济利益上的对立和合作

劳动者和用人单位基于劳动关系而产生价值交换。劳动者的理想是以最低的劳动付出换取最高的劳动收入，而用人单位则恰恰相反，用人单位希望的是获得质量高且工资低的劳动力。由此可知，处于同一劳动关系中的用人单位和劳动者其实站在对立面。但是，劳动者和用人单位为了能够获得持续的薪酬收入、长远的发展，不断地在劳动关系中寻求平衡。劳动者付出满足、提升用人单位生产经营活动的劳动力，用人单位则须付出合理的报酬，并保障劳动者的福利待遇。

3. 从法律层面上讲，劳动关系中的用人单位和劳动者地位平等

劳动关系是依法确立的。依照法律规定，劳动者和用人单位均可以在平等自愿的基础上，自由地进行双向选择，签订劳动合同。同样，双方也可以在遵守法律规定、协商一致且平等自愿的基础上进行劳动合同的解除。

另外，在劳动关系存续期间，双方均须按照法律及劳动合同规定履行义务，享受权利。

（二）劳动关系的主体

劳动关系主体有狭义和广义的区别。在前者范畴内，用人单位和劳动

者是劳动关系的主体。广义的劳动关系主体则包括劳动者、工会、用人单位、雇主组织和政府。下面，本书将详细介绍广义的五方主体。[4]

1. 劳动者

劳动者是自然人属性，即达到法定年龄且能够从事劳动活动，服从用人单位的管理并以劳动力换取相应劳动报酬来维持生活。我们要注意区分合法劳动者和自然人，劳动者是自然人，但自然人不一定是合法劳动者，劳动者身为劳动法律关系的主体，要同时具备劳动行为能力和劳动权利能力。

这里所说的劳动权利能力即按照劳动法规定，劳动者要能享有劳动权利并履行相应劳动义务。首先，公民年龄须在法定就业年龄以上且在法定退休年龄以下才被视为具有劳动权利能力。男性公民年龄在 16 周岁到 60 周岁之间为法定就业年龄。女性公民则分为两类，其中女工人年龄在 16 周岁到 50 周岁之间，女干部年龄在 16 周岁到 55 周岁之间。在法定退休年龄内的劳动者不属于劳动主体，无法继续和用人单位形成劳动关系。但如果该劳动者和用人单位仍然存在用工关系，则此种关系为劳务关系。[4] 除年龄因素外，是否具备劳动权利能力还与是否接受完成法定年限的义务教育，是否因病或非因公致残，或者因其他法定或约定事由致使劳动能力完全丧失等相关。

劳动行为能力即劳动者能够以自己的行为依法行使劳动权利和履行劳动义务的能力。但精神病患者、年龄在 16 周岁以下的公民、被剥夺行为自由或者行为自由受到限制的公民以及完全丧失劳动能力的残疾人不具有劳动行为能力。

劳动权利能力和劳动行为能力是劳动者必须同时具备的两种能力。劳动者要服从用人单位的管理和安排，用劳动力来换取相应劳动报酬。且劳动者享有依法维护自身利益的权利，可以向相关部门寻求帮助。

2. 工会

工会，或称劳工总会、工人联合会，构成主体是劳动者，是为了维护劳动者利益而建立的社会团体，是能帮助工人和用人单位就工作时间、薪资报酬等内容进行谈判的自发组织。[5]我国的工会组织始终受到党的领导，是党与职工群众联系、倾听职工心声的重要渠道。工会的存在维护了劳动者的合法权益，对和谐稳定的劳动关系起到了积极的促进作用。

3. 用人单位

用人单位是指具有用人权利能力和用人行为能力，运用劳动力组织生产劳动，并能付给劳动者薪资报酬的单位。《劳动法》对用人单位进行了清晰定义，主要包括企业、个体经济组织、民办非企业单位、事业组织、国家机关、社会团体。[6]上述用人单位又有营利和非营利之分。中国境内的所有企业、个体经济组织（这里指所雇用的员工少于7人的个体工商户）以及民办非企业单位，包括社会团体、企事业单位和其他社会力量以及公民个人利用非国有资产举办的，从事非营利性社会服务活动的组织，如民办学校、民办图书馆、民办医院、民办博物馆等。而上述形式之外的其他用人单位则是非营利组织。

用人权利能力是用人单位依法享有的用人权利和承担用人义务的资格或能力。用人行为能力是指用人单位能够以自己的行为依法行使用人权利和履行用人义务的能力。上述两种能力是用人单位需同时具备的能力。用人单位要在相关法律法规规定的范畴内行使用人权利能力和用人行为能力，比如用人单位在成立时要符合法律法规要求，且拥有合格的技术、物质条件，可以向劳动者支付相应报酬并为其缴纳社保，提供安全、良好的工作环境。

4. 雇主组织

雇主组织是指由雇主（用人单位）依法自愿组成的、在劳资关系中代表并维护雇主的利益、努力调整雇主与劳动者以及雇主与工会之间关系的团体组织。[6]与工会相似，雇主组织的主要目标之一就是维系和谐稳定的劳动关系。一般来说，雇主组织主要起到与工会谈判、协助解决劳动纠纷、为雇主提供帮助和建议等作用。

5. 政府

政府同属劳动关系主体，只不过其存在形式和用人单位以及劳动者有明显区别，主要包括国家各类权力机构。政府在劳动关系中主要起到以下作用。①用人单位。公共管理部门雇用劳动者，参与劳动关系。公务员、事业单位工作人员等都是受到政府雇用的劳动者。②立法者。政府相关部门制定法律法规，从而影响、规范劳动关系。③监督管理者。政府对劳动者和用人单位进行监督、管理，促使二者依照国家法律法规行事，维护和谐稳定的劳动关系。④调解者。政府依法对用人单位和劳动者之间产生的纠纷进行处理，保障双方的合法权益。

（三）劳动关系的特征

1. 劳动关系具有法律平等性

从法律角度出发，用人单位和劳动者拥有平等的法律地位。劳动关系的建立要遵循自愿平等的原则，只有双方共同同意，劳动关系才是合法的。双方要就劳动实践、劳动内容、劳动报酬等内容进行磋商，并签订劳动合同。在就上述内容达成一致且获得双方同意后，劳动关系正式成立，劳动者服从用人单位的管理和安排，并提供劳动力以换取用人单位的报酬，我国有明确法律对双方利益进行保护。

2. 劳动关系具有隶属性

在劳动关系中，用人单位和劳动者是雇用和被雇用的关系，用人单位有权对劳动者进行管理调配，劳动者要接受用人单位的管理，但上述行为均要在法律允许的范围内进行。只要劳动关系存在，劳动者就隶属用人单位，要为用人单位提供劳动，并获取相应报酬。此种隶属关系会随着劳动关系的解除而消失。

3. 劳动关系具有经济性

劳动者在劳动过程中，为用人单位和社会提供了产品和服务，同时获得了用人单位提供的薪酬和福利，保证物质生活。用人单位则是利用劳动者的劳动成果获取经济利润，维持经济活动、扩大生产规模等。因此，劳动者和用人单位之间的劳动关系具有经济性。

4. 劳动关系具有社会性

劳动者在劳动关系中除了提供劳动力外，还必然与用人单位、与他人产生人际交往，建立社会联系。可以说，劳动者在工作中不仅获得了经济利益，还获得了一定的成就感、满足感以及社会地位。因此，劳动关系同时具有社会性。

二　劳动法的内涵

（一）劳动法的概念和调整对象

我国的劳动法可以分为狭义和广义概念。前者指第八届全国人民代表大会常务委员会第八次会议于 1994 年 7 月 5 日通过，自 1995 年 1 月 1 日起实施的《中华人民共和国劳动法》，也就是说，狭义的劳动法是由我国最高立法机关颁布的全国性的基本法律。顾名思义，广义的劳动法所覆盖的范围较广，不是仅仅指代某一部法律，而是一切和劳动关系有关，用来调节劳动关系以及其他和劳动关系有关的社会关系的所有法律总和。例如，宪法中相关的劳动规范、法律中相关的劳动规范、人力资源和社会保障部颁布的部门规章、地方性劳动法规、各部门联合颁布的规章等。[7]

劳动法的主要调整对象如下：一是劳动关系；二是和劳动关系有关联的其他社会关系。这类社会关系虽然不是劳动关系，却和劳动关系紧密相连，既可以是劳动关系产生的前提，也可以是依附于劳动关系产生的关系。因为这些关系具有与劳动关系密切联系的特点，所以也把它们列入劳动法的调整范围。就业关系、劳动法制监督关系、行政关系以及劳动争议处理关系等都在此范畴内。[8]

（二）劳动法的基本原则

1. 劳动既是公民的权利又是公民的义务原则

《中华人民共和国宪法》规定："中华人民共和国公民有劳动的权利和义务。"由此可知，公民在享有权利的同时也要履行相应义务，两者是不能被割裂开来的，必须同时存在。

在我国，所有公民都可以根据自身意愿和实际情况来自由选择职业，且用人单位不得以性别、年龄、种族为借口拒绝公民入职，公民的平等就业权受到法律保护。有劳动能力的公民应该充分发挥自身所长和优势，投身到劳动中去，服从用人单位的管理和安排，努力提高自身职业技能，为社会发展做出贡献。在社会主义国家中，劳动者才是国家真正的主人。国家应不断完善相关劳动保护法律法规，以维护劳动者的合法权益，而劳动者在享受权利的同时也应该履行应尽义务。只有这样，社会才能正常运转。

2. 保护劳动者合法权益原则

"保护劳动者的合法权益"是我国《劳动法》的第一条规定。由此可见，为劳动者提供法律保障，保护劳动者的合法权益不受侵害是制定《劳动法》的重要目的和重要使命。

按照《劳动法》的规定，所有劳动者都享有平等的权益，都受到《劳动法》保护。这点可以从劳动者拥有平等的法律地位，且享有的权利不会因为性别、年龄、种族等不同而不同看出；不论劳动者在公有制还是非公有制用人单位劳动，劳动法规定的劳动基准都一律适用，不因用人单位的所有制性质、生产规模大小等不同而有所差异；劳动者的权益受到用人单位的侵害，均有权通过协商、调解、仲裁或诉讼的方式解决。而残疾劳动者、妇女劳动者以及退役军人劳动者等属于特殊劳动群体范畴。这些劳动者由于存在某些特定的原因就业择业的能力和机会受到影响，只有给予特殊的保护，才能使他们的劳动权益得到真正的、充分的保护。这种特殊保护是对一般性平等保护的必要补充。[9]

另外，劳动者作为劳动关系中相对弱势的一方，更容易因用人单位不正当追求经济利润而受到利益损害。所以，一般情况下，如果用人单位和劳动者发生利益纠纷，则劳动法要优先对劳动者利益进行保护。

总的来说，我国通过积极建立、健全相关法律法规的方式对劳动者合法权益给予了充分保护，赋予了劳动者和用人单位平等的法律地位和权利，维护了劳动关系的和谐稳定，有利于社会的可持续发展。

3. 劳动者、用人单位、政府协调合作原则

劳动法的主要目的之一是促进劳动关系协调发展，劳动关系的三方主

体，即用人单位、劳动者和政府相互合作、相互促进，实现共同发展。

然而，劳动者的理想是以最低的劳动付出换取最高的劳动收入，而用人单位则希望的是获得质量高且工资低的劳动力。所以，劳动者和用人单位在劳动关系中处在天生的对立面，双方在利益诉求方面存在明显的紧张关系。当双方产生冲突与纠纷时，单纯地依靠双方沟通协商来解决矛盾是不现实的，此时就需要行政部门进行适度干预，依据法律法规来进行处理，进而形成劳动者、用人单位与政府三方协商机制，最终实现三方主体利益平衡。

（三）劳动法的形式

1.《中华人民共和国宪法》

《中华人民共和国宪法》（以下简称《宪法》）的法律权威和法律效力高于其他法律，它是我国的根本大法，是维护我国政治、经济和社会生活和谐稳定的保证，其他法律的内容不能和《宪法》相违背。《宪法》规定，中华人民共和国公民有劳动的权利和义务，其合法权益受到法律保护，此外，《宪法》还围绕劳动问题进行了详细说明。比如，《宪法》第四十二条规定："中华人民共和国公民有劳动的权利和义务。国家通过各种途径，创造劳动就业条件，加强劳动保护，改善劳动条件，并在发展生产的基础上，提高劳动报酬和福利待遇。"《宪法》第四十三条对社会关注的劳动者休息问题做出明确说明："中华人民共和国劳动者有休息的权利。国家发展劳动者休息和休养的设施，规定职工的工作时间和休假制度。"《宪法》第四十八条规定："中华人民共和国妇女在政治的、经济的、文化的、社会的和家庭的生活等各方面享有同男子平等的权利。国家保护妇女的权利和利益，实行男女同工同酬，培养和选拔妇女干部。"以上这些规定，既是劳动立法的最高法律依据，又是劳动法律规范的一种表现形式。

2.劳动基本法

我国的劳动基本法是由全国人大及其常委会制定和修改的，于1994年7月5日通过，自1995年1月1日起实施的《中华人民共和国劳动法》。

根本目的是用于解决各种劳动纠纷，保障劳动者合法权益，维护劳动关系的和谐稳定。除了该法外，在其他劳动领域中，我国还有专门的、具体的、用来维护劳动者权益的法律法规，如《中华人民共和国工会法》《中华人民共和国就业促进法》《中华人民共和国劳动合同法》《中华人民共和国社会保险法》《中华人民共和国劳动争议调解仲裁法》等。另外，还有一些用于调整其他社会关系，但对劳动关系有所涉及的法律，如《中华人民共和国妇女权益保障法》《中华人民共和国公司法》等。

3. 劳动行政法规

劳动行政法规是由国务院制定和修改的，法律效力低于《中华人民共和国宪法》和《中华人民共和国劳动法》，是我国当前调整劳动关系的重要依据，例如，《女职工劳动保护特别规定》《工伤保险条例》《全国年节及纪念日放假办法》《职工带薪年休假条例》《劳动保障监察条例》等。

4. 劳动部门规章

劳动部门规章是由人力资源和社会保障部单独或同国务院有关部委联合制定的有关劳动行政管理的规范性文件。如《集体合同规定》《最低工资规定》《社会保险基金财务制度》等，以上这些也都是劳动法的重要表现形式。

5. 地方性劳动法规

地方性劳动法规同样是为了调整劳动关系，维护劳动关系的和谐稳定，地方性劳动法规的制定方为省、自治区、直辖市以及省会市和经国务院批准的较大的市的人大及其常务委员会，需报全国人民代表大会常务委员会备案。地方性劳动法规的制定要保证和《中华人民共和国宪法》《中华人民共和国劳动法》等劳动法律法规内容相一致，不能出现相互冲突的情况。《上海市劳动合同条例》《广东省企业集体合同条例》《北京市劳动保护监察条例》等均为地方性劳动法规。

6. 地方性劳动规章

地方性劳动规章和地方性劳动法规存在一定区别，后者的制定方是地方人大及其常务委员会，而前者的制定方是省、自治区、直辖市以及省会市和经国务院批准的较大的市的人民政府。我国有很多地方性劳动规章，这些地方性劳动规章在各自行政区划内发生法律效力，如《北京市工资支付规定》《广东省劳动合同管理规定》《北京市劳动就业服务企业管理实施办法》等。

7. 国际劳动立法

国际劳动立法是指国际组织或者两个以上的国家就劳动关系问题制定的国际公约等规范性文件。[10] 主要形式包括联合国的国际公约、国际劳工标准以及国际上的双边协议。由国际劳工组织制定的为各国劳动立法提供国际标准的公约和建议书即国际劳工标准。只要国际劳工公约被我国政府批准，且我国未声明有保留条款，则其受到我国法律的保护。[11]

8. 其他

除以上几种主要形式外，最高人民法院关于审理劳动争议案件的司法解释以及国家党政机关和行政机关发布的关于调整劳动关系的通知、纲要等也都属于劳动法的重要表现形式。

（四）劳动法的主要内容

我国劳动法的颁布和实施是为了有效解决劳动纠纷，维护劳动者的合法权益，推动社会经济的发展，其制定是以《宪法》为主要依据。劳动法内容包括以下十个方面。

1. 促进就业制度

充分和稳定的就业形势，对于人民来说是保障生活的重要条件，同时也是关乎一个国家经济社会发展和社会稳定的重要因素，因此我国非常重视创造就业条件，增加就业机会。国家不仅鼓励企事业单位积极开拓新领域和不断扩大经营范围，同时还倡导劳动者投身到创业中去。为了保证就业，为求职者创造良好的就业环境，国家还要求各级人民政府制定就业政策，以解决劳动者的后顾之忧。就业援助以及各种职业教育和培训都是我国就业制度的重要组成部分。

2. 劳动合同和集体合同

劳动合同是由劳动者和用人单位共同协商订立的，包括劳动时间、劳动内容、薪资报酬等具体内容，劳动合同的签订是劳动关系建立的必要基础。劳动合同是劳动关系主体用以维护权利和承担义务的重要依据。劳动合同的签订、履行以及解除要以《劳动合同法》为主要依据。

集体合同是由工会和用人单位签订的一种特殊劳动合同，在签订集体合同时，工会代表的是职工利益。倘若某用人单位中没有成立工会，则上级工会可以依照职工意见，选出职工代表和用人单位签订劳动合同。集体合同签订后要由劳动行政部门进行审核；如果劳动行政部门接收了集体合同文本，且从接收之日起的 15 天内没有提出异议，则集体合同生效。和普通劳动合同一样，集体合同的签订建立在劳动者和用人单位平等协商的基础之上，且双方对劳动时间、薪资福利、工作内容等无异议。

3. 工作时间和休息休假

工时制度进一步明确了劳动者的标准工作时间，按照规定，劳动者每天以及平均每周的工作时长分别不超过 8 小时和 44 小时。此外，特殊工作时间的相关规定在工时制度中也有说明。比如，由于存在特殊原因，用人单位要延长工作时间的，首先要确保劳动者的身体情况能承受该强度的工作时长，且每日延长的工作时间要不超过 3 小时，累计月度延长总时长不能超过 36 小时。

休息休假制度详细阐述了劳动者的休息时间，劳动者每周至少休息一天，且遇到春节、国庆、元旦、端午等法定节假日，劳动者也应该休息。此外，如果劳动者已经连续工作一年以上，则有权享有带薪年假。

4. 工资

按照相关规定，劳动者工资应随着经济的增长而提升。用人单位在制定本单位工资分配方式以及确定本单位薪资制度时可以参照单位经济效益情况，且保证不能违背相关法律规定。工资支付保障制度、最低工资保障制度等是我国工资制度的重要组成部分。

5. 劳动安全卫生

劳动安全卫生制度的设立是为了保障劳动者的生命安全和身体健康。安全检查制度、职业病调查处理制度、安全生产责任制等均是劳动安全卫生制度的重要组成部分。

6. 女职工和未成年工特殊保护

女职工特殊劳动保护主要指的是针对女职工在特殊生理期间、怀孕期间以及哺乳期间的工作内容和工作强度的特殊规定。举例说明，如果单位女职工正处于生理期，则应避免安排其从事低温、冷水等工作；如果单位女职工已孕，且时间在 7 个月以上，则不能安排该女职工加班或者上夜班；女职工生育产假不得低于 90 天等。

未成年工特殊保护中提到未成年工指的是 16 周岁以上但不满 18 周岁的劳动者。我国有专门用于保护未成年工利益的法规条款，单位不能让未成年工参与有毒有害或者井下等劳动，且用人单位有义务为未成年工提供定期健康检查服务。

7. 职业培训

职业培训制度建立的目的是提高不同职业劳动者的劳动技能和综合劳动能力。劳动法从用人单位、政府以及国家角度出发分别对其应承担的职业培训责任进行详细说明。此外，我国还基于不同职业的需求制定了对应的职业技能标准，推行了职业资格证书制度。

8. 社会保险和福利

我国的社会保险制度一般包括五项，分别是养老、失业、医疗、工伤以及生育。有了社会保险制度的保障，当劳动者处于年老、失业、患病、工伤、生育等状态时，可得到国家发放的相应补助和福利。劳动者和用人单位要严格遵守法律规定，参加社会保险。一般来讲，同一地区的社会保险水平和该地区的经济发展水平相一致。经济发达的城市缴费基数较高，医保上限、退休养老金等也较高。

除社会保险外，我国还积极发展福利事业，鼓励用人单位改善福利，从而更好地为劳动者提供休息、休养条件和福利待遇。

9. 劳动争议

如果用人单位和劳动者发生劳动纠纷，则双方可以选择以协商的方式解决，或者申请调解、仲裁，向法院提起诉讼。我国有专门的用于解决劳动争议的制度——劳动争议处理制度，该制度详细列明了争议的处理办法、要遵循的原则以及流程等。

10. 监督检查

按照劳动监督检查制度要求，用人单位要接受并配合县级以上各级人民政府劳动行政部门对劳动法规执行情况的监督检查。此外，用人单位还应接受各级工会的监督，以确保劳动者的权益不受损害。

第二节　职业安全

《大中小学劳动教育指导纲要（试行）》指出，学校要向学生普及劳动安全相关知识，并将劳动安全教育作为学校教学的重点任务，帮助学生树立劳动安全意识。熟悉和了解职业安全知识，是大学生走向职场维护自身权益的基本前提。

一　职业安全的内涵

职业安全是为了保证劳动者的生命安全。为了防止伤亡事故的发生，劳动关系各主体应从法律法规、管理制度、技术设施、安全素质教育等多方面采取有效的预防和保护措施。

随着经济的发展，用人单位对劳动者提出的要求越来越高，劳动者需付出的劳动时间和精力也日益增多。因此，职业安全不应仅指劳动者身体生理的安全，还应包括劳动者精神心理的健康。

对于初入职场的大学生来说，在职业安全方面应着重关注两点。第一，工作场所、工作性质是否能够保障人身安全。第二，工作时长、工作强度是否能够保障身体和心理健康。大学生的工作状态和职业发展与职业安全息息相关。

二　影响职业安全的因素

（一）职业安全事故

1. 职业安全事故的定义

职业安全事故是人们意料之外的、突发的事件，通常会造成一定程度的人员伤亡、职业病损、财产或资源损失等。

2. 职业安全事故的类型

一般来说，职业安全事故可以按属性分为自然事故和人为事故，或者按事故中人员情况分为伤亡事故和一般事故，这里的一般事故指的是没有人员伤亡的事故，还可被称为无伤害事故和未遂事故。

根据我国《企业职工伤亡事故分类标准》，伤亡事故可具体分为：物体打击、机械伤害、车辆伤害、起重伤害、淹溺、触电、灼烫、高处坠落、火灾、坍塌、冒顶片帮、放炮、透水、瓦斯爆炸、锅炉爆炸、火药爆炸、容器爆炸、其他爆炸、中毒和窒息、其他伤害等 20 大类。

3. 职业安全事故发生的原因

在劳动、工作过程中，事故发生的原因是复杂且多样的。但总的来说可以概括为以下四点。

第一，人的不安全行为。劳动者在劳动过程中的行为表现受到生理、心理、技术能力、知识水平等多重因素的影响，所以预期工作效果与实际工作效果间常存在一定偏差。当劳动者出现身体不适、精神萎靡、消极怠工、漠视规则或是对工作流程、操作技术等掌握不到位的情况时，就容易出现失误，做出不安全行为，从而造成事故。

第二，物的不安全状态。物的不安全状态一方面指生产机器、设备或防护保险装置等本身存在缺陷和故障，另一方面指劳动者个人的防护用品用具有缺失和损坏。

第三，危险的环境。危险的环境主要包括两类：第一类是恶劣的自然条件或自然灾害，如高温、寒潮、山体滑坡等；第二类是不合规、危险的工作环境，如通风不良、照明光线不良、地面滑、作业场所狭窄、作业场地杂乱等。

第四，管理缺陷。前文所述的三点属于造成事故的直接原因，而管理缺陷则属于间接原因，主要表现为三个方面。其一，缺乏对工作设施和环境的安全管理，如工作设备上的欠缺、工作现场条件不规范、防护用品缺失或损坏等。其二，欠缺对劳动者的安全教育和安全培训等。其三，管理者对工作流程设计不合理、监督检查不到位等。

（二）职业病

1. 职业病的定义

按照官方解释，职业病是因工作导致的疾病，即该病是劳动者在为企事业单位、个体经济组织等用人单位付出劳动时，因工作原因和诸如放射性物质等对身体有害的物质接触引发。

职业病必须同时具备以下四个条件。

（1）患病的劳动者和企事业单位或者个体经济组织存在劳动关系。

（2）必须是在从事职业活动的过程中产生的。

（3）该病的产生是因为劳动者和诸如放射性物质等对身体有害物质有接触。

（4）该病要在国家公布的《职业病分类和目录》之中。

2. 职业病的类型

按照《职业病分类和目录》规定，职业病可分为 10 大类。①职业性尘肺病及其他呼吸系统疾病，如煤工尘肺、水泥尘肺、电焊工尘肺、滑石尘肺等。②职业性放射性疾病，如放射性肿瘤（含矿工高氡暴露所致肺癌）、放射性甲状腺疾病、外照射急性放射病、放射性骨损伤等。③职业性化学中毒，如铅及其化合物中毒（不包括四乙基铅）、汞及其化合物中毒、二氧化硫中毒、一氧化碳中毒等。④物理因素职业病，如中暑、减压病、高原病等。⑤生物因素职业病，如炭疽、森林脑炎、布氏杆菌病。⑥职业性皮肤病，如光接触性皮炎、接触性皮炎、化学性皮肤灼伤等。⑦职业性眼病，如白内障（含放射性白内障、三硝基甲苯）、电光性眼炎等。⑧职业性耳鼻喉口腔疾病，如噪声聋、铬鼻病、牙酸蚀病。⑨职业性肿瘤，如苯所致白血病、石棉所致肺癌/间皮瘤、联苯胺所致膀胱癌等。⑩其他职业病，如金属烟热、滑囊炎（限于井下工人）等。

3. 职业病产生的原因

（1）重视程度较低。一方面，企业对于诱发职业病的危害因素防治检测不到位、生产设备简陋、防护设施不规范；另一方面，劳动者个人安全防护意识低下、存在不规范生产操作的现象。

（2）资源配置不足。主要表现为职业病防治经费投入不足、职业卫生技术服务水平不高、职业卫生多部门协同工作机制尚未完全建立导致职业病危害前期预防措施落实不到位等。

（3）执法力度不强。部分地区未认识到职业病预防的重要性，对《中华人民共和国职业病防治法》的宣传力度不够，且缺乏职业病预防的合格卫生标准等，上述因素都是导致执法力度不强的原因。

（三）职业应激

1. 职业应激的定义

职业应激在某种程度上能够被理解为工作压力，主要由工作原因导致。工作时间过长、工作量过大、工作环境恶劣、上下级关系不和谐等都会导致职业应激。当劳动者的职业应激达到一定程度时，则会出现消极、悲观等负面心理反应。

虽然职业心理健康尚未被划入职业病范畴内，但是工作压力、工作紧张等职业环境中的危害因素对工作者所造成的心理和精神的危害同样不容小觑，理应得到更多重视。

2. 职业应激产生的原因

（1）不良的工作方式和环境。长期重复的单调作业、长期夜班作业、过度的脑力作业等都可能会对劳动者的心理卫生健康产生负面影响，尤其是那些耐受性较差的人，危害更为明显。另外，噪声、高（低）气压、生产性毒物（粉尘）等有害的物理环境也会对劳动者心理产生不同程度的影响，引起睡眠障碍、情绪不稳、忧伤沮丧、焦虑等不良的反应。

（2）社会心理因素。与同事相处不融洽、缺乏组织社会帮助和支持、家庭生活不和睦等都会对人的心理造成严重的打击。

（3）职业紧张。职业紧张即在一定的工作环境中，工作需求和个人适应能力无法达到平衡状态，并因此为劳动者带来生理和心理上的压力。[12]长期的职场紧张可能引起人们抑郁、焦虑、注意力不集中、易怒等不良情绪反应，同时对人们的身体健康也会造成一定危害，可出现支气管哮喘、消化性溃疡、原发性高血压等病症。

三　大学生树立职业安全意识的必要性

（一）保障自身安全的需要

大学生刚刚毕业，从校园中走向社会，想要实现个人价值、为社会做贡献，首先要保证自身的身心健康和人身安全。因此，大学生要增强自我防范意识，对于安全隐患有清醒的认知，必须严格遵守工作流程、工作制度和工作纪律，尽量避免不安全因素对自身的伤害。同时，在面对工作任务难度大、职场人际关系复杂等因工作产生的压力时，大学生可以选择多与家人、朋友或者老师沟通，寻求帮助，注意调整心态，避免情绪极端化，增强心理承受能力，培养健康的心理品质。

（二）保证职业长远发展的需要

大学生树立职业安全意识，一方面是为了保障自身的身心健康，另一方面是为了更好地融入社会、适应社会。经济发展在为大学生带来更好的生活条件的同时也极大增加了大学生的工作压力。因此，树立良好的自我安全防范意识、面对突发事件应变意识等能够保障大学生安全、平稳地度过职场适应期，在职场中充分展示自己的才华和能力，为职业持续向上发展打下坚实的基础。

（三）维护社会稳定的需要

大学生是社会、企事业单位的中坚力量。大学生是否具备职业安全意识，直接决定了他们是否具有安全行为方式、是否能够正确处置安全问题。增强大学生的职业安全意识，不仅可以保障其自身的安全和健康，也可以有效地减少安全事故的发生，保障企事业单位安全有序生产，维持经济秩序稳定，促进社会和谐发展。

四　劳动关系、法规与大学生职业安全的关系

（一）劳动关系确立是大学生维护职业安全的基础

大学生要想保障自己在工作中的利益，维护自身安全，则必须按照法律规定，和用人单位建立劳动关系。当大学生处在合法、标准的劳动关系中时，能够最大限度地运用法律法规应对工作中可能出现的安全、健康问题。可以说，劳动关系的确立是大学生维护权益的第一道门槛。然而，随着经济转型、新就业形态的发展，劳动关系呈现碎片化特点，组织化程度低，劳动关系的确立显得更为复杂和困难。因此，维护新就业形态下劳动者的职业安全，一方面需要法律更为强有力的约束，另一方面需要大学生在就业时提高对劳动关系合法确立的重视程度。

（二）劳动法规规定是大学生维护职业安全的保障

我国致力于为劳动者提供良好的劳动环境，并为保障劳动者权益提供支撑。《中华人民共和国宪法》《中华人民共和国安全生产法》《中华人民共和国劳动法》《中华人民共和国职业病防治法》等是专门针对劳动者职业安全问题制定的法律条文。例如，《中华人民共和国宪法》第四十二条规定："中华人民共和国公民有劳动的权利和义务。"国家也积极采取各种措施，

为改善劳动环境、减轻就业压力等做出努力，在发展生产的同时逐步提高劳动者的福利薪酬。《中华人民共和国劳动法》第五十二条规定："用人单位必须建立、健全劳动安全卫生制度，严格执行国家劳动安全卫生规程和标准，对劳动者进行劳动安全卫生教育，防止劳动过程中的事故，减少职业危害。"同时，《中华人民共和国安全生产法》还详细阐述了经营单位应履行的安全生产义务、保障劳动者安全生产的措施和方法等内容。《中华人民共和国职业病防治法》也可以作为职业病预防、保障等的法律依据。

第三节　大学生职业安全意识提升

对于初入职场的大学生来说，明确劳动者的权利和义务，了解、熟悉劳动相关法律法规对劳动者的保护，是一门必修课。学好这门课，树立职业安全意识，保障自身的合法权益不受侵犯，将使得大学生更顺利地开启职业生涯，更快地完成从学校到职场的过渡，更好地融入社会生活。

一　劳动者权利和义务

（一）劳动者的权利

法律赋予劳动者一定权利，但同时劳动者也要履行相应义务，两者不能被割裂开来。根据《中华人民共和国劳动法》规定，劳动者享有的权利包括以下七个方面。

1. 劳动者享有平等就业和选择职业的权利

劳动者是社会发展的根本保障，是社会财富的创造者。倘若公民享受的社会劳动权利不平等，则其他权利也没有存在的意义。所以，我国制定了专门的法律法规，明确表明劳动者享有平等的就业权，不能因为年龄、性别、种族等不同而受到区别对待。除平等就业权外，我国劳动者还具有选择职业的权利，劳动者可以根据自己的意愿选择符合自身兴趣、素质和能力的职业。该权利有利于保证劳动者的优势得到充分发挥，进而为经济发展和社会进步提供支撑。

2. 劳动者享有取得劳动报酬的权利

按照相关法律法规，用人单位要在遵循按劳分配原则基础上对员工工资进行分配，且不能因性别而进行区别对待。遇到丧葬假期、国家法定节假日时，用人单位仍然要正常支付劳动者报酬。倘若用人单位违反相关规定，则劳动者可以寻求有关部门帮助，对用人单位进行处罚。取得劳动报酬的权利使劳动者的物质生活得到了充分保障，有利于调动劳动者的劳动积极性，促进生产的发展。

3. 劳动者享有休息休假的权利

按照相关规定，我国劳动者的日工作时间和平均周工作时间分别要保证不超过 8 小时和 44 小时。劳动者每周至少休息一天，且享受在国家法定节假日休息的权利。在满足一定条件后，劳动者还享有带薪年假。

4. 劳动者享有获得劳动安全卫生保护的权利

用人单位要根据相关法律法规要求，制定劳动安全卫生制度，落实国家劳动安全卫生标准，并做好劳动安全常识的普及工作，切实维护劳动者的职业安全。同时，用人单位还要向劳动者提供用于保证自身安全和方便作业的劳动防护器具。以此来达到对劳动者生命和身体保护的目的。

5. 劳动者享有接受职业技能培训的权利

国家为了减轻劳动者就业压力、提高劳动者综合就业能力颁布了多项支持政策。作为和劳动者直接相关的利益方，用人单位应该结合单位情况和国家规定建立有效的职业培训体系，并提供相应物质支持。对于那些技术型劳动者，在正式工作前必须接受正规培训。上述规定有利于劳动者长期发展。

6. 劳动者享有享受社会保险和福利的权利

为了保障劳动者的根本利益，让劳动者在患病、失业、年老时有一定依靠，减轻劳动者生活负担，国家积极推进社会保险事业的发展，不断优化社会保险制度。同时，国家还致力于社会福利事业建设，完善社会公共福利设施建设，改善劳动者的休息疗养环境和条件。除了国家外，用人单位也应当积极主动地承担社会责任，逐步优化劳动者的福利待遇。

7. 劳动者享有提请劳动争议处理的权利

如果劳动者和用人单位发生劳动纠纷，则双方可以选择以相互协商方式或者申请调解 / 仲裁、提起诉讼解决。在对劳动纠纷进行处理时，要遵循公平公正的原则，切实维护双方的应得利益。

（二）劳动者的义务

劳动者在享受各项劳动权利的同时也要履行相应义务，劳动者的权利和义务不能被分割开来。劳动者首先要保证完成劳动任务，这是对劳动者最基本的要求，同时，劳动也是中华人民共和国公民的应尽义务，是经济发展和社会进步的保障。此外，劳动者要积极主动地提升自身职业技能，保质保量地完成本职工作，并严格遵守用人单位的规章制度和相关法律法规。

劳动者在关注权利的同时，也应审视自己是否履行了义务。劳动者要正确认识权利和义务之间的关系，并落实到行动中，巩固自己国家主人翁的地位。

二　劳动法规对劳动者的保护

生产力的发展水平、企业的发展目标以及社会经济的增长速度与劳动关系有一定联系，和谐稳定的劳动关系对企业和社会发展有促进作用，而保障劳动者的应得利益是和谐稳定劳动关系建立的基础。如今我国已经制定出一系列法律法规，形成了劳动法律体系，全方位给予劳动者应有的保护。

（一）工作时间和休息休假保护

1. 工作时间

工作时间即符合法律规定的劳动者付出劳动力的时间，工作准备和结束时间、完成工作任务的作业时间、工作休息时间、出差时间等都应计入在内。

根据《劳动法》的内容，我国劳动者的日工作时间和平均周工作时间要分别不超过 8 小时和 44 小时。一些特殊行业或企业内无法实行上述工作制度，则可向劳动行政部门提起申请，执行新的工作制度。倘若出于生产经营需要，用人单位要延长劳动者的工作时间，则必须和劳动者以及工会就此问题进行讨论，通常情况下，延长的每日工作时间不能高于一小时；如果出于其他特殊原因需要，用人单位不得不延长劳动者的工作时间，则首先要确保劳动者身体情况能承受该工作强度，且延长的每日工作时间不能超过 3 小时，累计每月总延长时长不超过 36 小时。《中华人民共和国劳动合同法》还规定，如果是用人单位提出延长工作时长要求，则应该向劳动者支付额外薪酬。

但下述三种情况除外：①因重大安全事故、自然灾害以及其他原因对劳动者生命财产造成威胁，要立即处理的；②出现交通运输路线、生产设备等故障问题，对居民的正常生活和企业生产造成影响，要立即抢修的；③法律、行政法规规定的其他情形。

2. 休息休假

休息休假时间是指劳动者根据法律法规规定，在国家机关、社会团体、企业、事业单位以及其他组织任职期间，不必从事生产和工作而自行支配的时间。我国法律规定的休息休假主要包括以下四个方面。

（1）休息日。《劳动法》规定，劳动者每周至少休息 1 天。《国务院关于修改〈国务院关于职工工作时间的规定〉的决定》规定，劳动者的工作和休息标准分别为 5 天和 2 天。如果企业有特殊情况不能参照上述规定安排劳动者的休息时间，则可以按照实际情况另行安排。这和《劳动法》的相关要求是一致的。

（2）法定节假日。按照相关规定，我国全体公民都能放假的法定节假日为元旦、春节、清明节、劳动节、端午节、中秋节及国庆节。只有符合要求的公民能放假的节假日为妇女节、青年节、儿童节、中国人民解放军建军纪念日等。如果全体公民放假的时间和周末时间重合，则应该在工作日补假。特定条件公民放假的时间和周末重合，则不补假。

（3）年休假。带薪年休假是劳动者连续工作满 1 年后每年依法享有的保留职务和工资的一定期限连续休息的假期。带薪年假是获得《劳动法》认可的。《职工带薪年休假条例》详细阐述了休假天数的相关事宜，职工累计工作已满 1 年不满 10 年的，享有 5 天年休假；已满 10 年不满 20 年的，享有 10 天年休假；已满 20 年的，享有 15 天年休假。且年休假不包含国家法定节假日和单位规定正常休息时间。

（4）法律法规规定的其他休假日。除上述常见的休息休假日外，我国法律规定劳动者还可享有探亲假、婚丧假。此外，按照《女职工劳动保护特别规定》规定，女性职工享有产假 98 天，产前可休息 15 天；如果女性职工出现难产，则可以多休息 15 天；如果女性职工生育的是多胞胎，则多生育一个婴儿，产假也会相应增加 15 天。

我国围绕工作和休息时间制定一系列法律法规的根本目的是保障劳动者的根本利益，让劳动者有充足的休息时间，以更好地投入工作中。劳动者只有在经过充分的休息后才能以更充沛的精力投入生产和工作，创造更大的经济、社会效益。

（二）工资保护

工资是用人单位用来换取劳动者劳动力的劳动报酬，工资的确定建立在用人单位和劳动者平等协商的基础上，且工资的发放不能违背国家相关法律法规，支付给劳动者的工资应随着经济的发展而稳步提升。国家享有对工资总量的宏观调控权。用人单位在不违背相关法律法规的前提下，可以自主确定本单位的工资水平和发放制度。发放到劳动者手中的工资应当是货币形式，且禁止用人单位随意拖欠劳动者工资。

1. 最低工资

我国实行最低工资保障制度。省、自治区、直辖市人民政府可以根据本地区实际情况制定最低工资标准，并报国务院备案。用人单位用来换取劳动者劳动力的薪酬要高于当地最低工资标准。

依据《最低工资规定》规定，最低工资标准可分为月最低工资标准和小时最低工资标准，分别适用于全日制和非全日制就业劳动者。确定和调整月最低工资标准应当参考当地就业者及其赡养人口的最低生活费用、城镇居民消费价格指数、职工个人缴纳的社会保险费和住房公积金、职工平均工资、经济发展水平、就业状况等因素。而对小时最低工资标准进行调整和确定时，除了要参照月最低工资标准外，还应综合评估单位应缴基本医疗保险和养老保险费用，以及非全日制劳动者和全日制劳动者在劳动内容、劳动时间等方面的差距。

其中，劳动者获得的不低于当地最低工资标准的工资不包含延长工作时间工资；国家以及相关法律条文规定的劳动者应享受的福利；高温、低温、高危等工作津贴。

2. 工资支付保障

为了进一步保障劳动者的应得利益，《工资支付暂行规定》做出了更为细化的规定，具体来说主要包括以下几个方面。

（1）工资支付形式。法定货币是工资支付的唯一形式，其他实物以及有价证券不能作为替代。

（2）工资支付对象。工资的领取人必须为劳动者本人。如果劳动者不能亲自领取报酬，则其委托人或者亲属可代为领取。

（3）工资支付方式。用人单位可以将工资发放事宜委托给银行处理。用人单位要将支付给劳动者的工资数额、工资的发放时间等以书面形式保存两年以上，以供企业自身和相关部门审查。用人单位应随附工资向劳动者提供工资明细单。

（4）工资支付时间。工资的支付日期由劳动者和用人单位协商得出，且用人单位不得迟于该时间向劳动者发放工资。倘若工资支付日期和节假日重合，则用人单位要提前将工资支付给劳动者。每月至少要支付劳动者一次工资。如果劳动者从事的是一次性临时劳动工作，则当劳动者完成该任务后就应获得用人单位支付的报酬。如果劳动者和用人单位的劳动关系解除，则用人单位应一次性完全支付劳动者应得工资。

（5）工资支付保障。倘若劳动者参加诸如先进工作者大会、担任法庭证明人等社会活动是在工作时间内，则用人单位同样应支付给劳动者正常工资。除此之外，用人单位还应按照正常标准支付给劳动者婚丧假期、法定节假日等期间的工资。如果劳动者做出损害用人单位经济利益的行为，则用人单位可向劳动者追偿。用人单位可以从劳动者工资中扣除用以补偿单位经济损失的部分。但每月扣除的工资不能高于劳动者当月工资的 20%。倘若用人单位按照 20% 的标准扣除劳动者当月工资后，劳动者剩余工资不足当地月最低工资标准，则用人单位应参照月最低工资标准向劳动者发放工资。

（6）额外工资支付。对于规定工作任务以外的需要劳动者用额外工作时间完成的工作，用人单位的工资给付标准应参照下述内容：用人单位根据工作需要延长劳动者的工作时间，且符合相关法律法规规定的，劳动者的应得工资不能低于合同规定的劳动者小时工资标准的 150%；用人单位在休息日要求劳动者工作，且不能调休的，则劳动者的应得报酬不能低于合同规定的劳动者日或小时工资标准的 200%；用人单位要求劳动者在法定节假日工作的，则劳动者的应得报酬不能低于合同约定的劳动者日或小时工资标准的 300%。倘若劳动者按照计件工资标准领取酬劳，则用人单位安排劳动者执行规定计件任务以外的工作，应参照上述标准，支付劳动者不低于法定工作时间计件单价的 150%、200%、300% 的薪酬。

（三）社会保险保护

为了保障公民的切身利益，构建和谐稳定的社会保险关系，让公民参与到社会发展成果共享中来，我国制定了《中华人民共和国社会保险法》。根据《社会保险法》规定，社会保险可分为下述五种不同种类。

1. 基本养老保险

（1）保险缴纳。用人单位和劳动者分别承担基本养老保险费用的一部分。而没有在用人单位参加基本养老保险的非全日制从业人员、其他灵活就业人员等则需自行缴纳基本养老保险费用。公务员和参照公务员法管理的工作人员应按照国务院规定参加基本养老保险。

（2）保险组成。用人单位缴纳、个人缴纳和政府补贴等是构成基本养老保险基金的主要部分。基本养老保险实行社会统筹与个人账户相结合。用人单位缴纳的基本养老保险费应参照国家规定的本单位职工工资总额比例，并记入基本养老保险统筹基金。由职工缴纳的基本养老保险费应以国家规定的工资比例为依据，且记入个人账户。那些没有在用人单位参加基本养老保险的非全日制从业人员以及其他灵活就业人员等在缴纳基本养老保险费用时应严格遵守国家相关规定，其缴纳的基本养老保险费应分别记入基本养老保险统筹基金和个人账户。

（3）保险支取。个人账户不得提前支取，记账利率最低标准要参照银行定期存款利率。如果缴纳基本养老保险的个人突然死亡，则个人账户余额可以被依法继承。缴纳基本养老保险的个人已到法定退休年龄，且累计缴费年限有 15 年，则能在每月领取养老金。缴纳基本养老保险的个人已到法定退休年龄，但累计缴费时长低于 15 年，则需缴满 15 年才能在每月领取相应养老金，或者选择转入新型农村社会养老保险或者城镇居民社会养老保险，并享受相应养老待遇。如果缴纳基本养老保险的个人出现非因公或者因病死亡，则其遗属应获得抚恤金和丧葬补助；如果缴纳基本养老保险的个人出现非因公或者因病致残且无劳动能力，又尚未达到法定退休年龄，则可以领取病残津贴。养老保险金是该资金的来源。

（4）保险转移。当缴纳社会保险的个人跨统筹地区就业时，其缴纳的基本养老保险关系也会发生转移，缴费时间不会清零，而是会累计。当缴纳社会保险的个人已满足国家规定的退休条件时，则对基本养老金分段计算、统一支付。

2. 基本医疗保险

（1）保险缴纳。基本医疗保险和基本养老保险一样，都是为职工提供保障的，劳动者和职工分别按照国家规定承担各自应承担的部分。没有在用人单位参加职工基本医疗保险的非全日制从业人员和其他灵活就业人员如果有需要，可以遵从国家相关规定进行医疗保险的缴纳。政府会为其他特殊群体，诸如低收入家庭中 60 周岁以上的老人、享受最低生活保障的人以及因残疾而失去劳动能力的人等的个人缴纳部分提供补贴。

（2）保险待遇。劳动者按照国家规定缴纳基本医疗保险就有权享受基本医疗保险待遇，但当劳动者同时满足达到退休年龄和累计缴费年限时，即可停止缴纳基本医疗保险费用，但仍旧正常享受相应待遇；如果参加医疗保险的劳动者已经达到退休年龄，但缴费年限不满足国家规定，当缴费满足国家规定年限后则可停止缴费并享受退休人员医疗保险待遇。当缴纳基本医疗保险的劳动者就医、住院或买药，且该费用支出符合国家规定时，则可从基本医疗保险基金中划拨。参保人员医疗费用中应当由基本医疗保险基金支付的部分，由社会保险经办机构与医疗机构、药品经营单位直接结算。

（3）保险转移。当缴纳基本医疗保险的劳动者跨统筹地区就业时，其基本医疗保险关系会跟着劳动者本人，且缴费年限不会清零，而是直接累计。

3. 工伤保险

（1）保险缴纳：工伤保险对职工安全有保障作用，和上述两种基本保险不同，职工不缴纳工伤保险，而是由用人单位承担相应费用。

（2）保险待遇：只要用人单位为职工缴纳工伤保险，职工就依法享受工伤保险待遇，工伤保险生效条件是当职工的身心健康在工作中受到伤害且通过工伤认定；如果劳动者因工作导致自身失去劳动能力，且经过鉴定，则可享受伤残待遇。在进行劳动能力鉴定和工伤认定时要遵循及时、便捷的原则。

工伤保险基金用于支付劳动者在工作期间因公受伤造成的医疗、住院、食宿等费用，以及一次性伤残补助金等。如果劳动者因公死亡，则其遗属可以从工伤保险基金中获得相应抚恤金和补助金。

此外，用人单位要承担劳动者因工伤发生的治疗期间的工资福利，以及经鉴定为五级、六级伤残时劳动者每月要领取的津贴费用等。

如果工伤职工达到国家规定的基本养老金领取条件，则只享受养老保险待遇，而不再领取津贴补助。如果劳动者之前领取的津贴补助高于基本养老保险待遇，则可从工伤保险基金中支取差额部分进行补足。

4. 失业保险

（1）保险缴纳。失业保险和工伤保险一样，也是由用人单位承担，用于保障劳动者的基本利益。

（2）保险待遇。如果劳动者在失业之前已经缴纳至少一年的失业保险费，且失业并非劳动者主动选择，并已在相关部门登记，则可享受失业保险待遇，领取相应补助金。

如果劳动者失业前的累计失业保险金缴费年限达到一年但尚未满五年，则可领取 12 个月的保险金；如果累计缴费年限达到五年但尚未满十年，则可领取 18 个月的保险金；如果累计缴费年限超过十年，则可领取 24 个月的保险金。那些再次就职后失业的劳动者的失业缴费年限需归零后重新计算，领取过失业保险金的劳动者二次失业后的保险金领取期限应和前次失业前的期限合并计算，可领取失业保险金的最长时间为 24 个月。

领取失业保险金的失业劳动者参加职工基本医疗保险，受到基本医疗保险的保障，并享受同等待遇。失业保险基金用来承担失业劳动者所需的基本医疗保险费，失业劳动者不用单独缴纳费用。如果领取失业保险金的失业劳动者重新找到工作、移居境外或者无其他正当理由拒绝当地政府提供的再就业培训及其介绍的合适工作，则国家有权不再向失业劳动者继续发放保险金。

（3）保险转移。失业保险会随着劳动者跨统筹地区就业而发生转移，缴费年限不会清零而是继续累计。

5. 生育保险

（1）保险缴纳。职工生育保险是由用人单位承担，用来保障职工利益的基本保险，职工个人无须缴纳相关费用。

（2）保险待遇。用人单位按照国家规定为劳动者缴纳生育保险费用，则职工受到生育保险保障；劳动者配偶没有工作的，也可受到生育保险保障。生育保险基金用来负担劳动者生育所需的费用。

生育津贴和生育医疗费用是生育保险金的主要形式。前者需按照职工所在用人单位上年度职工平均工资计发。而生育医疗费用则由计划生育和生育医疗费用等组成。

（四）劳动争议保护

根据《劳动法》可知，当劳动者和用人单位之间出现纠纷时，双方可选择以协商、申请调解或仲裁以及诉讼的方式解决。在处理双方纠纷时，要遵循公平公正的原则，维护双方的正当利益。为了在劳动领域中深入落实依法治国方针，保障公民的基本利益，推动经济发展，我国根据国情制定了《中华人民共和国劳动争议调解仲裁法》，详细阐述了通过调解和仲裁方式解决劳动纠纷的办法和程序。

1. 调解

（1）调解组织。当劳动者和用人单位之间发生劳动纠纷时，当事人可选择以调解的方式解决纠纷，并寻求街道设立的具有劳动争议调解职能的组织、企业劳动争议调解委员会以及依法设立的基层人民调解组织的帮助。

（2）调解人员。负责对劳动纠纷起调解作用的劳动争议调解组织成员要具备基本的法律知识，知晓国家相关政策，并能坚持职业道德。

（3）调解申请。国家对于申请劳动争议调解的方式没有特殊规定，书面和口头申请均是有效的。对于口头申请调解的劳动纠纷，调解组织应该安排调解员对申请人的基本信息、纠纷缘由等事项进行现场记录。

（4）调解受理。在调解劳动纠纷时，调解组织应基于对纠纷实际情况的了解，参考双方当事人的理由，从旁引导，化解双方的矛盾，促成协议的达成。双方当事人经过调解同意达成协议的，要制作调解协议书，同意达成协议的双方当事人要在协议书上盖章或签名，协议书正式生效需调解员签名并盖上调解组织印章，双方当事人应按照协议内容履行相应义务。

（5）调解执行。如果劳动争议调解组织已收到调解申请满15天，在调解组织协助下双方未达成调解协议，则当事人可选择用仲裁方式解决劳动争议。如果在调解组织的协助下，调解协议达成，但其中一方当事人未按照协议内容履行应尽义务，则另外一方当事人有权选择用仲裁方式解决争议。如果劳动争议与经济补偿、拖欠劳动报酬以及工伤医疗费等事项相关，用人单位未按照协议内容履行应尽义务，劳动者可以以调解协议书佐证，向人民法院申请支付令。人民法院会依法对该事项进行处理。

2. 仲裁

（1）仲裁组织。劳动争议仲裁委员会的设立要遵循一切从实际出发、统筹规划和合理布局原则。省、自治区人民政府和直辖市人民政府可分别决定在市、县和区、县设立。此外，直辖市以及设区的市可设立的劳动争议仲裁委员会数量没有特殊限制。不是每层行政区划都要设立劳动争议仲裁委员会。仲裁规则要参照相关法律法规制定。行政区域内的劳动争议仲裁接受省、自治区、直辖市人民政府劳动行政部门的指导。

（2）仲裁人员。企业代表、劳动行政部门代表以及工会代表是劳动争议仲裁委员会的基本成员。劳动争议仲裁委员会组成人员数量为单数。仲裁员的信息全部记录在劳动争议仲裁委员会内部名册上。担任仲裁员的公民至少要具备下述一项条件，即有基本法律知识、从事人力资源管理或者工会等专业工作满五年的；从事法律研究、教学工作且获得中级以上职称的；曾任审判员的；律师执业满三年的。

（3）仲裁申请。当事人要在一年内向相关部门申请劳动争议仲裁。仲裁时间从当事人知晓或应当知晓自身权利受到损害那天开始计算。

申请仲裁时，当事人提交的仲裁申请要以书面形式呈现，且仲裁申请副本数量应和被申请人数量一致。仲裁申请书中要详细注明劳动者的基本信息以及用人单位的基本信息、仲裁原因和请求、能够用来作证的相关信息等。

如果当事人无法以书面形式提交仲裁申请，则可以选择口头形式，劳动争议仲裁委员会负责记录相关信息，并通知对方当事人知晓。

（4）仲裁受理。劳动争议仲裁委员会要在收到仲裁申请的5天内对仲裁申请做出回应，认为仲裁申请符合相关要求，则对其进行受理并告知申请人；认为仲裁申请不符合相关要求，则将不予受理的结果以书面形式传达给申请人，并列明原因。如果劳动争议仲裁委员会拒绝受理劳动者递交的仲裁申请，或者未在有效时间内对申请人做出回应，则当事人可寻求人民法院帮助，按规定提起诉讼。

仲裁庭应该先就劳动争议进行调解，然后再做出裁决。如果在劳动争议仲裁委员会的协助下劳动者和用人单位达成调解协议，则由仲裁庭制作调解书。调解书要详细记录协议信息以及仲裁请求。调解书上要有调解员签名和劳动争议仲裁委员会的盖章，在完成上述手续后，调解书要移交给当事人双方。调解书的法律效力自当事人签收那刻起生效。如果当事人中的一方在收到调解书之前反悔，或者调解失败，则仲裁庭要在遵循公平公正原则的基础上做出裁决。

仲裁庭要在劳动争议仲裁委员会受理仲裁申请的 45 天内对发生在劳动者和用人单位之间的争议进行处理。倘若因案情需要延长仲裁处理时间，必须向劳动争议仲裁委员会主任发起申请，在委员会主任审批通过后可以进行延长操作，但延长期限应小于等于 15 天。劳动争议仲裁委员会在有效期内未给予裁决结果，则当事人可向人民法院求助，提起诉讼。

（5）仲裁执行。一旦裁决书和调解书产生法律效力，则双方当事人要按照规定内容履行应尽职责。如果一方当事人未按照要求履行相关职责，则另外一方当事人可向人民法院发起申请，执行仲裁内容。

如果劳动争议涉及经济补偿、追偿劳动报酬等事宜，则可综合一系列情况后，对裁决先予执行。

（五）职业安全卫生保护

我国将劳动者的职业安全卫生视为重点建设对象，致力于构建和谐稳定的劳动关系，为经济发展创造良好条件。《劳动法》对用人单位提出明确要求，必须不断优化改善企业环境，建立科学有效的劳动安全卫生制度，将国家劳动安全卫生标准落实到实际中去，组织劳动者学习劳动安全卫生相关知识，加强劳动安全卫生的宣传工作，保障劳动者的身心安全和健康。

为了保证劳动者的安全和企业的有效运转，推动经济发展和构建和谐社会，我国制定了《中华人民共和国安全生产法》，该法详细阐述了安全事故应急救援措施、劳动者应遵循的安全生产原则等内容，为劳动者安全生产提供了保障。

此外，为了对职业病进行有效防控，减少职业病对劳动者造成的伤害，为劳动者创造良好的工作环境，我国还制定了《中华人民共和国职业病防治法》，该法详细阐述了如何有效预防职业病、如何保障职业病病人的利益等。

三　劳动合同对劳动者职业权益的保障

为了构建科学有效的劳动合同制度，保障劳动者的根本利益，为企业和经济的可持续发展奠定基础，我国制定了《中华人民共和国劳动合同法》。劳动合同的订立要遵循公平公正、自愿协商、实事求是的原则。劳动关系的产生必须以劳动合同的订立为基础。因此，掌握劳动合同基本内容和相关法律规定，对于劳动者是十分必要的。

（一）劳动合同的订立

劳动者和用人单位通过协商一致达成劳动关系，劳动关系的建立要以劳动合同的签订为基础。倘若用人单位和劳动者之间的劳动关系已经确定，但尚未签订书面劳动合同，则用人单位可以和劳动者补签劳动合同，有效期限不超过用工之日起的一个月。

（二）劳动合同的形式

劳动合同的期限既可以是固定的，也可以是不固定的，还可以以完成一定工作任务为期限。

日常劳动关系中较为普遍的是固定期限劳动合同。顾名思义，固定期限劳动合同表明了合同的起始时间。

和固定期限劳动合同不同，无固定期限劳动合同中并没有标注合同终止时间。如果遇到下述情形之一，且劳动者对续签劳动合同无异议，劳动者也没有表示要签订固定期限劳动合同，则仍旧以无固定期限劳动合同形式进行合同续签。①用人单位初次实行劳动合同制度或者国有企业改制重新订立劳动合同时，劳动者连续在此单位工作满十年且还有不到十年就达到法定退休年龄的。②劳动者在该用人单位连续工作达到十年。③连续两次都是以固定期限形式签订劳动合同，续订劳动合同且劳动者未出现下述任一情形：劳动者的能力和岗位要求不匹配，且在培训学习或者调岗后依旧无法满足岗位要求；做出严重违背用人单位规定的行为；试用期未结束之前已被证明达不到岗位要求；通过欺骗等正当手段，迫使对方违背真实意愿签订劳动合同，导致劳动合同无效；因为个人原因导致用人单位遭受重大经济损失；被追究刑事责任；劳动者私自同时入职多家用人单位，对本单位利益造成严重损害，或者用人单位要求改正此行为但遭到劳动者拒绝；劳动者身体抱恙或者非因公受伤，治疗完成后无法从事原工作及用人单位安排的其他工作。此外，如果用人单位和劳动者达成劳动关系满一年但尚未以书面形式签订劳动合同，则默认劳动者和用人单位已签订无固定期限劳动合同。

以完成一定工作任务为期限的劳动合同，即某项工作的完成时间就是劳动合同的终止时间。随着我国经济形势的变化，数字经济的发展，平台就业、灵活就业等新型就业形式的出现，以完成一定工作任务为期限的劳动合同被应用得越来越广泛。

（三）劳动合同的内容

依据《劳动合同法》相关内容，劳动合同要列明以下条款：①劳动者的姓名、身份证号码、常住地址；②用人单位名称、法定代表人以及登记的营业场所；③劳动合同的起始时间；④工作时长和休息制度；⑤薪资福利和结算方式；⑥劳动环境和职业危害防护；⑦其他法律法规规定应载入劳动合同的内容。

除了以上内容外，试用期、行业规则、职业准则等也可以写进劳动合同。

（四）劳动合同中试用期的规定

试用期期限要以劳动合同期限为参照制定，期限在三个月以上不满一年的劳动合同，员工试用期最长为一个月；期限在一年以上不满三年的，员工试用期最长为两个月；固定期限劳动合同在三年以上以及无固定期限劳动合同的试用期最长为半年。

用人单位在确定劳动者的试用期后不能二次更改。对于期限不足三个月以及以完成一定工作任务为期限的劳动合同，无试用期一说。对于那些只约定试用期，劳动期限包含试用期的合同，其试用期不成立，约定期限为劳动合同期限。

我国对试用期劳动者的最低工资也有明确规定，其最低工资不能比本单位相同岗位最低档工资还低，或者不低于劳动合同约定工资的80%，不管选择哪一类，试用期工资要以当地最低工资标准为参照，高于或者等于最低工资标准。

（五）劳动合同中服务期的规定

用人单位组织劳动者进行技能学习或者为劳动者培训提供经济支持的可以和该劳动者签订协议，标明服务期。

如果劳动者拒绝履行协议规定内容，要提前终止服务期，则应对用人单位进行赔偿，支付违约金。违约金最高数额不能高于用人单位为劳动者学习培训支付的费用。

即便劳动者和用人单位在服务期上有相应约定，劳动者的劳动报酬仍旧适用用人单位内部工资调整机制，能够正常上涨。

（六）劳动合同中竞业限制的规定

除了服务期外，经协商一致，劳动合同中还可写入用人单位的其他规定和行业保密事项。

如果劳动者和用人单位在协议中提及保密事项，则劳动者有保密义务，用人单位可将竞业限制条款写入劳动合同中，同时约定，如果劳动者和用人单位的劳动合同解除，则劳动者在竞业限制期内可以按月领取相应补偿；但如果劳动者违背竞业限制约定，则需对用人单位进行经济补偿，支付违约金。

通常情况下，用人单位的高级技术人员、管理人员以及其他负有保密义务的人员才适用竞业限制。竞业限制的其他内容，诸如期限、范围等则由劳动者和用人单位通过协商确定。竞业限制约定要符合相关法律法规的规定。

有竞业限制约定的劳动者在和用人单位的劳动合同解除后，再度从事同类型业务、和同类型业务有竞争关系的其他用人单位的竞业限制期限最高为两年。

（七）劳动合同中违约金的约定

如果劳动者未按要求履行竞业限制条款或者违反服务期规定，则劳动者需补偿用人单位的经济损失。在其他情况下，用人单位不能让劳动者承担违约金。

（八）劳动合同的无效或者部分无效

当出现下述情形之一时，劳动合同完全或部分无效：①和相关法律法规规定相违背；②用人单位未承担法定义务、剥夺劳动者权利；③以欺骗等非法手段迫使对方违背自身真实意见签订劳动合同。

如果劳动者和用人单位其中任意一方认为劳动合同全部或者部分无效不合理，则交由人民法院或者劳动争议仲裁机构裁决。劳动合同部分无效，但其他部分不受其影响，则劳动者和用人单位仍应遵守其他部分内容。劳动合同无效，但用人单位仍需支付劳动者已付出劳动部分的报酬。劳动报酬不能和本单位类似或相同岗位劳动者报酬差距过大。

（九）劳动合同的履行和变更

1. 履行

签订劳动合同后，用人单位和劳动者要承担自己应尽的义务。用人单位不能拖欠劳动者工资，必须及时支付劳动者应得报酬，为劳动者提供劳动合同约定的福利。如果用人单位拖欠工资，或者只支付给劳动者部分酬劳，则劳动者有权向人民法院寻求帮助，由人民法院发布支付令。用人单位要按照劳动合同约定内容，保证劳动者的休息时间，不能违背劳动者意愿让其加班。如因生产经营需要必须加班，则用人单位要额外支付给劳动者延长工作时间的费用。如果用人单位违规指挥，或者某项工作会对劳动者生命安全造成伤害，劳动者有权拒绝，且该行为并没有违背劳动合同。如果用人单位提供的工作环境极差，或者要求劳动者从事危险工作事项，则劳动者可以检举用人单位的不合规行为。

2. 变更

用人单位变更名称、法定代表人、主要负责人或者投资人等事项，劳动合同仍旧正常履行。原劳动合同在用人单位发生合并、分立等情况时继续有效，承继原用人单位权利和义务的单位要履行原劳动合同的相应义务。劳动合同约定内容经劳动者和用人单位共同同意后可进行变更。变更后的劳动合同要以书面形式呈现。

（十）劳动合同的解除和终止

1. 解除

如果发生下述情形之一，则劳动者可解除劳动合同。

（1）劳动者与用人单位协商一致。

（2）劳动者提前三十日以书面形式将离职意图告知用人单位，处于试用期的劳动者提前三天将离职意图告知用人单位。

（3）用人单位有下述情形之一：用人单位和相关法律法规相违背，对劳动者利益造成损害的；没有按照约定时间足额向劳动者支付劳动报酬的；未履行劳动合同义务为劳动者提供劳动保护的；没有为劳动者缴纳社会保险费用的；符合相关法律法规规定，劳动者可以解除劳动合同的条件。如果出现用人单位要求劳动者冒险作业、从事的工作对劳动者身心有极大伤害，用人单位私自限制劳动者人身自由等情况，则需提前通知用人单位的要求失效，劳动者可以马上解除和用人单位的劳动合同。

从用人单位的角度来看，当劳动者出现不符合录用条件、失职、犯罪或因病不能胜任工作等情形时，用人单位可以依据相应法律规定解除劳动合同。另外，当用人单位出现破产重整、经营困难等情形时，可以依据法律规定进行裁员。

但用人单位在劳动者出现下述情形之一时，不能解除劳动合同：①正处于哺乳期、孕期或者产期的女性职工；②劳动者所从事的工作会导致职业病产生，且其尚未进行离职前健康检查的；③身体不适或者非因公负伤，尚处于法定的医疗期限内的劳动者；④因患职业病或者因公负伤而失去全部、部分劳动能力的劳动者；⑤已在同一单位连续工作十五年且还需不到五年时间才能达到法定退休年龄的；⑥其他符合相关法律法规规定的情形。

2. 终止

当出现以下情形时，劳动合同终止：①劳动合同期满的；②用人单位的营业执照被吊销或者用人单位自行解散的；③用人单位发生破产的；④劳动者死亡或者由官方宣布失踪的；⑤劳动者已满足享受基本养老保险待遇要求的；⑥符合相关法律法规规定的其他情形。

3. 经济补偿和赔偿

倘若是由于用人单位违法导致劳动合同无法继续履行，或者用人单位是提出解除劳动合同的一方，并和劳动者就劳动合同解除一事达成一致，则劳动者应该获得用人单位的经济补偿。

劳动者获得的经济补偿和劳动者在该单位的工作时间有一定联系，劳动者在该单位的工作年限有几年，就可领取相应数量月份的工资作为经济补偿。如果在该单位工作时间达到六个月但尚未满一年，按一年算；如果工作时间未满半年，则劳动者可领取半个月的工资作为经济补偿。

（十一）劳动合同的特殊形式

1. 集体合同

集体合同和我们常见的劳动合同属性相同，都是劳动者和用人单位在平等协商的基础上为保障双方基本利益而签订的协议。集体合同内容包括工作内容、休息制度、薪酬福利等。由职工代表大会或全体职工讨论通过的集体合同草案才是有效草案。作为企业职工代表的工会出面和用人单位签订集体合同；如果用人单位中没有设立工会，则和用人单位签订集体合同的代表将在上级工会的指导下由劳动者选举出来。签订好的集体合同要送往劳动行政部门；如果劳动行政部门收到书面集体合同的 15 日内没有提出其他意见，则默认集体合同产生法律效力。

在协商集体合同中的劳动条件和劳动福利待遇时，要参考当地人民政府的规定，不能低于最低工资标准；而劳动者和用人单位就劳动福利待遇、劳动时间等内容达成的劳动合同标准不能低于集体合同中的标准。

用人单位未按照集体合同内容履行应尽义务，对职工权益造成损害的，工会可以追究用人单位的责任；在集体合同履行上出现劳动纠纷，且无法通过协商方式解决的，工会可以选择以仲裁方式解决，或提起诉讼。

2. 劳务派遣

劳务派遣适用的工作岗位具有辅助性、临时性和替代性特点。受派遣的劳动者、劳务派遣单位以及用工单位是劳务派遣的主要主体。

劳务派遣单位的设立应当合法合规，且注册资本最低为 50 万元。劳务派遣单位要对劳动者负责，并履行应尽义务。劳务派遣单位应和受派遣的劳动者签订劳动合同，除了写明工作时间、工作内容以及薪资报酬等项目外，还要记录受派遣的相关信息。劳务派遣单位和受派遣劳动者签订的合同为固定期限合同，且劳动时间要在两年以上，并在每月向受派遣劳动者支付约定报酬；倘若受派遣劳动者失业或者没有工作，则劳务派遣单位仍旧要按月向受劳务派遣单位支付工资，具体参考当地最低工资标准。

下述是用工单位应履行的义务：①组织在岗受派遣劳动者参加学习培训；②被连续用工的受派遣劳动者和其他劳动者一样，适用单位工资调整制度；③用工单位不能对受派遣劳动者进行二次派遣；④按照相关规定为劳动者提供合格的劳动环境并保障劳动者的劳动安全；⑤保障受派遣劳动者的福利待遇。

和用工单位劳动者一样，受派遣劳动者依法享受各项权利，并履行相应义务，且两者享受相同水平的薪资福利。如果受派遣劳动者所在岗位在用工单位具有唯一性，则该岗位薪资福利可以以所在地相同或类似岗位劳动者薪资福利水平作为参考。受派遣的劳动者为了保障切身利益，可以参加劳务派遣单位或者用工单位的工会组织。

3. 非全日制用工

非全日制用工即以小时为劳动者的计薪方式，按照规定，非全日制用工制度下同一单位的日工作最长时间为 4 小时，周累计最长工作时间为 24 小时。非全日制用工形式下的劳动者和用人单位之间达成的协议可以以口头方式呈现。在非全日制用工制度下工作的劳动者可以和多个用人单位建立劳动关系，但劳动合同的履行要遵循一定的先后顺序，先订立的劳动合同不能被后订立的劳动合同影响。非全日制用工制度下不存在试用期一说，用工当事人双方可以随时终止用工，结束劳动关系。且如果是用人单位提出终止用工请求，则劳动者无权要求得到经济补偿。非全日制用工制度下的小时计薪标准要参照当地最低小时工资标准，且前者不能低于后者。非全日制用工制度下的薪资结算最长时间为 15 天。

📖 思维导图

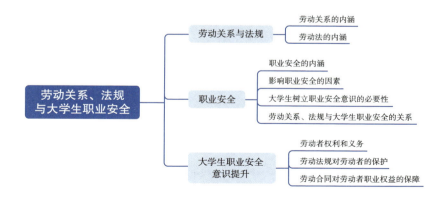

思考题

1. 大学生在职场中应规避哪些风险因素，保障自身职业安全？

2. 刚毕业的大学生在和用人单位签订劳动合同时应注意哪些问题以保障自身的合法权益？

实践探索

实践主题： 劳动违法案例仲裁案例讨论

实践目标： 使学生加深对劳动权利和义务、劳动法规等内容的理解

实践过程：

1. 阅读案例：2020 年张某进入某科技公司工作，按照约定，该科技公司每月向张某支付两万元薪资。某科技公司在与张某订立劳动合同时，要求其订立一份协议作为合同附件，协议内容包括"我自愿申请加入公司奋斗者计划，放弃加班费"。半年后，张某因个人原因提出解除劳动合同，并要求支付加班费。某科技公司认可张某加班事实，但以其自愿订立放弃加班费协议为由拒绝支付。张某向劳动人事争议仲裁委员会申请仲裁，要求该科技公司支付自己自入职起到现在的所有加班费，共计 24000 元。[13]

2. 讨论：以小组形式讨论案例中涉及违反劳动法规的部分。

3. 产出结论：各小组分析最终讨论结果，并进行分享。

《劳动违法案例仲裁案例讨论》劳动实践记录表

主题		时间	
地点		参与人	
实践过程			
照片粘贴			
实践效果及感悟			

评价

评价项目	评价主体		
	自我评价	小组评价	教师评价
参与积极性			
团队协作			
态度认真			
准备充分			
过程有序			
效果显著			
体悟真实			
总体评价等级	（教师填写）		

📖 参考文献

[1] 卢梭：《爱弥儿》，李平沤译，北京，商务印书馆，2011，第 618 页。

[2] 《劳动人事争议典型案例（第二批）》，中华人民共和国最高人民法院网，2021 年 8 月 26 日，https://www.court.gov.cn/zixun-xiangqing-319151.html。

[3] 蔡瑞林、张根华、张国平主编《大学劳动教育》，北京：高等教育出版社，2021，第 36 页。

[4] 蔡瑞林、张根华、张国平主编《大学劳动教育》，北京：高等教育出版社，2021，第 42 页。

[5] 谢颜主编《大学生劳动教育》，北京：中国人民大学出版社，2022，第 183 页。

[6] 蔡瑞林、张根华、张国平主编《大学劳动教育》，北京：高等教育出版社，2021，第 43 页。

[7] 周毅、王开宇编著《劳动法与社会保障法》，长春：吉林人民出版社，2016，第 6 页。

[8] 巫建华、曲霞主编《耕读劳动——新时代劳动教育概论》，北京：中国农业出版社，2021，第 117 页。

[9] 张立新:《论劳动法的基本原则》,《内蒙古大学学报》（人文社会科学版）1998 年第 6 期。

[10] 巫建华、曲霞主编《耕读劳动——新时代劳动教育概论》，北京：中国农业出版社，2021，第 120 页。

[11] 周毅、王开宇编著《劳动法与社会保障法》，长春：吉林人民出版社，2016，第 46 页。

[12] 蔡瑞林、张根华、张国平主编《大学劳动教育》，北京：高等教育出版社，2021，第 90 页。

[13]《劳动人事争议典型案例（第二批）》，中华人民共和国最高人民法院网,2021 年 8 月 26 日,https://www.court.gov.cn/zixun-xiangqing-319151html。

➲ 拓展阅读

1. 蔡瑞林、张根华、张国平主编《大学劳动教育》，北京：高等教育出版社，2021。

2. 谢颜主编《大学生劳动教育》，北京：中国人民大学出版社，2022。

3. 刘向兵主编《劳动通论》（第二版），北京：高等教育出版社，2021。

4. 朱忠义主编《劳动教育与实践》，北京：北京理工大学出版社，2020。

5. 巫建华、曲霞主编《耕读劳动——新时代劳动教育概论》，北京：中国农业出版社，2021。

第九章

劳动新形态与创新精神和创造能力培育

名人名言

　　祖国的青年一代有理想、有追求、有担当，实现中华民族伟大复兴就有源源不断的青春力量。希望你们扎根中国大地了解国情民情，在创新创业中增长智慧才干，在艰苦奋斗中锤炼意志品质，在亿万人民为实现中国梦而进行的伟大奋斗中实现人生价值，用青春书写无愧于时代、无愧于历史的华彩篇章。[1]

——习近平

内容概述

　　本章内容主要介绍了数字时代、劳动新形态、创新精神、创造能力的内涵和特征，重点介绍了在劳动新形态视域下培养创新精神和创造能力的时代价值。着重分析了新时代劳动者应具备的新素质和新能力，以及培养自身的创新精神和创造能力的途径。

学习目标

　　1. 了解数字时代的核心技术。

　　2. 掌握数字时代下劳动新形态的特征。

　　3. 了解劳动者为适应劳动新形态要做出的努力，并将其落实到行动中去。

　　4. 了解创新精神、创造能力的内涵和特点。

　　5. 理解劳动新形态视域下，培养创新精神及创造能力的时代价值。

　　6. 重点掌握如何通过课程学习、竞赛、创业实践等方式提升自身的创新精神和创造能力。

📖 案例导入

　　新经济已经成为拉动我国经济增长的重要引擎。伴随新经济的发展而不断涌现的新职业，平凡生活中人们对工作机遇的不断开拓和创新，恰恰是时代发展的真实缩影。

　　天眼查数据研究院推出《新经济下 2022 新职业百景图》报告（以下简称报告），参考官方发布的数据信息，以 2019~2021 年涌现出的百余个新职业为样本，重点分析了新经济下产业发展特色，及可能带来的就业和创业机会。

　　报告显示，新职业机会正从消费端向生产端扩展，城归族返乡创业成新农人，成乡村振兴新动力；大国科技呼唤"高精尖缺"人才，智慧医疗坐拥万亿蓝海；新经济发展活力十足，养老、职业教育、冰雪运动等领域的民生需求催生新兴职业；小众爱好逐渐成为大众产业，衍生出广阔的前景和机会；绿色低碳引领经济变革，重塑职业新风尚。

城归族返乡创业成新农人 农民主播迎来春天

　　随着国家全面实施乡村振兴战略，开展促进乡村产业振兴、人才振兴等活动，越来越多的年轻人开始从大城市返回自己的家乡创业，成为新农人。这些新农人带来了发展新思路，以电商为代表的数字化服务向乡村下沉，城乡双向消费交流互动，为农村经济发展聚集了人气、才气，注入了新动力。

　　直播卖货、移动菜篮子等新业态蓬勃发展。"好山好水好无聊，偶尔听到狗吠牛叫"的农村已经不在了，新农村里的新农人，正在热热闹闹地用高科技把地种好，用好嘴皮把货卖好，在希望的田野上铺展乡村振兴的壮美画卷。

　　通过调查可知，中国的基本农田面积高达 18 亿亩，我国农业在无人机飞防的推动下得到快速发展。有专家以相关数据为基础做出预测，无人机驾驶员的缺口在五年内将达到 100 万人。农民直播销售员、无人机驾驶员、农业职业经理人、民宿主理人、乡村导游等新农人群体不断壮大。报告显示，我国已有近 132.2 万家乡村电商相关企业，政策扶持与平台流量倾斜为乡村直播电商注入发展兴奋剂，农民主播迎来春天。

大国科技呼唤"高精尖缺"人才 智慧医疗坐拥万亿蓝海

2022 年《政府工作报告》指出，今年政府工作任务之一是提升科技创新能力，促进数字经济发展。新一轮产业革命的数字化、网络化、智能化和服务化，不仅催生出就业创业的新形态，还孕育出数字化管理师、建模与仿真工程师等新职业。这些新经济和新职业让技术真正落地，让未来提前到来。

数字经济的快速发展，对择业、就业影响深远。《2020 年未来就业报告》显示，未来 20 年，大数据、人工智能、机器人等技术的进步，将使中国就业净增长约 12%。

《新经济下 2022 新职业百景图》报告显示，我国已有 104.4 万家数字经济相关企业，2021 年企业注册量飞速增长，广阔的科技应用场景急需文凭高、技术精、掌握尖端科学知识和技术且紧缺的"高精尖缺"人才，2021 年数据标注师需求同比增长 96.6%。AI 算法工程师、人工智能服务解决方案架构师等新型数字岗位不断涌现。同时，数字化仓储师、供应链管理师这类传统岗位的数字化需求也在增加。

制造业与新一代信息技术融合提速，给医疗健康发展带来新机遇。"医 +X"复合型高层次医学人才培养进程正在加快，人工智能医学影像算法标注师、病理方向算法工程师等新职业如雨后春笋般涌出。报告显示，我国目前有 44.0 万家智慧医疗相关企业，五年平均增长率达 23.7%。据《"健康中国 2030"规划纲要》，我国健康产业市场潜力巨大，将成为我国经济增长的主要推动力。

新经济发展活力十足 民生需求催生新兴职业

目前，我国将从轻度老龄化进入中度老龄化阶段，陪诊师、老年人能力评估师、养老规划师等新职业涌现出来，为老年人群体安享晚年保驾护航；而随着职业教育体系的加速建设，相关职位需求正日益飙升，如在线学习服务师等；冬奥会虽已结束，但冰雪运动正在成为人们参与健身过程中的新选择，滑雪救生员等雪道上的生命守护者，也逐渐走进大众视野。

帮空巢老人挂号、排队、跑腿拿报告；为初老人群提供退休规划，防范养老风险；评估老年人能力等级，并给出照护建议与方案……这些新职业的涌现，正在为3亿老年人的生活提前布局。报告显示，2021年，银发经济相关企业数量为5万家，三年复合增长率为21%。

另外报告显示，我国目前有超1.3万家职业教育相关企业，近五年增速维持在15%左右。课程规划师、在线学习服务师、互联网讲师、职业规划师、美妆教学师等新职业在培养新生力量的同时，也让更多人看到了职业教育行业的未来。

小众爱好逐渐成为大众产业 新职业不断涌现

一批年轻人不再局限于常规的"体制内""互联网"的格子间，而是更加追求高品质生活，走出创新的职业道路。报告显示，2021年懒人经济相关企业数量达188.3万家，近三年平均增长率高达112.7%。市场规模已达千亿元的懒人经济也在反哺社会，衍生出广阔的前景和机会。代收垃圾网约工、跑腿外卖员等相关新职业不断涌现。

宠物产业链正在不断成熟中。其中，宠物经济上游活体交易和下游宠物美容、寄养、殡葬等领域比较低频，中游宠食、用品作为刚需环节，竞争最为激烈。根据数据统计可知，宠物产业的总规模在2021年高达4000亿元。宠物侦探、宠物减肥师、宠物烘焙师、宠物保健师等有趣的职业也闪亮登场。

人们的小众爱好正逐渐成为大众产业，以手办为代表的潮玩，看似"无用"，实际上满足年轻人"减压"和"治愈"的心理需求。报告显示，我国共有2.7万家潮玩相关企业，2019~2021年三年平均增长率达23.4%。潮玩设计师、玩偶修复师、涂鸦艺术家、华服设计师、BJD化妆师（样妆彩绘师）、Lolita裙格柄设计师等小众职业出现。广东则成为全国90%潮玩的"故乡"。这三年，潮玩赛道共发生18起融资事件，总融资额高达 17 亿元，解压又治愈的潮玩展现出惊人的吸金力。

绿色低碳引领经济变革 重塑职业新风尚

2022 年《政府工作报告》指出，要推动碳达峰碳中和工作的进一步发展。双碳经济快速增长，产业转型升级加速，战略性新兴产业迎来高增长空间。相关新职业也得以孕育，比如碳排放管理员、节能评估师、垃圾分类工程师等。这些新经济和新职业正直接促进经济和社会的可持续发展。

在 2021 年 3 月人社部公布的 18 个新职业中，碳排放管理员就位列其中。报告显示，2021 年，节能评估师职业需求同比增长 214.8%，循环经济管理师、能源审计员、垃圾分类工程师、电气电子产品环保检测员等"绿色新职业"乘势而来，"双碳"相关企业数量三年平均增长率达 45.8%。

绿水青山就是金山银山，这关乎全人类的共同利益，相信发展双碳经济将引领中国绘出美丽新画卷。

新经济催生了很多新职业，为市场经济发展注入了活力：新职业的出现为劳动者提供了更多就业机会，让劳动者的才能有发挥之地，同时劳动者也拥有了更多的选择。

新经济和新职业的兴起，不仅是经济蓬勃发展的注脚，也是新时代人们探索更广阔发展空间和追求美好生活的缩影。两者正在形成相互促进的良性生态体系，在方便和满足人和社会需求的同时，也在促进经济和社会的可持续发展。[2]

第一节　劳动新形态

18 世纪 60 年代，哈格里夫斯发明了"珍妮纺纱机"，拉开了第一次工业革命的序幕，从此人类社会开始了飞速发展，并先后经历了电气时代和信息时代。当我们还在享受第三次工业革命为我们的社会、经济和生活带来的巨大变化时，第四次工业革命早已到来。信息时代的余温尚在，数字时代已经热烈登场。在这样的新时代下，劳动将产生哪些新形态，劳动者又将如何应对这些新变化，上述问题将在本节展开讨论。

一　新时代——数字时代

"数字时代"，这个当今世界最为流行的概念，到底指的是什么呢？简单来说，数字时代是一个以数据作为生产资料，依靠数字技术来运作的时代。以数字化为依托，不少事物都被赋予了新性能，手机就是很好的例子。如今的手机早已从简单的通信工具，变成了集交友、购物、游戏、娱乐、办公等多重功能于一体的移动终端。而手机功能革命性的升级仅仅是一个缩影，数字时代带给我们生产、生活的改变远不止于此。认识和了解人工智能、云计算、大数据、5G、物联网等与数字时代紧密相关的核心技术，将帮助我们勾画出更为全面的数字时代。

（一）人工智能

人工智能（Artificial Intelligence），英文缩写为 AI，其产生和发展以计算机科学为依托，且交杂着统计学、脑神经学、心理学、哲学等多学科研究，是致力于开发用来模拟、拓展人的智能的方法、技术等的新兴技术科学。通俗一点来说，人工智能即让计算机像人一样思考和行动。[3] 早在1950 年，艾伦·图灵就提出了"机器是否可以思考"的问题，并且预言了与人有相似智能的机器的出现。1956 年，约翰·麦卡锡、马文·明斯基、艾伦·纽厄尔等众多科学家在美国的达特茅斯进行实验探讨，研究如何让机器像人一样思考和行动，"人工智能"一词也是出自此处，此次学术交流会打开了人工智能研究的新局面。经过几十年的研究发展，直到 20 世纪 90年代，人工智能开始进入了大众视野，让人们第一次见识到了人工智能的卓越能力。1997 年，IBM 的深蓝计算机在国际象棋比赛中击败了当时的国际象棋世界冠军卡斯帕罗夫，这使得人们大为震惊，而这次机器与人的对决也成为人工智能史上里程碑式的事件。在这之后，人工智能又接连战胜人类，显出了强大实力。例如，2011 年，IBM 研发的超级电脑沃森在美国著名智力竞答电视节目《危险边缘》中战胜了两位"常胜将军"选手。在2016 年的象棋比赛中，韩国棋手败给了谷歌人工智能 AlphaGo。2017 年，升级后的 AlphaGo 在与世界排名第一的中国围棋手柯洁的对战中，以压倒性的优势取得了胜利。

时至今日，人工智能已在现实生产生活中被大量应用。常见的有以下几种。①语音识别。也被称为自动语音识别，能够实现识别语音执行命令，或者将人类的语音运用自然语言处理功能，转化为书面格式。现在许多移动设备都搭载了这项功能，并结合到系统中方便人们进行搜索。比如，苹果的 Siri、华为的小 E 等。②客户服务。聊天机器人正逐步取代传统的人工客服。他们能够回答各种既定主题的常见问题，比如订购产品、维修售后、物流信息等，甚至能够为用户提供有针对性的建议。机器客服目前被广泛地应用于电商平台、银行客服、品牌售后等诸多行业领域，极大地改变了我们对于客户互动的看法。③计算机视觉。该项 AI 技术使计算机和系统能够从数字图像、视频和其他可视输入中获取有意义的信息，并基于这些输入采取行动。这种提供建议的能力将其与图像识别任务区分开来，被应用在社交媒体的照片标记、医疗保健中的放射成像以及汽车工业中的自动驾驶等领域。④推荐引擎。AI 算法根据用户的行为习惯判断用户的偏好和潜在需求，并为其推荐合适内容。目前，购物网站、媒体广告、短视频平台等都使用了这一技术，以此实现提升用户体验、提高转化率、增强用户黏性等目的。

人工智能的应用是数字时代的开始，[4]AI 技术的运用范围逐渐扩大，商业、医疗、公共服务等领域都有涉及。值得注意的是，AI 技术在为各生产服务等行业带去新增长的同时，也在影响着人们的日常生活，改变着人类与机器之间的关系。因此，如何发展 AI 技术是非常值得人类思考和讨论的问题。目前看来，AI 的发展不仅要实现技术层面的创新进步，也要将伦理价值纳入考量。

（二）云计算和大数据

"云"一词最早于 20 世纪 90 年代就在网络上出现并流行开来。到了 2006 年，"云计算"开始出现在商业领域。例如，亚马逊推出弹性计算云服务，使企业通过"租赁"计算容量和处理能力来运行其企业应用程序。[5] 我们可以将"云"理解成为一个接近无限扩展且可共享的网络，用户按需购买，按量付费。互联网、信息技术和软件相互作用产生"云计算"。计算资源在云计算的作用下以超级系统的形式呈现，并在软件的帮助下实现自动化管理，有效节省了人力资源，提高了资源的获取和传播速度。云计算的超级计算能力，可以在几秒内处理数以万计的数据，以供全球用户随时动态调用。

通常与云计算一并提及且不容忽视的另一种网络技术就是大数据，大数据和传统数据库软件之间存在较大差别，前者在信息的储存、获取速度、分析以及利用等方面要明显优于后者，大数据的数据传播速度更快、获取的数据种类更多、更能凸显信息的价值。简单来说，大数据就是构建一个数据资源池，进行数据分析，找到数据间的关联，从而进行预测。

云计算和大数据之间也有明显不同，前者是虚拟化的硬件资源，后者则是实现对海量数据的高速处理。云计算与大数据之间有着千丝万缕的联系，在资源的需求和再处理过程中，往往需要二者共同运用。

从某种意义上讲，大数据发挥作用要以云计算为依托，离开云计算的帮助，则大数据无法正常运转，无法完成对数据的处理工作。而没有了大数据，则云计算的价值无法得到体现。[6]

目前，我国有多家知名研究机构投身到云计算和大数据的研究中。此外，国内的很多企业对两项技术也给予了高度关注，如华为、阿里、腾讯等。这些研究投入势必对云计算和大数据技术的发展起到重要的推动作用，数据分析和数据运营的应用对企业经营发展也会产生巨大影响。总的来说，数据为王的时代已经到来。[7]

（三）5G

移动通信技术从第一代（1G）向第四代（4G）跨越发生在 20 世纪 80 年代到 2010 年前后，最明显的变化是人们使用的手机从笨拙的、仅有通话功能的"大哥大"，升级到了灵巧的，兼具通信、社交、购物、办公、娱乐等功能的智能手机。随着 1G 到 4G 的更新迭代，人们的生活也发生了巨大变化，变得更加丰富、便捷和高效。那么 5G 的横空出世，又将为人们带来怎样的惊喜呢？

第五代移动通信技术，简称 5G，集合了当下的先进技术，改善了上一代通信技术速率低、存在时延等问题，在 5G 通信设施的帮助下，人机物能实现互联。

国际电信联盟（ITU）详细列出了 5G 通信技术的几种应用场景，即增强移动宽带（eMBB）、超高可靠低时延通信（uRLLC）和海量机器类通信（mMTC）。

增强移动宽带以满足移动互联网流量的快速增长，为移动互联网用户提供更加极致的应用体验，主要表现为网速大幅提升，为高清视频等需要大流量的业务提供了可能性。

超高可靠低时延通信对那些有较高时延和可靠性要求的，诸如远程医疗、自动驾驶等行业有促进作用。在 5G 网络的作用下，用户能够享受毫秒级的端到端时延网络服务以及近乎满分的业务可靠性保证。[8]

海量机器类通信适用于以传感和数据采集为目标的行业，诸如环境监测、智慧生活、森林防火等领域。[9] 而这也是 5G 带给人类的又一大惊喜，这一应用场景使得人与物、物与物之间的通信有了实现的可能，万物互联变得触手可及。

我国一直致力于 5G 的发展和建设，电信、移动、联通三大运营商均参与了 5G 国际标准的制定。华为、中兴、OPPO、vivo 等企业也在 5G 专利研发方面做出了重要贡献，其中华为和中兴的专利数量更是在世界范围内位居前列。

2019 年，5G 在我国正式开始商用。到 2022 年，我国已实现了超过 200 万个 5G 基站的建设目标，5G 用户已超过 5 亿。未来，我国将继续提升 5G 网络覆盖的广度和深度，坚持适度超前的 5G 网络建设原则，实现以建促用，建用结合。

5G 的建设和应用，为工业、医疗、教育、交通等多个领域提供了新的发展和增长机会，充分发挥了赋能效应。可以说，5G 已经成为拉动新一轮经济增长的重要引擎。

（四）物联网

物联网（IoT）为人和物的相互连接提供了可能，其主要运用了红外感应器、射频识别、激光扫描器等技术。

目前，物联网在我们的生活中已经被广泛应用，比如学生经常使用的一卡通，还有家居生活中常见的天猫精灵、扫地机器人、智能家电等都是物联网带给人们的便利。除此之外，物联网在制造业、运输业以及农业中也都发挥了重要作用。比如在农业领域，物联网系统的温度传感器、pH 值传感器、湿度传感器、光照度传感器等不同传感器共同发挥作用，对空间温度、pH 值以及空气湿度等信息进行精准测量，以此保证提供给农作物最舒适、最适宜生长的环境，农业技术人员只需要坐在办公室中远程即可监测多个农作物大棚环境，极大地节省了人力，提高了农业的自动化水平。

物联网的出现帮助人们实现了更为智能的生产和生活，节约了成本，节省了时间，提高了效率和经济效益。就当前形势来说，物联网的发展空间还很大，其发展速度也会持续加快。

综合来说，人工智能、云计算、大数据、5G、物联网等新兴技术的发展为数字时代的发展创造了条件。在数字时代，全球要素资源正在重组、全球经济格局正在重塑、全球竞争格局正在发生改变，因此我们要多方面顺应数字化的发展潮流，推动各领域、各行业进行数字化优化升级，提升思想认识，增强数字化发展动力。

二 数字时代下劳动新形态的特征

原始社会，人类主要进行采摘、狩猎、石器制造等简单的劳动。随着人类掌握了种植技术和驯养技术，并且学会了利用自然规律，人类开始了定居生活。此阶段人类依靠农耕生活，且该状态维持了较长时间。工业革命的发生为人类劳动形态带来了新曙光。较为显著的特点是人类的部分体力劳动可由机器代为执行，人类则集中于脑力劳动。另外，因为工厂流水线的发展，劳动产生了更为细化的分工，松散的个体劳动变成了有组织的劳动。如今，随着数字时代的到来，人们的劳动形态再一次发生了重大变革，逐渐呈现时空界限模糊、劳动创造性和专业性增强、劳动形式灵活的新趋势。

（一）劳动突破了空间界限

随着互联网、人工智能、大数据、5G、物联网等技术的蓬勃发展，工作的空间限制在一定程度上被打破，劳动力已经超越了物理边界，在更大范围内进行配置。

得益于社交软件、在线办公软件的完善和发展，移动办公、远程办公等新型办公模式得以高质量实现，人们完成工作不再需要固定在某个工作场所，而是可以任意选择地点随时开启工作任务。比如，在线直播教育，教师只需要一台电脑或者一个手机，就可以在世界上任一城市随时为全球的学生提供教学服务。再如，现在部分公司已经开始尝试施行居家办公制度，使得传统的办公室办公模式有了很大的突破。

空间界限的打破，一方面，使得很多中介平台接连涌现了出来，这些平台为雇主和员工建立了有效的沟通渠道，使得雇佣双方可以就需求与技能进行全球范围内的快速匹配，大大优化了劳动力资源的配置。

另一方面，很多企业也可以不再受地域的限制，开始在全球范围内招聘适合的劳动力。比如，亚马逊、脸书等公司大量雇用劳动者按需完成内容审核等任务，评估、分类、注释和完善消费者每时每刻在线产生的万亿字节的"大数据"。总的来说，因为技术的发展，雇主可以雇用全球任一地方的劳动力，却不必为其提供有形的工作场所。[10]

（二）劳动更具创造性和专业性

工业革命之后，机器的出现取代了人类的部分体力劳动，使得劳动的形式和内容发生了巨变。如今，我们进入了数字时代，人工智能的出现，则进一步取代了人类的部分脑力劳动，甚至在特定领域表现出了比人类更强的工作能力，比如人工智能的计算速度远超人类，并且更加精确可靠，甚至能够很好地完成分析预测任务。可以说，在我们尚未产生强烈感知的时候，人工智能已经一步步渗透进了人类的职业世界。那么被人工智能所替代的概率较高的职业可能有哪些呢？举例来说，翻译、银行综合柜员、秘书、美术编辑、报税员、保险核保员等都是被替代率较高的岗位。可能有人会有疑问，这些看起来还是需要掌握一定难度专业知识和技能的工作岗位为什么会轻易被人工智能所取代呢？究其原因，大概是这类职业的技术技能流程化较强，对于人工智能来说是比较容易掌握的。

那么什么样的职业是不容易被替代的呢？在人工智能的"威胁"之下，人类的生存空间又在哪里呢？既然人工智能如此厉害，那么未来各行业的工作岗位是否可能被人工智能全面取代呢？目前来看，人工智能的一大特征是它并没有感性思维，人类所特有的社会情感能力、创造能力、人际互动能力、灵活应变能力等是人工智能还无法企及的。因此，类似美甲师、心理咨询师、家政服务员等工作内容重复性低、变动性较强、更需要人类情感投入的职业被替代率还是比较低的。这就给了人们一点提示，在适应人机共存的基础上，应充分发挥特有优势，不断地去提升自身的创新创造能力以适应新的职业世界，获得生存空间。因此，无论是人类的主观选择，还是迫于人工智能的压力，未来的劳动更具创造性都是一种必然的趋势。

此外，如本书前面介绍的与数字时代紧密相关的各项核心技术——云计算、大数据、5G、物联网的不断完善和发展，会使得越来越多的与它们相关的新就业机会被不断地创造出来，例如，大数据分析师、云计算工程技术人员、工业互联网工程技术人员、机器人协调员、物联网安装调试员等。这些围绕着新技术的新兴岗位多为对专业性要求极高的岗位，必然需要从业者具备更高的专业知识和专业技能水平，投入更多的智力劳动。

（三）劳动变得更为灵活

在数字经济的大背景下，层出不穷的数字化技术正渗透到各个方面影响着人们的生产和生活。互联网平台的迅速发展创造了平台就业这一新型就业模式，从业人员规模在近几年里得到了迅速扩张，例如，外卖配送员、快递小哥、网约车司机、互联网营销师等新形态劳动者的数量都在逐年攀升。这种新型的平台就业模式，在数字化技术的驱动下，迎来了蓬勃发展。《中国灵活用工发展报告（2021）》显示，约 60% 数字化转型处于领先地位的企业在使用灵活用工。

数字时代，零工经济迅速发展，许多企业与劳动者之间的雇佣关系由长期劳动合同转为短期，契约关系更为灵活。相比传统的朝九晚五，这样的雇佣模式使得劳动者的工作时间和工作形式变得更自由。同时，劳动者对于劳动过程和结果的控制和掌握程度获得了大幅提升。在这种模式下，雇佣者通常根据劳动产出的实际结果支付劳动报酬，因此劳动者想要获得更高报酬，就需要想办法提高劳动质量。劳动者想要更多自由时间，就需要想办法提高劳动效率。在这样的新形势下，雇佣者和被雇佣者双方都比较容易获得满意度的提升。

随着互联网平台的发展、平台就业的兴起、零工经济的增长，劳动形态趋向于灵活化已成为人力资源市场不可扭转的趋势，这种灵活化的用工变局，很有可能成为未来人力资源行业发展的新趋势。

三　劳动新形态对劳动者素质提出的新要求

数字时代的到来和发展会为社会带来更多新的工作岗位，且人类劳动也会发生根本性改变。因此，人们需要不断开阔视野、提升技能以便更好地适应社会需要，实现自身价值。

（一）努力提升数字素养

2022 年 3 月，中央网信办、教育部、工业和信息化部、人力资源和社会保障部联合印发《2022 年提升全民数字素养与技能工作要点》。明确了到 2022 年底，提升全民数字素养与技能工作取得积极进展，系统推进工作格局基本建立。数字资源供给更加丰富，全民终身数字学习体系初步构建，劳动者数字工作能力加快提升，人民群众数字生活水平不断提高，数字创新活力竞相迸发，数字安全防护屏障更加坚固，数字社会法治道德水平持续提高，全民数字素养与技能发展环境不断优化。

什么是数字素养？根据中央网信办的定义，数字素养与技能是指数字社会公民学习工作生活应具备的数字获取、制作、使用、评价、交互、分享、创新、安全保障、伦理道德等一系列素质与能力的集合。对数字素养的特点进行总结，数字素养包括：数字意识、计算思维、数字化学习与创新、数字社会责任。

其中，数字意识包括：内化的数字敏感性，数字的真伪和价值，主动发现和利用真实的、准确的数字的动机，在协同学习和工作中分享真实、科学、有效的数据，主动维护数据的安全。

计算思维包括：运用抽象思维对问题进行分析和思考，以解决问题为目标构建基本模型和算法，并总结同类型问题解决规律。

数字化学习与创新即将数字化思维运用到日常生活和学习中去，掌握数字化技术并将数字化资源有效利用起来，推进数字化系统的创新和发展。既要充分发挥数字化资源、平台以及技术的作用，用来创造美好生活，又要将它们作为探索和创新的基础，不断养成探索和创新的目标、设计探索和创新的路线、完成实践探索和创新的过程、交流探索和创新的成果，从而逐步形成探索和创新的意识，积累探索和创新的动力，储备探索和创新的能力，同时也形成团队精神。

数字社会责任包括：要树立积极向上的人生观、价值观，严格遵守相关法律法规、职业道德以及数字伦理规范。在数字环境中，保持对国家的热爱、对法律的敬畏、对民族文化的认同、对科学的追求和热爱，主动维护国家安全和民族尊严，在各种数字场景中不伤害他人和社会，积极维护数字经济的健康发展秩序和生态。

（二）培养终身学习习惯和创新创造能力

如今，社会的飞速发展、技术的快速更迭，常常使人感到应接不暇。仅凭学校中学习的知识将难以应对工作、生活中持续出现的各种新变化，只有保持终身的自主学习才能让人始终紧跟时代的脚步。具体来说，每个人都要不断地提升认识世界、理解世界的能力，不断地扩充自身的知识和技能储备。

首先，在知识方面，未来的劳动者应具备一定的通用知识，比如信息和数据的收集、分析及处理知识，互联网知识，人工智能知识，区块链知识等与数字时代紧密相关的信息技术知识。另外，劳动者还应积极关注与自身专业、职业相关的前沿知识，要特别注意知识的积累和更新。未来的劳动者应认识到学生时代构建的知识体系并不能应对整个职业生涯，要想在工作中提升竞争力，取得一流的成绩，就必须不断汲取新知识。

其次，在技能方面，未来的劳动者要特别注意培养自身的创新创造能力，保持好奇心和想象力，勇于尝试新鲜事物，敢于将新奇想法付诸实践。如本书前文所述，人类区别于机器的一大优势就是创造能力。我们要积极主动地开发此项能力，并将其应用到实践中，共建美好家园。创新创造能力并不是一蹴而就的，更不是凭空出现的，需要劳动者日常点滴的努力积累，不断丰富充实知识体系，不断进行探索，才有可能取得突破。

（三）具备较全面的综合素养

随着生产力、科技、经济和社会的发展，职业世界对于劳动者的要求越来越高，需要劳动者掌握的技能也越来越多。劳动者在不断投入更多的智力劳动、不断拓展职业技能的同时，还应注意提升自身的综合素养。

具体来说，包括用发展的眼光看问题、设定长远的目标、具备一定的战略思维，这些素养有助于协助未来的劳动者应对极速变化的世界，使其能够更加从容地应对各方面的挑战。同时，鉴于劳动形态逐渐呈现更强的创造性和专业性，未来的整体工作任务将变得更加复杂、更加难以应对，因此劳动者有意识地培养和增强自己的沟通能力，学会与他人共同协作完成工作任务将是一项很有必要的技能。另外，劳动者需要在学习方面保持高度自律，养成终身学习的良好习惯。始终保持理性的头脑，培养自己的独立思考能力，对事情有自己的判断和决策，并客观地进行评价。总的来说，具备上述综合素养的人才将更受到劳动力市场的青睐。

第二节 创新精神和创造能力

党的二十大报告指出"必须坚持创新是第一动力，深入实施创新驱动发展战略"。社会的每一次飞跃，都离不开科技创新。高校需增强大学生创新意识，以创新促发展，加快中国式现代化的建设步伐。

一 创新精神的内涵及特点

（一）创新精神的内涵

创新即突破陈旧的思维，将技术、知识等以全新的形式展现出来，和常规思维有本质区别，其是以现有知识和物质为基础，以推动社会发展、解放生产力等为目的，对事物、方法、元素等进行改造，且能够获得积极反馈的行为。[11]

创新精神即尝试新方法和新思路的勇气，是主观性质的东西。创新精神的根本在于不人云亦云，保持独立思考，勇于抛"旧"立"新"。但值得注意的是，创新并不是固执己见、狂妄自大，而是客观地、科学地、有事实根据地提出疑问，并积极寻求解决之法。社会想要进步、国家想要发展，就必须大力发扬创新精神。

首先，从个体层面来讲，具有创新精神的人能够在工作和生活中冲破固有思维的束缚，找到更为有效的方式方法来解决问题。因此，创新精神有助于个人更好地跳出工作和生活中的困境，使其更有可能取得成功。

其次，从国家层面出发，创新能为国家发展提供动力和支撑，是生产力提高的根本保证。正是因为千百万劳动者积极发扬了创新精神，才使我国取得了天眼 FAST 正式运行、天问一号探测火星、神舟飞天、蛟龙潜海等令世人瞩目的耀眼成绩。勇于创新是新时代中国劳模精神的主要内容之一，新时代的中国劳模锐意进取，不墨守成规，不断地在工作中探索新规律和新方法，努力求得新突破，取得新成绩，为广大劳动者起到了示范带头作用。但即便如此，我国在一些核心技术上仍有欠缺，因此充分发扬创新精神是实现中国式现代化，在日趋激烈的国际竞争中制胜的关键。

（二）创新精神的特点

1. 综合性

创新精神包含很多方面，创新意识、创新兴趣、创新意志等都是其重要组成部分。创新意识是根本动力，是人类从事创新活动的必备元素；创新兴趣是促进因素，它能够激起人们的好奇心，去探索寻求新奇事物，促进创新活动的成功；创新意志是主观元素，是一种内在动力，如果人们在进行创新活动时遭遇打击，创新意志能支撑人们排除万难继续前进。

这些因素凝结在一起并相互影响、促进，组成了创新精神。具有创新精神的人，就是敢为人先、善于探索和勇于承受挫折的人。当代劳动者应从以上几方面着手，积极培养、增强自身的创新精神。

2. 突破性

突破是创新的核心，突破传统方法和刻板思维。可以说，创新精神的突破性是创新精神最为显著的特点。我国目前所取得的重大科技成果，如空间站开启有人长期驻留时代、首个超导量子计算机原型机问世、深海一号能源站正式投产等都有突破性的创新精神给予支撑。除了上述重大创造外，创新精神在我们的日常生活、学习以及工作中也十分常见。每一位劳动者都应有勇气、有智慧、有耐心去实现工作中的突破和创新。

3. 发展性

创新精神并不是与生俱来的天赋，而是后天努力的结果，这说明创新精神本身具有可发展性。学校的教育、自身的探索和社会的熏陶都为创新精神的发展提供了土壤。同时，创新精神的这一特点也说明创新精神并不是固定不变的，当环境、条件等因素发生变化时，创新精神也会随之改变。最后，创新精神的发展性还体现在创新本身的目的在于有利于自然、社会和人的发展。因此，发展性是创新精神的又一大特点。

二 创造能力的内涵及特点

（一）创造能力的内涵

创造能力即一个人对新思想、新事物的创造和改革能力。社会的发展过程就是人类创造能力的体现过程，创造能力的价值无法用金钱进行衡量。可以说，人类文明和社会的进步就是创造能力的结果展现。创造能力一般由以下六个方面的能力构成。

1. 学习能力

有研究表面，创造能力和学习能力存在正相关关系。此处的学习能力不单单指对理论知识的理解、消化和吸收，同时也包括经验的总结能力、解决问题的能力、理论联系实际的能力等。以上这些综合性的学习能力是创造能力的基础，扎实且灵活地掌握知识和技能更有利于创造能力的培养和提升。

2. 批判能力

批判能力是创造能力中非常重要的组成部分，可以说一个没有批判能力的人是无法进行创新创造的。需要注意的是，批判能力并不是否定一切，而是指对于学习到的知识和技术不盲目地全盘接受，要对它们进行深度思考和仔细分辨，真正地做到去伪存真、去粗取精。

3. 想象能力

任何创新创造都需要一定的想象力作为支撑。想象能力的拓展首先需要牢固的知识和技术做基础，此外，还要有思维、感官等的参与，只有这样想象基础才初步具备，最后运用组合思维来突破固有理论、经验的限制，提出新理论、新观点。

4. 协作能力

创造活动的开展通常需要协调多种资源或多方人员进行通力合作。想要获得创造能力的发展和提升，创新人才必须学会吸取众长，多与专业人士沟通交流，尽可能地整合有效资源使其发挥作用，以此实现创造目标。

5. 实践能力

实践是实现创造的必由之路。创新创造不是纸上谈兵，光想不做是难以进行创新创造的。只有积极地将想法转化成现实，并以此实现学术价值、经济价值和社会价值才是有效有益的创造。因此实践能力是创造能力必不可少的组成部分。

6. 意志品质

创造是更为高级同时也更为困难的劳动，需要付出大量的精力和心血。因此创造对人的意志品质也有较高要求，强烈的进取心、顽强的意志、积极的行动力等优秀品质是发挥创造力的重要条件和保证。

（二）创造能力的特点

1. 新颖性

创造能力的新颖性主要表现在两方面。一是创造过程的新颖性。指的是创新人才对于创造的目的以及实现目的所使用的方式方法通常有自己独特的见解。创造能力既需要天马行空的发散思维，也需要谨慎收敛的聚合思维，将两种思维综合起来协调地加以运用才有可能取得创造性活动的成功。二是创造结果的新颖性。创造结果通常是以新思想、新理论、新技术的形式呈现，这些结果突破了固有的知识和技能，对于经济和社会有着与以往不同的新价值。因此，新颖性是创造能力的特点之一。

2. 可量化

创造成果是对创造能力的体现，我们可以以创造成果为依据对创造能力进行研究和评估。创造出的新理论、新技术、新设备的数量、质量以及贡献可以作为衡量创造能力的重要指标。总的来说，创造能力可以通过实际产出来给出更为客观的评价。

3. 积累性

创造能力的培养和提升是需要积累的。无论何种方式的创造，都是站在巨人肩膀上取得的成果。因此，创造需要不断积累知识、技能，只有充分掌握了基础，才有可能取得进步和成功。在这个漫长的过程中，人们需要脚踏实地，不能急于求成，要做好长期钻研奋斗的心理准备。另外，创造需要不断地重复、试错，每一个伟大发明的背后都是无数次失败的尝试，而每一次失败都是一次有效的积累。在不断的积累中，人的创造能力会获得提升，创造成果也会随之产生。

4. 实践性

创造能力是在实践劳动中不断提升的，实践不只是动手产出具体实物，也包括动脑产出理论观点。只有实践才能将创造性思维或灵感转化为现实成果，否则创造想法只能是空中楼阁。因此，实践对于创造来说是十分必要的，只有不断地实践才能做到知行合一，从而提高创造能力和素养。

三 劳动新形态视域下创新精神及创造能力培育的时代价值

（一）迎接数字时代新变革和新挑战的需要

随着数字时代的到来和发展，物联网、人工智能和大数据等新兴技术不断涌现并运用到人类生产生活领域中，为人类带来很大便利。举例来说，在生产方面，智能机器人被应用于制造领域完成智能感知、自主决策、自控执行等工作任务；无人驾驶技术被应用在农机上进行全昼夜精准作业；智能装备和物流管理系统被应用于工厂中实现了原材料入库储存、配送上线、成品储存等各环节的高度自动化。在生活方面，人们的感受更为深刻，线上购物、平台约车、在线教育等在方方面面影响着人们的日常。

以上种种变化带来的新变革和新挑战具体有哪些呢？一方面，从就业问题来看，传统的体力劳动、脑力劳动都在逐步被自动化取代，特别是中低技能劳动力被智能化生产技术代替所造成的结构性失业问题尤为明显。数字时代的劳动力市场更希望劳动者具备个性创造、批判性思维、灵活应变、协作沟通等综合能力。因为这种需求的转变，培育创新精神和创造能力这两项人类区别于机器的优势能力将变得更加重要。

另一方面，从企业发展问题来看，信息技术已经作为主导角色深入渗透到了各个行业，对生产模式、组织方式都产生了颠覆性的影响，几乎每个企业都不得不面临数字化转型的问题。然而，部分企业无法顺利开展实施。技术和人才的缺失是这些企业转型困难的重要原因之一。所以，各大高校、科研院所等应该重视对新型数字化人才的培养，发扬人才的创新精神，帮助其树立创新意识，为社会的可持续发展提供人才支撑。

（二）实现中国式现代化高质量发展的需要

中国式现代化即中国特色社会主义，既体现了中国特色，又有明显现代化特征。具体来讲，中国式现代化体现在方方面面，除了生产力和经济发展外，还包括人口规模、社会关系、公共服务供给等的现代化。

实现高质量发展是中国式现代化的本质要求之一。发展是党执政兴国的第一要务，没有坚实的物质技术基础，就不能全面建成社会主义现代化强国。具体来讲，高质量发展即实现产业结构的优化升级，进一步缩小城乡差距，完成社会主义市场经济体制改革，保证引进来和走出去的完美结合。高质量发展是可持续发展的另一种表现形态，是社会发展的必然结果，也是提高人民幸福感和生活质量的有效途径。只有坚定不移地实施创新发展战略，使创新成为第一动力，不断地提升我国的创新力和竞争力，才有可能实现高质量发展的目标。创新精神和创造能力是社会进步和国家发展的根本保障，是实现高质量发展的根本前提。

（三）实现中华民族伟大复兴的需要

中华民族是饱经磨难、从大风大浪中走过的民族，我国一直致力于实现中华民族伟大复兴的任务。在中国共产党的带领下，我国的经济、政治和文化发展实现了质的飞跃，国际地位得到提升，且占领相当一部分国际市场份额。中华民族迎来了脱胎换骨般的改变，中华民族实现伟大复兴梦想势在必行。

中华民族要实现伟大复兴梦想，首先要保证国家拥有一定的经济实力，有坚实的物质保障。上述目标的达成需要全国人民共同努力，我们要不断推进生产力改革，转变当前粗放型生产方式，发展绿色经济，保证人与自然和谐共处。那么应该如何做呢？社会各界都应构建创新意识，提升创造能力。首先，企业应从意识上提高对于创新的重视程度，并且加大科技研发投入力度，积极寻求外部合作，增强自身的创造能力。企业应该明白技术是推动自身发展的根本动力，是提高自身生产力和竞争力的最核心要素。其次，政府应建立健全鼓励自主创新的制度，营造尊重科学知识、尊重创新创造的社会风气，加大对科技企业的扶持力度。

总的来说，创新精神和创造能力的培育是改变经济发展模式的需要，是发展生产力的需要，是提高国际竞争力和国际地位的需要。

第三节 大学生创新精神与创造能力培养路径

2015 年，国务院办公厅出台《关于深化高等学校创新创业教育改革的实施意见》，强调了高校要积极主动地履行自己的职责，完成立德树人的任务，全面贯彻落实党的教育方针和要求，鼓励大学生创业，为大学生创业提供良好环境和条件。以提高人才的综合素质为目标，以激发人才的创新意识为核心，将高校、国家和社会的力量结合起来，为具有创新意识、创新能力的高素质人才培养创造条件，为国家和社会的可持续发展提供保障，加快推动社会主义现代化建设进程。

一　构建完整创新创业教学体系

（一）完善通识类创新创业课程

创新创业类课程可以为学生提供创新、创业的理论知识和思路，帮助学生认识创新创业能力的重要性。所以，学校要加快对创新创业类课程的建设工作，结合实际打造有价值和教育意义的课程。

创新创业类课程教师要讲好理论知识，帮助学生打好基础。教师对于理论部分讲授不应仅局限于教材内容，要注意将前沿学术发展、研究发展融入课堂教学。除基本的讲授法外，教师还应注重改善教学方法，创新教学模式，将理论与实践进行有效结合，使学生作为主体积极参与到课堂中。教师可以灵活运用多种教学方法，鼓励学生通过分组讨论、观点分享和情景假设等方式进一步了解创新创业的概念、含义和主要内容，激发学生的创新意识，培养具备创造能力的高素质人才。具体来说，教师可以列举创业成功以及失败的案例，让学生讨论分析各自的原因，从中总结经验教训。教师还可以让学生组成创业团队，独立思考创业项目，完成行业情况分析、目标用户群体调查、营销手段创意等内容，并最终形成商业计划书，在课堂上进行投融资路演模拟情景演练。创新创业类课程不仅要关注学生对理论知识的理解和吸收，还要致力于提高学生对理论知识的运用能力、理论联系实际的能力以及解决实际问题的能力等。

除传统线下课外，学校还可以运用互联网资源进行授课模式的更新和改革，大力推广对慕课、微课等线上课程的使用，构建科学有效的课程体系，为学生发展提供保障。

（二）促进专业教育与创新创业教育有机融合

通过调查可知，不少高校的创新创业教育并没有和专业教育有机统一起来。一方面，虽然高校的确开设了创新创业课程，却是以选修课形式出现，从根本上讲，创新创业课和专业课是分离开来的；另一方面，专业课教师未能很好地将创新创业思维和理念与专业知识联系起来，仍旧延续过去的教学模式，在"专创融合"教学方式中存在一定的局限性。

那么，高校中"专创融合"教育应如何开展呢？首先，专业课教师应有思想认识上的转变，推动创新创业教育和专业教育的有机结合并不单单是为了满足现实性的创业实践需要，同时也可以更好地帮助学生进行专业知识层面的科学性创新，产出新观点、新思想。由此可知，高校的创新创业教育和专业教育是相互联系相互促进的，创新创业教育要建立在专业教育之上，且创新创业教育是对专业教育的发展。其次，专业课教师可以在传授专业理论性知识的同时，向学生讲解本专业学术研究、学术成果的具体应用性转化。利用真实案例对学科内容进行深入分析，将创业精神、创业思维、创业知识等加入专业课程教育中去。这样既可以帮助学生更深层理解和掌握专业理论，也有助于开拓学生创新创业思维、提高学生创新创业动力。最后，各高校应做好保障工作，保障创新创业师资队伍人员充足的同时，还应借助高校内部、社会、政府的多重资源为专业教师提供创新创业方面的培训，以此提高师资队伍的专业性，提升教师们的胜任力。

（三）开展校企合作，推出双导师机制

创新创业教育体系的发展和优化离不开教师的积极推动，要推动创新创业教育工作的顺利进行，不仅需要拥有丰富专业知识和较高学术水平的高级教师的参与，同时也需要校外各行业的优秀人才加入，例如，实践经验丰富的企业家、创业成功人士、投融资机构专业人士、营销专家、财务专家等。

学校要制定科学高效的教师管理办法，重点阐述创新创业教育的意义，

提高校内教师对创新创业课程的重视度，充分发挥专业技术职务评聘标准的积极作用，对教师的工作情况进行考核。基于高校教师缺乏企业工作经验的情况，学校应为教师提供深入企业内部挂职实习锻炼的机会，提升其实践能力，避免教师因缺乏实践经验而盲目地纸上谈兵，甚至对学生造成误导。

对于校外专家的管理，学校可邀请各专家定期在学校开展创新创业的培训讲座。如校外专家担任授课教师，那么学校应注意制定好兼职教师的管理规范，尤其要注意保障教学时间、教学内容和教学质量。

双导师机制在保证学生学习到扎实的理论知识和前沿学术成果的同时，也可以保证学生接收到最新鲜、最真实的创业经验，对于培养学生的创新思维、提升创业能力是十分有必要的。从某种意义上讲，双导师机制下的创新创业教育的质量更高。

二　积极参与创新创业类竞赛

创新创业大赛可以增强学生的创新创业意识，让学生了解更多相关知识，同时也是学生将所学运用到实践中去的绝佳机会。学校应定期举办校级创新创业大赛，并号召全校学生踊跃报名。各类大赛作为课程教学的补充，有利于充分整合校内外资源，丰富完善教学体系，实现以赛促学、以赛促教。

（一）大学生重点创新创业大赛

1."互联网+"大学生创新创业大赛

截至2022年，"互联网+"大学生创新创业大赛已经举办了八届，获得了国家、高校以及社会各界的支持和关注，是较为权威的创新创业大赛。

"互联网+"大学生创新创业大赛的主体赛事包括高教主赛道、"青年红色筑梦之旅"赛道、萌芽赛道、职教赛道和产业命题赛道。大赛对于参赛项目的整体要求是，要能够紧密结合经济社会各领域现实的需求，体现创新意识，并取得创新性成果，对推动农林牧渔、卫生、环保等产业的优化升级有积极作用，进一步扩大数字技术的适用领域和范围。同时，参赛项目应坚持实事求是的原则，体现社会正能量。

大赛分为校级初赛、省级复赛、总决赛三个阶段。各院校、各地分别是校级初赛和省级复赛的组织方，总决赛由各地按照大赛组委会确定的配额择优遴选推荐项目。获奖并且具有较好商业前景的项目可以直接对接到投融资机构获得发展资金。

2. "挑战杯"中国大学生创业计划竞赛

"挑战杯"系列比赛分为"挑战杯"全国大学生课外学术科技作品竞赛（简称"大挑"），以及"挑战杯"中国大学生创业计划竞赛（简称"小挑"）。两个比赛侧重点不同，前者"大挑"更注重创新，后者"小挑"更注重创业，本书主要介绍"小挑"竞赛。

"挑战杯"中国大学生创业计划竞赛早在20世纪90年代就已开始举办，一直延续至今。该项竞赛具有教育意义，符合创新创业教育的发展需要，对增强大学生创新创业能力和意识有促进作用。

参加大赛的人员必须是在校学生，且要以团队身份报名，并按照要求准备商业计划书。选手提交材料后将经历校级、省级、全国三级评选。评审专家会从操作性、应用性、社会价值、市场潜力和发展前景等方面评选出优秀的项目。

以上两种比赛的目的都是提高大学生对创新创业的重视程度，帮助学生了解更多的和创新创业相关的知识，为学生提供创新创业实践机会，让学生能够将理论运用到实践中去，加快构建科学高效的创新创业教育体系，推动现代教育的发展，启迪大学生创意思维、培养创新意识、提升创造创业能力，加快培养具有创新思维和创业潜力的优秀人才。因此，学校、教师和学生应积极参与其中。

（二）做好参与创新创业类竞赛准备

1. 学校

各高校应做好创新创业类大赛的宣讲工作，使大学生更广泛、更深入地了解"互联网 +""挑战杯"等大型创新创业类竞赛的参赛时间、参赛内容、参赛流程、参赛奖励等信息。学校可通过开展沙龙、讲座等活动的方式，邀请有参赛经历的学生、创业专家、企业管理人员等从不同角度分享参赛经验、给予创业指导和帮助，为学生提供与其面对面交流的机会。同时，学校还可通过官网、公众号等媒体渠道上传比赛相关新闻、文章，使学生随时随地获取到有效信息。

另外，各高校应做好各赛事的校级初赛组织工作，鼓励学生积极参与，完善选拔标准和选拔程序，坚持公平、公开、公正的原则，筛选出高质量的创业项目和创业团队。

2. 教师

指导教师是创新创业类大赛的重要组成部分，其主要职责是为参赛学生团队提供一对一辅导，帮助学生解决创业中的实际问题，以及准备竞赛过程中的困难。因此，教师应充分了解各项赛事规则和内容、注重增加知识储备、提升自身能力素质，能够为学生提供创业项目选择、目标用户调研、营销策略制定、财务数据分析、投融资路演技巧等方面的专业辅导。

3. 学生

高校学生是创新创业类大赛的参赛主体。对于大学生来说，参与创新创业类大赛是培养创新思维和创造能力，将专业理论知识应用于实际，增强就业和创业的准备和能力的重要途径。有参赛意愿的学生应至少做好以下三项准备。

第一，充分了解赛事规则。有参赛意愿的学生应在实际着手准备前，先了解清楚比赛的基本情况。比如报名的起止时间、参赛对象、参赛方法、参赛形式、初赛时间、决赛时间、往年的获奖项目等。学生应在全面了解比赛之后，再决定是否参加比赛。如果最终决定参加比赛，则应全力以赴争取获得优异成绩。

第二，和志趣相投的伙伴一起组成创业团队。组建团队时要明确想达成的目标，细化各自的任务，一个较完整的团队应包括能够提出创新想法的人、有技术特长并能将想法转化成实际产品的人、具备调研能力和数据分析能力的人、有财务管理能力的人、擅长演讲 PPT 的人等。

第三，寻找创业项目。创业项目可以从自身专业延伸进行构想，但不可忽视的是项目的创新性。因为创新性是合格创业项目要具备的基本特征，具体来说可以体现为技术创新、思维创新、模式创新等。另外，在确定创业项目的过程中应注意充分收集信息、相关数据，进行市场、用户调研，不能仅凭个人特长或兴趣来做决定。

总结来说，想要在创新创业类竞赛中取得优异成绩需要学校、教师、学生三方各自做好充足准备，并朝着共同的目标携手前进。

三 建设创新创业孵化基地

高校建立创新创业孵化基地的主要目的在于完善创新创业实践教育，给予大学生创业团队帮扶支持。

首先，应做好物理空间的功能区域规划，为学生营造良好的创业环境。对于在校学生团队，学校应免费提供办公空间，促进其开展创业实践活动。对于已毕业学生团队，学校可遴选出优质项目，在一定时期内继续免费提供办公场地，为其减轻创业初期的资金压力。

其次，创新创业孵化基地应邀请专家教授、企业高管以及创始人等组成创业导师，开展知识讲座或分享会，普及创新创业相关知识，解决学生在创新创业过程中遇到的难题，帮助学生将技术、创意转化成可投入市场的产品或服务，并打磨出一套切实可行的商业模式，为学生解决其创业过程中遇到的问题和困难。同时，创新创业孵化基地可引进一些能够为创业团队提供工商注册、人力资源、财务税务、法律、营销宣传等创业服务的企业，助力其顺利开展企业活动。

最后，创新创业孵化基地可以为创业团队提供资金支持。一方面，创新创业孵化基地可提供投融资相关的培训，对融资基础知识、融资风险、融资渠道等进行讲解；另一方面，创新创业孵化基地可积极与社会的投融资机构进行合作，在基地内定期开展投融资路演活动，为创业团队提供展示机会，帮助其解决融资难问题，提升创业项目的成功率。

四　大学生需提升培养创新意识和创造能力的主观能动性

首先，大学生需要认识到创新意识和创造能力在应对劳动新形态、职业新变化时发挥的重要作用。一个具备良好的创新创造思维和能力的劳动者更容易提升自身的职业竞争力，更有可能受到雇佣组织的欢迎。其次，大学生还应认识到创新意识和创造能力不是短时间内就能形成的，需要通过长期的学习和实践来培养。

一方面，对于大学生来说，扎实的理论知识是创新创造的基础。只有充分地理解和掌握专业知识，广泛地涉猎通用知识，才有可能真正做到学以致用，进而实现创新创造。在这个过程中，扩展思维、丰富想象力都是必不可少的要素。那么大学生应该如何突破思维局限，提高想象能力呢？这就需要点点滴滴的积累，比如多阅读书籍和新闻、多观察周边事物、对事物保持好奇心、多与各种年龄段和各种职业的人进行交流沟通、多进行无边际的深度思考等。

另一方面，大学生还需要努力提高实践创造能力。与社会接轨的实习和实训、校园内部的实验和比赛等都是非常好的锻炼机会。这些实践活动，不仅能够帮助大学生提升自身的专业技能，还能使其拓宽视野，增强对社会的理解和适应能力。因此，大学生应积极参与。在实践的过程中，大学生要注意的是不要盲目进行实践活动，尤其不要沉溺于机械性、重复性的活动内容。大学生应不断总结经验教训，不断进行反思，尤其注意培养自己运用知识和技能创造性解决问题的能力。

总结来说，创新意识和创造能力的培养是日积月累的，大学生只有充分认识到创新创造的重要性，并在日常的专业学习和实践活动中有意识地培养自身的创新意识和创造能力，才有可能获得素质能力的提升。

✎ 思维导图

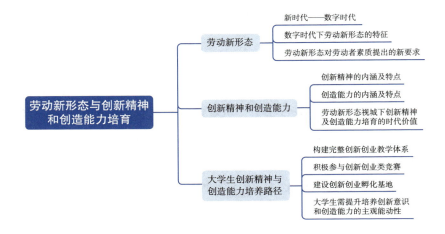

⚷ 思考题

1. 列举一个具备数字时代下劳动新形态特征的新兴职业。

2. 思考劳动者为了适应劳动新形态需要做出哪些努力，如何通过学习和参加培训提高自身综合能力？

⚲ 实践探索

实践主题： 设计一个参加创新创业类竞赛的创业项目

实践目标： 促进学生输出与专业结合的创新观点，锻炼学生的创新创业实践能力

实践过程：

1. 以小组为单位，结合专业设计一个创业项目。

2. 要求输出创业项目提供的产品或服务、创新点以及解决了目标客户哪些痛点、目标客户人群、市场发展前景、简要的宣传推广策略等。

3. 最终以小组的形式在课堂上进行分享。

《创新创业竞赛项目设计》劳动实践记录表

主题		时间	
地点		参与人	
实践过程			
照片粘贴			
实践效果及感悟			

评价

评价项目	评价主体		
	自我评价	小组评价	教师评价
参与积极性			
团队协作			
态度认真			
准备充分			
过程有序			
效果显著			
体悟真实			
总体评价等级	（教师填写）		

📖 参考文献

[1]　《习近平总书记给第三届中国"互联网+"大学生创新创业大赛"青

年红色筑梦之旅"的大学生的回信》，中华人民共和国中央人民政府网，2017 年 8 月 16 日，https://www.gov.cn/guowuyuan/2017-08/16/content_5217973.htm。

[2] 《2022 新职业百景图：新经济催生新职业，新职业让人生出彩》，澎湃网，2022 年 3 月 25 日，https://www.thepaper.cn/newsDetail_forward_17280463。

[3] 翟尤、李南、李俊杰：《数字时代：构建安全共赢新生态》，北京：电子工业出版社，2021，第 114 页。

[4] 欧阳日辉、文丹枫、李鸣涛：《大数字时代》，北京：人民邮电出版社，2018，第 24 页。

[5] 韩义波：《云计算和大数据的应用》，成都：四川大学出版社，2019，第 10 页。

[6] 《什么是云计算和大数据？他们之间的区别是什么？》，腾讯云开发者社区，2020 年 6 月 8 日，https://cloud.tencent.com/developer/article/1639853。

[7] 韩义波：《云计算和大数据的应用》，成都：四川大学出版社，2019，第 99 页。

[8] 翟尤、李南、李俊杰：《数字时代：构建安全共赢新生态》，北京：电子工业出版社，2021，第 60 页。

[9] 《我国 6G 专利申请量高居全球首位 6G 能带给我们什么？》，中国网，2021 年 9 月 24 日，http://henan.china.com.cn/m/2021-09/24/content_41682963.html。

[10] 陈昌盛、许伟：《数字宏观：数字时代的宏观经济管理变革》，北京：中信出版集团，2022，第 399 页。

[11] 黎舜、彭扬华、赵宏旭主编《创新创业基础：高铁全产业链》，上海：上海交通大学出版社，2022，第 14 页。

➡ **拓展阅读**

1. 赵鑫全、张勇主编《新时代大学生劳动教育》，北京：机械工业出版社，2020。

2. 陈宇、高庆芳主编《劳动教育》，北京：人民邮电出版社，2022。

3. 刘向兵主编《大学生劳动教育通识》，北京：高等教育出版社，2022。

4. 谢颜主编《大学生劳动教育》，北京：中国人民大学出版社，2022。

图书在版编目(CIP)数据

大学生劳动教育与职业发展 / 郭砾主编. -- 北京：
社会科学文献出版社, 2023.12
ISBN 978-7-5228-3001-8

Ⅰ.①大… Ⅱ.①郭… Ⅲ.①大学生－劳动教育－研
究②大学生－职业选择－研究 Ⅳ.①G40-015
②G647.38

中国国家版本馆CIP数据核字（2023）第242835号

大学生劳动教育与职业发展

主　　编 / 郭　砾

出 版 人 / 冀祥德
责任编辑 / 江　山
文稿编辑 / 张真真
责任印制 / 王京美

出　　版 / 社会科学文献出版社·数字出版分社（010）59366434
　　　　　　地址：北京市北三环中路甲29号院华龙大厦　邮编：100029
　　　　　　网址：www.ssap.com.cn
发　　行 / 社会科学文献出版社（010）59367028
印　　装 / 三河市东方印刷有限公司

规　　格 / 开　本：787mm×1092mm 1/16
　　　　　　印　张：24.25　字　数：350千字
版　　次 / 2023年12月第1版　2023年12月第1次印刷
书　　号 / ISBN 978-7-5228-3001-8
定　　价 / 168.00元

读者服务电话：4008918866